サブスクリプションは
リカーリングの1つ

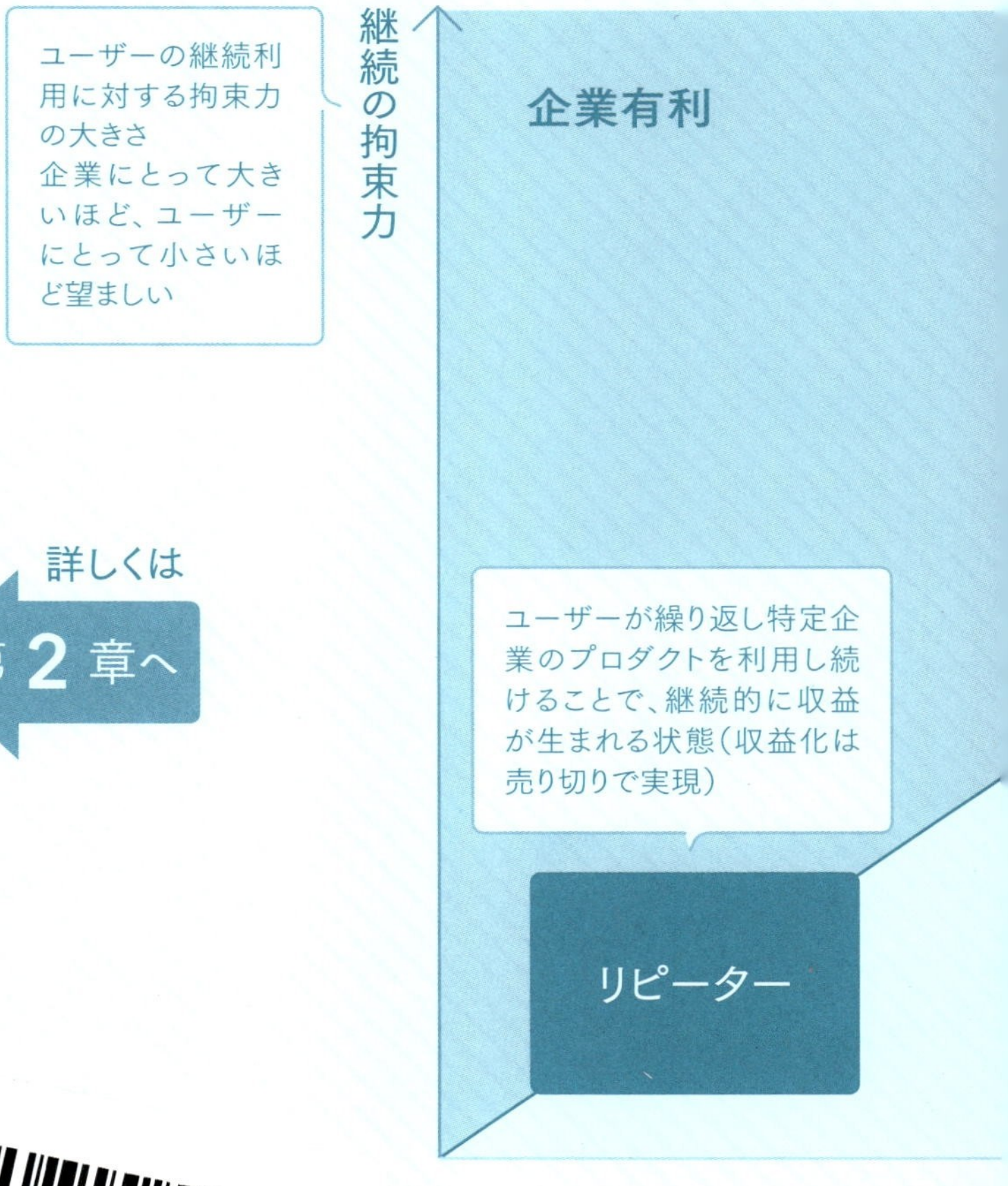
継続の拘束力
ユーザーの継続利用に対する拘束力の大きさ
企業にとって大きいほど、ユーザーにとって小さいほど望ましい
企業有利
ユーザーが繰り返し特定企業のプロダクトを利用し続けることで、継続的に収益が生まれる状態（収益化は売り切りで実現）
リピーター

詳しくは
第2章へ

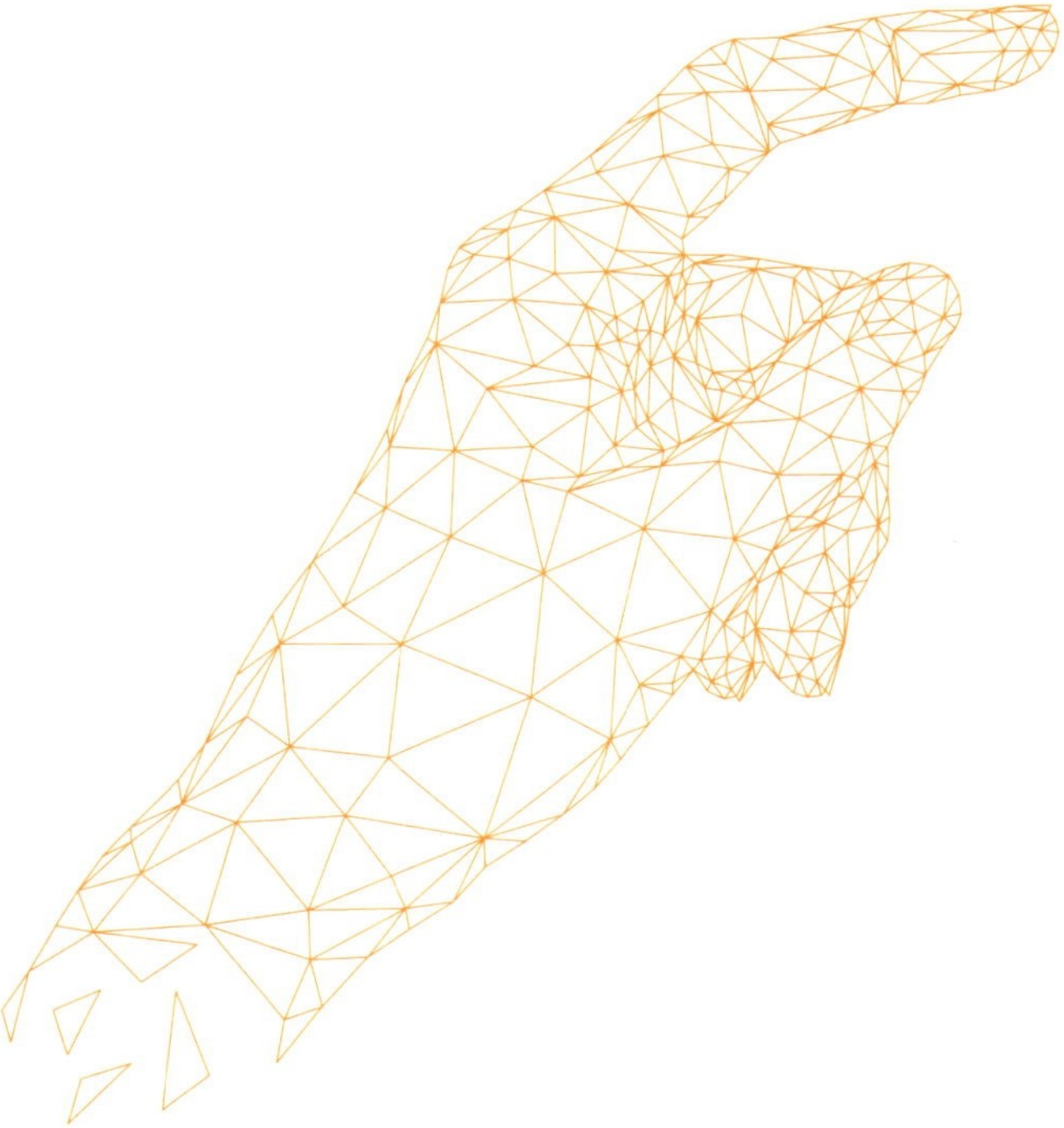

「つながり」の創りかた

新時代の収益化戦略　リカーリングモデル

川上昌直
Masanao Kawakami

Recurring-
Revenue
Business
Model

東洋経済新報社

サブスクリプションへの関心が急激に高まっています。「企業の収益を増大させ、人々の暮らしを変える新たなビジネス」が活発に動き出したことは、喜ばしいことです。

しかし、その一方で、言葉だけが独り歩きしています。

なぜなら、月額定額制を導入するだけで安易にビジネスが生まれ変わり、高収益体質になると思っている企業が多いからです。

粗悪なビジネスが氾濫し、本来、世の中を前進させるはずのサブスクリプションがユーザーに見限られてしまうのではないかと、経営学者として憂慮しています。

本書では、ビジネスモデルの視点からサブスクリプションを解き明かします。

サブスクリプションは継続する収益化を意味する「リカーリングモデル」の1つです。それが、ユーザーとの関係性である「つながり」なしには成立しないことを知っていただきたいと思います。

はじめに

ROE（収益性）増大

サブスクリプション

コト消費

AI

シェアリング

コネクテッド

SaaS（XaaS）

所有から利用へ

プラットフォーム

顧客価値提案

DX

IoT（IoX）

つながり

リカーリング（継続収益）

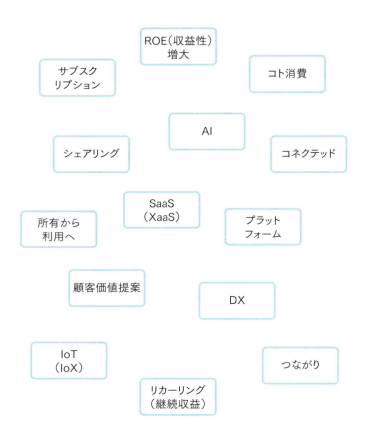

右の語句を見てください。これらは、ここ数年の間に多くの人に認知された、ビジネスのキーワードです。

瞬間写真のように切り取ると、まさにこのような混沌とした状態になります。この中には似通った意味を持つ言葉もあれば、バズワードのような流行り言葉もあります。また、流行り言葉に見えて、実はビジネスにとって本質的なテーマとなるワードもあります。皆さんが気になっているものも、いくつかあるのではないでしょうか。

たとえば、サブスクリプションや、プラットフォーム、SaaS（ソフトウェアのサービス化）などの新たなビジネスのあり方や、IoT（モノのインターネット化）、コネクテッド（接続性）、DX（デジタルトランスフォーメーション）やAI（人工知能）といった技術的なテーマ、それに、コト消費やシェアリング、さらには「所有から利用へ」といったユーザーの生活にかかわることなど、多岐にわたります。

こうした概念や用語は、時代の流れとともに現われては消えを繰り返します。技術革新によって、現れるスピードのほうが早くなり、特に最近は新たな用語が増える一方です。

そうなると、複雑になる一方の概念や用語を一足先に学んで、ビジネスに取り入れなければならないという焦燥感に駆られるでしょう。1つ1つのキーワードにつかまってしまいますが、それらを場当たり的に学ぶのは大変なことです。しかし、実のところ、そんなに大した問題ではないのです。

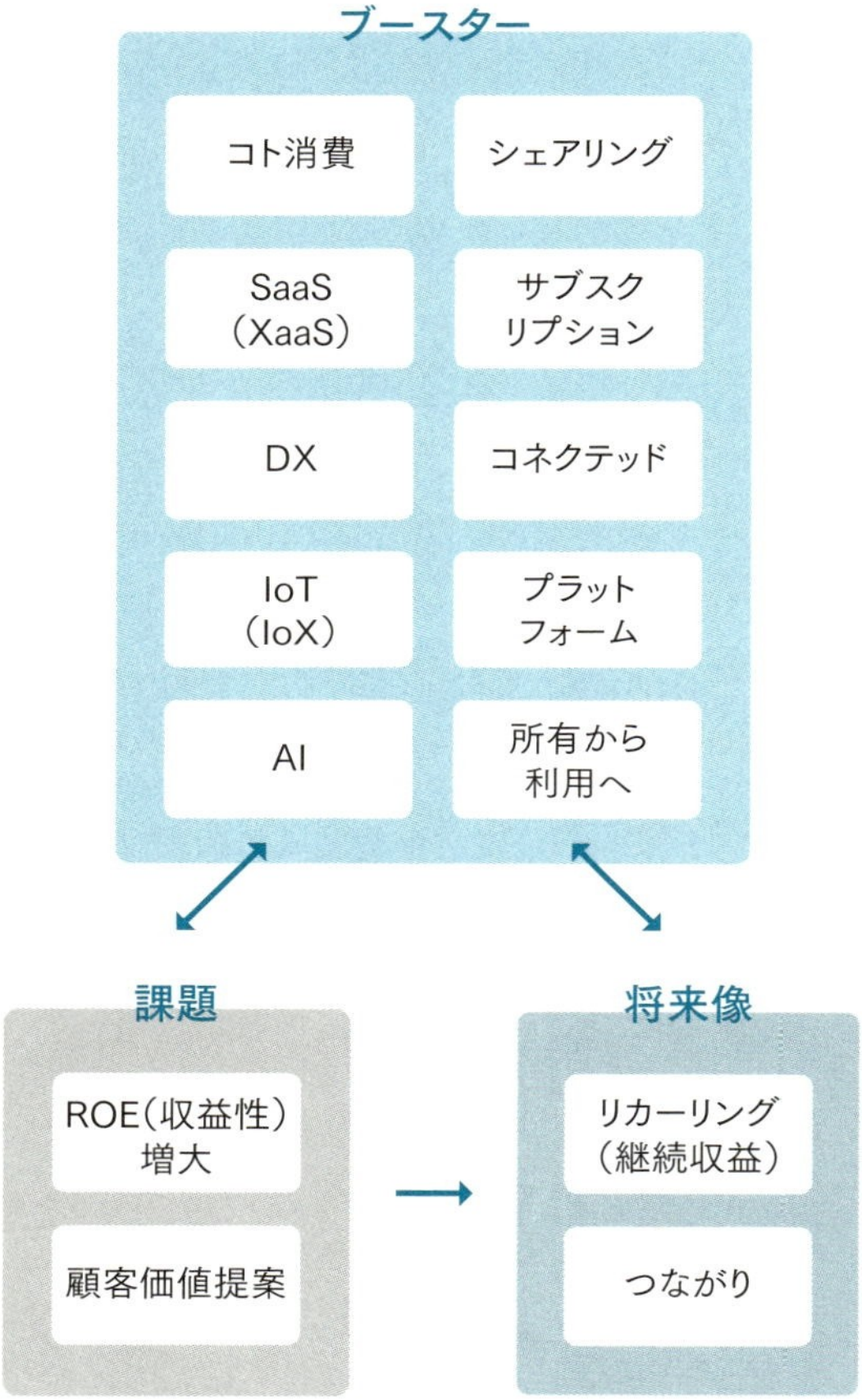
ブースター
コト消費
シェアリング
SaaS
（XaaS）
サブスク
リプション
DX
コネクテッド
IoT
（IoX）
プラット
フォーム
AI
所有から
利用へ
課題
ROE（収益性）
増大
顧客価値提案
将来像
リカーリング
（継続収益）
つながり

ビジネスモデルの視点で俯瞰すれば、簡単な関係性にあることがわかり、意外に簡潔にまとまります。それが右の概念図です。

並列ならば無作為で複雑に見えても、何のためのキーワードなのかを知れば相互関係が見えてきます。私たちは、現在抱える「課題」と、なりたい姿である「将来像」を常に意識する必要があります。この関係性をまずはしっかりと押さえておくことが大切です。

「顧客が喜び、利益も上がる」ことを考えないビジネスパーソンはいないでしょう。収益性の増大と顧客への価値提案が、いつの時代にも重要な経営の二大テーマであり、「課題」なのです。そして、どのような形で「将来像」を実現するのか。

それこそが「儲ける仕組み」としてのビジネスモデルによって提示できます。時代によって変化することもありますが、ここ数年で定着した理想の将来像こそが、「リカーリング（継続収益）」による収益獲得と、顧客への「つながり」の提案なのです。

そこで、本書は将来像としての「リカーリングモデル」と「つながり」をテーマに、これからのビジネスのあり方について論を展開します。

この図にはもう1つ、「ブースター（加速装置）」があります。課題を解決し、将来像を達成するスピードを飛躍的に高めてくれるのがブースターです。実はキーワードの多くは、このブースターに該当します。ブースターとなるキーワードは、そのときの技術環境や社会問題となるため、それぞれが単独でも本一冊分として取り上げられるほどのものです。

ブースターの中でも、注目したいのが「サブスクリプション」です。今やサブスクリプションは、月額使い放題の音楽や映画などのデジタルサービスにとどまらず、アパレル、ブランドバッグ、家具、子ども用玩具にまで拡大しました。

日本を代表するトヨタやキリンなどの企業も、続々とサービスを開始しました。最近では、女子高生の間でも「サブスク」といえば、何を意味するのか通じるようになっています。国内でのサブスクリプションの市場規模は、２０１８年度で５６２７億円と推計され、２０２３年には８６２３億円にまで拡大すると予想する調査もあります（矢野経済研究所、２０１９年3月発表）。

サブスクリプションはブームとなりましたが、リカーリングモデルとつながりを実現する形で運用されていないものが目立ってきました。それでは結果的に課題の解決にも、将来像を達成することにもなりません。

本書は、いたずらにサブスクリプションを礼賛するのではなく、サブスクリプションの本質に真正面から向き合いながら、リカーリングモデルとそれを支えるつながりのあり方について述べたいと思います。

「つながり」の創りかた　目次

第1章

売り切りモデルの停滞

なぜリカーリングモデルが注目されるのか

第2章

リカーリングモデルのバリエーション

サブスクリプションだけじゃない継続収益

第3章 リカーリングモデルの利益思考

利益の認識を変える

第4章 つながりを強化する
リカーリングモデルの必要条件

第5章 つながりを可視化する
ユーザー視点で考える

第6章

メンバーシップが強いつながりを生む

成果を共有する共同体へ

終章

マネタイズを実現するアセタイズ
つながりはコストではなく資産だ

序章

サブスクリプションを支える「つながり」

「成功」が「努力」より先に来るのは、
辞書の中だけだ。
The only place where success comes before work is in a dictionary.
—— ヴィダル・サスーン（ヘアデザイナー）

1 サブスクリプションで成功するための条件

モノが売れなくなり、売上が立たず、最終的に欠損を計上する企業があとを絶ちません。多くの企業が、物を売って利益を計上する「売り切りモデル」を採用していたため、こうした傾向が顕著になりました。

その中で今、勝ち残る収益化モデルとして注目されているのがサブスクリプションです。サブスクリプションは、ユーザーから月額あるいは年額で一定額の利用料をもらいながら、ユーザーと長くお付き合いをする収益化（マネタイズ）モデル。1ユーザーから長く収益が継続する、企業にとっては魅力的な方法です。だから、「サブスクリプションで成功するには、どうしたらよいか」が多くの企業の関心事になっています。

実は、サブスクリプションは、「リカーリングモデル」という収益化モデルの1つです。ここ10年の間に、フリーミアム、レーザーブレイド（カミソリの刃）がビジネス界に定着しました。ユーザーを増やすためにメインプロダクトでは儲けず、サブプロダクトで利益を回収しよう、デジタルの世界で覇権を握るためにいっそのことフリーミアムを採用しよう、などとさまざまな課題が社内で検討されました。

これらの問題関心事についても、「リカーリングモデル」の下に解き明かすことができます。リカーリングとは「リカーリングレベニュー」の略であり、収益が繰り返すという意味です。「収益が繰り返す」という点において、フリーミアムもレーザーブレイドも、そして今、最も注目されているサブスクリプションも同じ形態です。

詳しくは第2章で説明しますが、これらのマネタイズをリカーリングモデルという大きな枠組みで捉えると、図のようになります。

私は、実業で役立つビジネスモデルのあり方を研究

図表序-1　リカーリングマップ

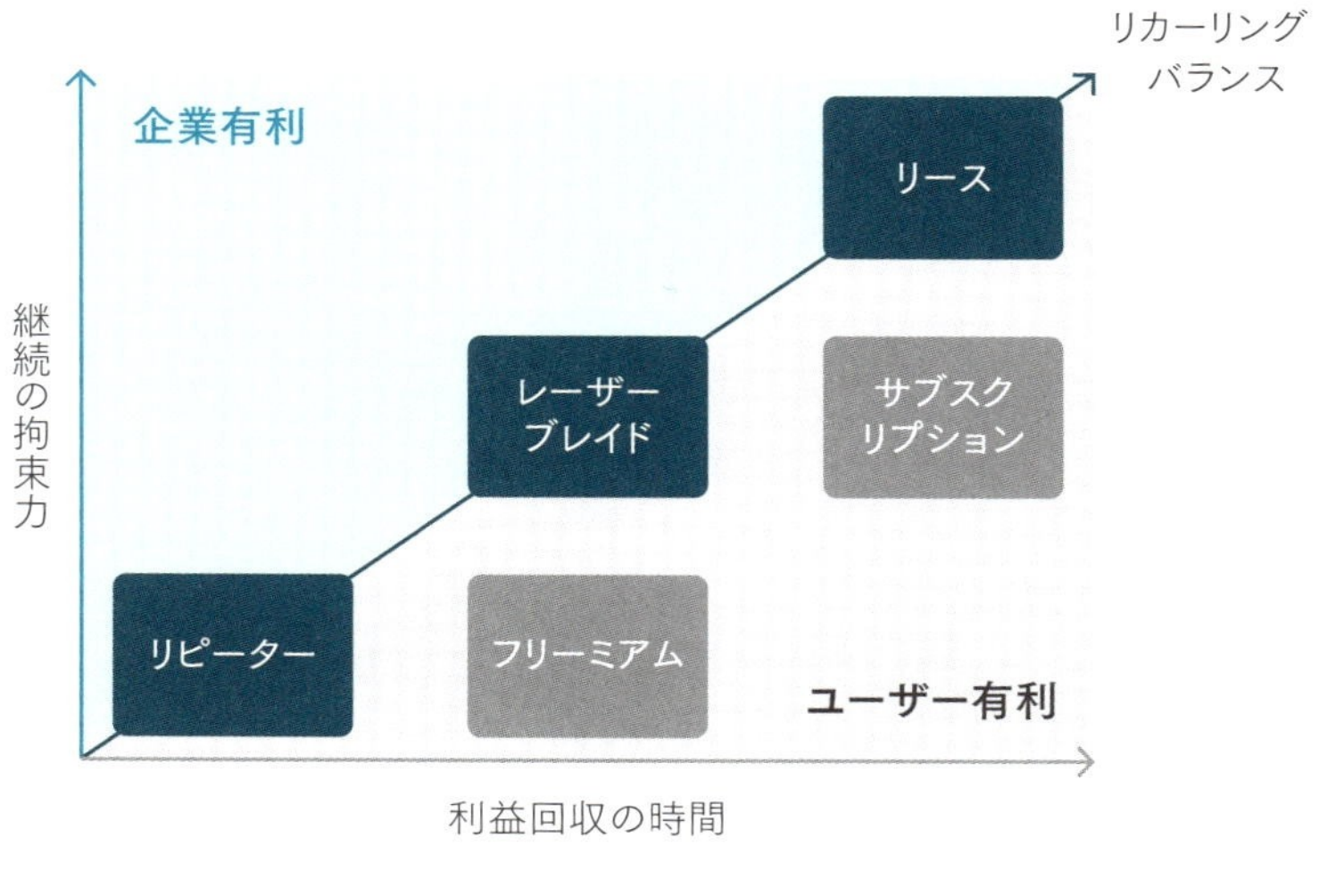

してきたので、上場企業や創業が古い企業、つまり、成熟した企業の経営者の悩みや望みを聞く場面が多々あります。その中で、リカーリングモデルに企業を変えたい、あるいは変えようとして失敗した話も見聞きしてきました。

なぜ、失敗するのか。その答えは明確です。

企業がリカーリングモデルを採用するとき、圧倒的に欠けている視点があるからです。

それが、本書でいう「つながり」です。

2

「つながり」のない企業が、サブスクリプションに失敗する

「つながり」と聞いて何を思い浮かべるでしょうか。

愛着心を意味する「エンゲージメント（engagement）」、関柄を意味する「リレーショ

ンシップ（relationship）」、主に接続性の意味で用いられる「コネクション（connection）」、人々のかかわりを意味する「ネットワーク（network）」など、多岐にわたります。

確かにそれらも「つながり」と邦訳されますが、本書では以下のように定義します。

つながりとは、**ユーザーとの関係性**

本書の「つながり」のニュアンスとしては、コネクションが最も近いです。ただし、物理的な持続性以上に、実態として関係性を継続していることが何より重要です。ユーザーとのつながりが弱い企業は、リカーリングモデルを採用してもうまくいきません。

実際、すでにサブスクリプションを採用している企業でも、この「つながり」が機能しないために失敗しているところが見受けられます。

たとえば、会費制ビジネスをしてうまくいかない、消耗品の定期配送をしているが解約が多発している、なぜかやればやるほど赤字になるといった問題を抱えている企業は、単にサブスクリプションの課金方法を真似ただけ。芯の部分では全く使いこなしていないのです。

厳しい言い方をすれば、サブスクリプションをしている つ も り になっているだけです。

サービスインしたまではよくても、うまくいかないビジネスがあまりにもたくさんあるのは、**表面的な構造としてリカーリングモデルを取り込んだだけで、その背後にある「つ**

ながり」を認識していないからです。

つながりの強さは、そのままビジネスの強さを表します。

こう聞くと、ほとんどの企業の経営者や事業改革の担当者は、自社は「つながり」を有していると思うかもしれません。でも、その理由を聞くと、「ユーザーとは、インターネットやスマートフォンでつながっているから」と言います。

しかし、「つながり」はそう単純な話ではありません。

インターネットで状況的につながっているからといって、企業がユーザーとつながっているとは限らないからです。

ユーザーからのリクエストに事後的に応えることはできても、はたして、事前にユーザーの動きを察知してアクションしているでしょうか。せっかく状況的につながっているのに、事後的にしか対応していない企業は、ユーザーとつながっている企業とはいえません。

大切なことは、企業が「ユーザーに寄り添っているかどうか」です。

企業とユーザーの「つながり」を維持するには、ユーザーが何のために企業からプロダクトを買ったのかを考えなければなりません。

ユーザーはモノが欲しかったから買ったわけではありません。自分の状況をなんとかしてほしくて、その解決を企業に求めたのです。ユーザーからつながりを求められた企業は、最後までユーザーのしてほしかったことに向き合う姿勢が必要です。

つまり、購入時点でユーザーから離れるのではなく、購入後も長きにわたってユーザーに伴走する姿勢が何より重要なのです。それこそが寄り添うことであり、ユーザーとのつながりに結びつきます。

企業がユーザーと真につながりを持っていない限り、リカーリングモデルであろうが、売り切りモデルであろうが、早晩破綻するのは目に見えています。自身のサービスはユーザーに寄り添えているといえるでしょうか。

3 つながりが不可欠な時代に収益化する

さて、ここまでの話を聞いて、「企業は慈善事業をしているわけではない」と思った人もいるかもしれません。私が伝えたいのは、「つながりが不可欠な時代」に、どうしたら収益を生み出すビジネスモデルをつくれるのかということです。

本書は、その理論を示すことを目的としています。

リカーリング企業の構築をめざす、事業の一部にリカーリングモデルを取り入れようとする方、あるいはリカーリングモデルをめざさなくても、現在の企業経営のあり方に閉塞感があり、確立されたビジネスモデルのどこから手をつけてよいかがわからないと思っている方には、ぜひご一読いただきたいと考えています。

加えて、新たなビジネスモデルが生まれる現況で、既存の経営学の体系に限界を感じるMBAホルダーの方や研究者の皆さんにも、新たな研究テーマとして、参考にしていただけたら幸いです。

ユーザーを生み出し、世界を良くする経営のあり方は、完成することはありません。デジタル化や未曽有の不況を経て、ユーザーの生活環境は大きく変化しました。これまでの経営のあり方や考え方が一気に転換することはないでしょうが、改めるべき点は改める必要があります。本書がその一助となることを祈っています。

本書によって「つながり」の重要性を理解していただき、皆さんのビジネスが今後どこに向かおうとするのか、サブスクリプションの次に待ち受けている時流は何かを予見する能力が高まれば、これほど幸せなことはありません。

第1章

売り切りモデルの停滞

なぜリカーリングモデルが注目されるのか

「価格は忘れても、品質は残る」

Quality is remembered long after. Price is forgotten.

―― グッチオ・グッチ(グッチ創業者)

これまで経済を牽引してきた多くの企業が、
販売時に利益を獲得する売り切りモデルを採用し、
その枠組みの中で成長を遂げてきました。
しかし、ものが売れなくなったといわれる現在、
売り切りモデルは頭打ち状態になっています。
対照的に、収益を繰り返し得られるリカーリングモデルが
成果を出しています。

とりわけ、デジタル化時代に適したビジネスのあり方として
サブスクリプションに羨望の眼差しが向けられています。
この章では、現在の企業が感じる閉塞感と、
それを打ち破るインパクトを持つリカーリングモデルとは
何かを明らかにします。

そして、リカーリングモデルを成功させるためには、
ユーザーとの「つながり」が不可欠な条件となることを説明します。

1 売り切りモデルの閉塞感

ものをつくり、大量に売って利益を得る旧来型のビジネスモデルが終焉を迎えようとしています。プロダクト（製品）をつくって売るだけでは、もはや誰も買わなくなりました。当然ながら、利益が生まれるはずもありません。

すると、企業は安売りを始めます。適正価格以下でユーザーに提案し、なんとか買ってもらおうとすると、利益は悪化します。ユーザーは安いから買っただけで、決してプロダクトには満足していません。日本企業が苦しんでいる理由は、まさにここにあります。

「ものづくり」や「もの売り」で栄えた企業は、過剰なコストパフォーマンスや安売りで不況や熾烈な競争を乗り切ろうとしました。その結果、ユーザーからは価格でしか支持を得られず、価値を認識してもらえなくなったのです。残ったのは割安価格のプロダクトと、低収益構造。無自覚のまま、これまでどおりのビジネスを続ければ、近い将来、行き詰まることになるでしょう。

これまでのものづくり企業やもの売り企業のビジネスのやり方を、「売り切りモデル」と呼びます。

売り切りモデルとは、あるプロダクトを販売したときに利益を確定する収益化モデルのこと。原価に一定の利益幅を付けて価格を付すという価格設定は、まさに売り切りモデルの中心となる考え方です。商品を希望価格で買ってもらえれば、企業は確実に利益を得ることができます。

そのため、顧客との関係が「一期一会」であっても、取引から利益を回収できます。こうして、単品による利益を積み重ねて、企業全体としての利益をつくるのです。厳格なコスト計算の下、価格設定や販促活動などが展開されていきます。

売り切りモデルは、理想的な状況ではうまく作用します。

たとえば、十分にブランディングが成功した企業がそうです。原価に基づいて利益幅を加えて価格設定しても、一定程度まではユーザーはついてくるでしょう。いわゆる差別化優位の戦略です。代表的なところでは、グッチ（ケリンググループ）やエルメス、それにルイ・ヴィトン（ＬＶＭＨグループ）、ポルシェやフェラーリなど、ラグジュアリー企業が該当します。

十分にスケールメリットがある企業も、うまくいくでしょう。そもそも原価を安く設定できるので、そこに一定の利益幅を加えても、十分に競争的な価格設定が可能になり、利益回収の可能性が高くなります。これは、コスト優位の戦略です。ユニクロ（ファーストリテイリング）、あるいはトヨタ自動車などは、まさにそうです。

これらは、従来の競争戦略の下で勝てる企業の条件であり、多くの企業が無意識にやってきたことです。コスト優位で攻めるのか、差別化優位で攻めるのかを決め、巨額の先行投資をしてバリューチェーン（事業活動の連鎖）をつくり込むことが勝負のカギを握ります。そこで売り切りモデルを確立できるバリューチェーンをつくり上げた企業が、競争優位を獲得するという方程式がありました。

それでも、このような理想的な状況はほとんどなくなりました。今、述べたような勝ち組は、ほんの一握りにすぎません。多くの売り切り企業は、「販売」することだけで疲労困憊しています。戦略を成功裏に実現する余裕はないのです。

企業はマーケティング思考を駆使し、ターゲットに向けたプロダクト開発をしています。それと同時に、生産体制を構築し、販路を確保します。大きな販路とのタフな交渉を経て、やっと売り場にプロダクトが並ぶのです。

そこからが本当の試練です。無数にいるライバルとしのぎを削りながら、競争を経てユーザーのもとへと届きます。プロダクトの売り切りと同時に、所有権がユーザーに移転すると、企業はプロダクトから解放されるのです。実際にこの時点で売上が立ち、利益が確定します。企業としては、プロダクトが手離れした瞬間に、解放感でいっぱいになります。

実は、ここに問題があります。

企業のゴールを販売で迎えてしまうことで、利益獲得のチャンスを1回で終わらせてしまっているのです。企業は、プロダクトの売り切りによって利益を獲得しますが、それ以降は収益が入ってくることはありません。販売した時点で、それ以上ユーザーに深入りすることがないからです。これが、ものづくり企業やもの売り企業の利益が少ない理由です。

2 リカーリングモデルへの羨望

こうした売り切りモデルが苦しむ姿をよそ目に、全く真逆の成果を生むビジネスが見え始めてきました。ユーザーに熱烈に支持されながらも、十分に利益を獲得し、しかも、その利益が継続する。そんな理想的なビジネスモデルが、リカーリングモデルです。

リカーリングモデルとは、リカーリングレベニューを実現する収益化モデルのことです。

リカーリングレベニュー（recurring revenue）とは文字どおり、継続的に収益が入ってくる「状態」を表しています。販売時に売上を立てて、利益を計上し終えるのではなく、時間をかけて収益を回収していきます。繰り返し収益が入ってくるので、そこだけを切り取れば、経営者にとってこれほど望ましいことはないでしょう。

なかでもリカーリングモデルを採用し、成果をあげているのが、デジタル系の新興企業です。顧客を喜ばせるとともに、莫大な収益をあげ、株式時価総額を高めることに成功しています。

リカーリングモデルの代表格が「**サブスクリプション**」です。詳しくは後述しますが、基本的にはユーザーに購入を促すのではなく、「契約」をしてもらうやり方です。契約後は、利用料に限らず月額や年額などで課金する期間での定額制や、利用量に応じて課金する従量制といった課金形式で、継続的に収益を生み出しています。

サブスクリプションで活況を呈する企業が、動画配信サービスのネットフリックスです。月額定額制で映画やドラマを見放題のサービスを提供しています。テレビのリモコンにもそのマークが入っていることから、日本でもすっかりおなじみとなりました。

自社コンテンツの制作に多額の投資を行い、ユーザーの支持も厚く、２０１７年12月期では、全世界でユーザー１億人を突破し、過去最高の売上高（１１７億ドル）と営業利益

（8・4億ドル）を更新しました。ユーザーが解約せず、会員が増え続ける限りは、右肩上がりの成長が見込めます。

売り切りモデルからリカーリングモデルに転向した代表的事例が、アドビシステムズです。2013年に売り切り型のドル箱ソフトウェア「クリエイティブ・スイート（CS）」を、月額定額で使い放題のサブスクリプションの「クリエイティブ・クラウド（CC）」に全面移行。劇的にビジネスモデルを変革し、売上、営業利益ともに過去最高を更新し続けています。その事業変革の成果は、ハーバード・ビジネススクールのケースにも取り上げられたほどです[1]。それが反響を呼び、リカーリングモデルは世界中の企業で、一躍羨望の的となりました。

小売業の覇者であるアマゾンも、リカーリングモデルを積極的に活用する企業の筆頭です。小売業の革命児と思われているアマゾンですが、それだけに物流やイノベーションにコストがかかります。結果的に小売部門の利益率は低く、2018年現在もアメリカ以外では赤字を計上します。

それでも、アマゾンが継続的なイノベーションを実現できるのは、グループ内にリカーリングモデルを持っているからです。

目を見張る成果をあげているのが、アマゾンウェブサービス（AWS）というクラウドサービスです。これは主にB2Bでの強固なサーバーの利用分だけ請求する従量制サブスクリプションをとるビジネスモデル。つまり、利用に応じて収益が繰り返し発生するリカーリングモデルです。AWSの収益性は小売部門のそれを圧倒します。営業利益率は25%を計上し、営業利益額ベースでは、同社のアメリカ国内の小売部門をしのぎます。アマゾンの積極的な姿勢は、AWSあってこそといえます。

顕著な事例は、純粋なデジタル系企業だけにとどまらず、日本でも成功事例が出始めています。しかもその事例は、ものづくりを象徴するエレクトロニクス業界から生まれています。本業では長らく苦しんでいたソニーが、リカーリングモデルを強化する旨を表明し、ついに2018年3月期と続く19年3月期で最高益を更新し続けているのです。

ゲーム機「プレイステーション」の機能を強化するサブスクリプションの「プレイステーション・プラス」が、その立役者になりました。いまだ売り切りモデルで革新的な一手を生み出せずにいる、エレクトロニクス他社を大きく引き離したのです。

サブスクリプション以外のリカーリングモデルもあります。たとえば、無料経済で話題になったフリーミアムです。

また、旧来からあるものとしては、プリンタなどで採用されてきたレーザーブレイド(カミソリの刃)や、古くから採用されてきたリースなどが挙げられます。ユーザーがその企業に支払い続ける仕掛けが、リカーリングモデルを生み出すのです。この点については、第2章で詳しく述べましょう。

3 リカーリングモデルへと移行するには

売り切り企業の不振をよそ目に、リカーリング企業の華々しい成功事例が、数多く報じられています。しかも、これからもその収益が継続するのです。売り切り企業にとって、これほどうらやましいことはありません。

将来の業績不振に恐怖している売り切り企業が、リカーリングモデルへと移行したいと思うのは当然の流れです。リカーリングモデルにすれば華々しい未来が待ち受けているのですから。今、販売しているプロダクトを月額制で提供したら収益が3年で倍増、などと思いをめぐらせるでしょう。バラ色の利益天国を想像するのはワクワクします。

しかし、**売り切りをリカーリングへと変えるのは、そんなに単純な話ではありません。**

売り切りやリカーリングは、収益の取り方にすぎないからです。もしあなたが今のビジネスの構造を変えずに、**課金のみをサブスクリプション的なものに変えたとしても、結局**

はうまく機能しないのです。リカーリングモデルは要件が整って、初めて機能します。

2018年は、まさにリカーリングモデル拡大元年でした。大手も小規模企業もこぞって、「サブスクリプション」というワードに飛びつきました。すでに導入した企業もたくさんあります。しかし、課金だけ変えようとして、全く要件を満たしていない事例も見られます。その多くがサブスクリプション的なものに終始しているのです。

メディアもそれを助長しました。単なるレンタルやクレジット会社を仲介させただけの割賦販売をサブスクリプションと呼び、もてはやしました。しかし実際には、収益の増大どころか減少をもたらし、ユーザーの支持も得られず、短期のうちに撤退した事業があるのです。

このままでは、われ先にと始めたリカーリング的な事業は行き詰まるでしょう。近い将来には、撤退のニュースが後を絶たなくなるのは目に見えています。

あなたの企業がリカーリングモデルを検討中であるならば、いったん踏みとどまって考えてもらいたいものです。もし課金の変更だけでリカーリングモデルがうまくいくと思っているなら、それは間違いです。

では、どうすればよいのでしょうか。

結論から言いましょう。

ビジネスモデルそのものに目線を移す必要があります。

そして、ユーザーへの価値提案を改めなければなりません。

4 前提条件としての「つながり」

1 ユーザーへの価値提案

リカーリングモデルは、課金を変えるだけでは不十分です。ビジネスモデルを変えたわけではなく、収益の取り方を変えただけになってしまうからです。たとえば、その代表格であるサブスクリプションについて、少し調べただけでも、収益が多角化できたり、継続したりと、経営者にとっては魅力的な文言が並びます。

しかし、特に売り切りで成果をあげてきた企業にとって、リカーリングモデルは劇薬です。正しく使わなければ、取り返しのつかないことになる可能性があります。

そこで、必要なのはビジネスモデルの本質を捉えること。基本に立ち返りましょう。論者によりまちまちですが、本書ではビジネスモデルを以下のように定義します。

ビジネスモデルとは、ユーザーに価値を与えながら、企業が利益を得る仕組み

ここで対象を「顧客」ではなく、「ユーザー」としているのは理由があります。売り切りモデルでは疑う余地のなかった「顧客」の定義が曖昧になってきているからです。顧客は代金を支払ってプロダクトを購入し、利用する（している）人物を指します。

しかし、デジタル化の進展によって、自身が利用するプロダクトの代金を、他者（あるいは他社）が支払っていることが多く見られるようになりました。売り切りモデルでは考えられなかったことです。

たとえば三者間市場（広告モデル）では、ユーザーの代金を、広告主が支払います。また、フリーミアムでは無料ユーザーの代金を、有料ユーザーが支払います。その証拠に、あなたのスマートフォンに入っているアプリを確認してください。お金を払っているものは、ほとんどないでしょう。そのため、特にデジタル企業の事例などが多く登場する本書においては、ユーザーという言葉を使うことにします。

話を戻しましょう。

こうしたビジネスモデルの概念をもとに、リカーリングモデルを見つめ直せば、本質的な問題が見えてきます。リカーリングモデルは、収益化（マネタイズ）の仕組みにすぎな

いのです。その前提には必ず、ユーザーへの価値提案が存在しています。マネタイズの仕組みのみを充実化させても、肝心の価値提案がそれに対応していなければ、ビジネスモデルとして正常に機能しないのです。

価値提案に配慮しないマネタイズの強化は、危険きわまりない行為です。

もし、それを考えずにマネタイズを変更してうまくいったとしたら、偶然にも、元の価値提案とマネタイズがマッチしていただけなのです。

2 価値提案としての「つながり」

もちろん、売り切りモデルでも、これまでユーザーに何らかの価値を提案してきたはずです。

ただし、売り切りモデルの場合、「価値」の提案ではなく、「プロダクト」そのものの提案だったといってもよいでしょう。たくさんの機能を盛り込んだ、モノとしてのプロダクトや、使い勝手の良いソフトウェアのようなサービスとしてのプロダクト、あるいは高度専門職が提供する専門技能としてのプロダクトなどです。そして、プロダクト提供時に、ユーザーが代金を支払うことで完結。この時点でマネタイズしてきました。

しかし、リカーリングモデルにおける価値提案は、「プロダクト」そのものの提案では不十分です。単に販売で終わらせず、ユーザーのジョブ（用事）を見極めて、それを達成するために伴走しなければならないのです。その過程で点在するタッチポイントを捉えて、どこかで課金を実現していくのです。

ユーザーが企業とのつながりを感じない限り、収益が繰り返すことはありえません。つまり、「プロダクト」から「つながり」へと、価値提案を改めなければならないのです。ユーザーと継続的な関係を結んでいるから、収益が継続するのです。

企業は、ユーザーが自身の目的を達成するために、寄り添わなければなりません。継続的な収益は、まさに継続的な関係によって裏づけられているのです。

そのため、企業がやるべきことは、まずユーザーの活動を認識し、その中で企業が補助できるタッチポイントを積極的につくることです。しかも、タッチポイントのすべてでユーザーの期待を上回ることが重要なのです。

こうした一連のユーザーとの関係性を「つながり」と呼びます。図表1－1を見てください。つながりは、特に購入以降のユーザーの活動で発生します。そこにコストをかけて手当てしていくことが、リカーリングモデルには不可欠なのです。

あなたの企業は、ユーザーとのつながりについて、どのように考えてきたでしょうか。

売り切り企業にとっては、むしろコストをかけないポイントではなかったでしょうか。ただでさえプロダクトのコスト削減が厳しい状況で、購入以降のユーザーとのつながりにコストをかけることなど、考えられないのではないでしょうか。
残念なことに、リカーリング的な企業にも、これはいえます。

水やサプリメントなどの定期配送型のビジネスをしていても、実際には販売以降のケアをしていないことが多いのです。ユーザーの活動を認識せず、単に送りつけるだけ。ユーザーが何をしてほしいのかを共有していないので、配慮も感じられません。ケアしているという企業も、せいぜいクレームを受けるコールセンターを設置しているくらいです。

その結果、ユーザーは目的を見失い、せっかくあなたの企業のプロダクトを使っていたのに、解約してしまうかもしれません。**リカーリングモデルを採用する企業において、解約や離反は命取り**です。販売後にこそコストをかけるべきですが、その重要性を理解していない企業が数多く見受けられるのです。

たとえば保険業は、ユーザーとの関係が販売後に始まる意味で、もともとリカーリングのビジネスモデルです。しかし、そのことを理解していないセールスパーソンが多いので、リカーリング的なものに終始してしまいます。これでは、せっかく契約したユーザーも

図表1-1　価値提案はプロダクトからつながりへ

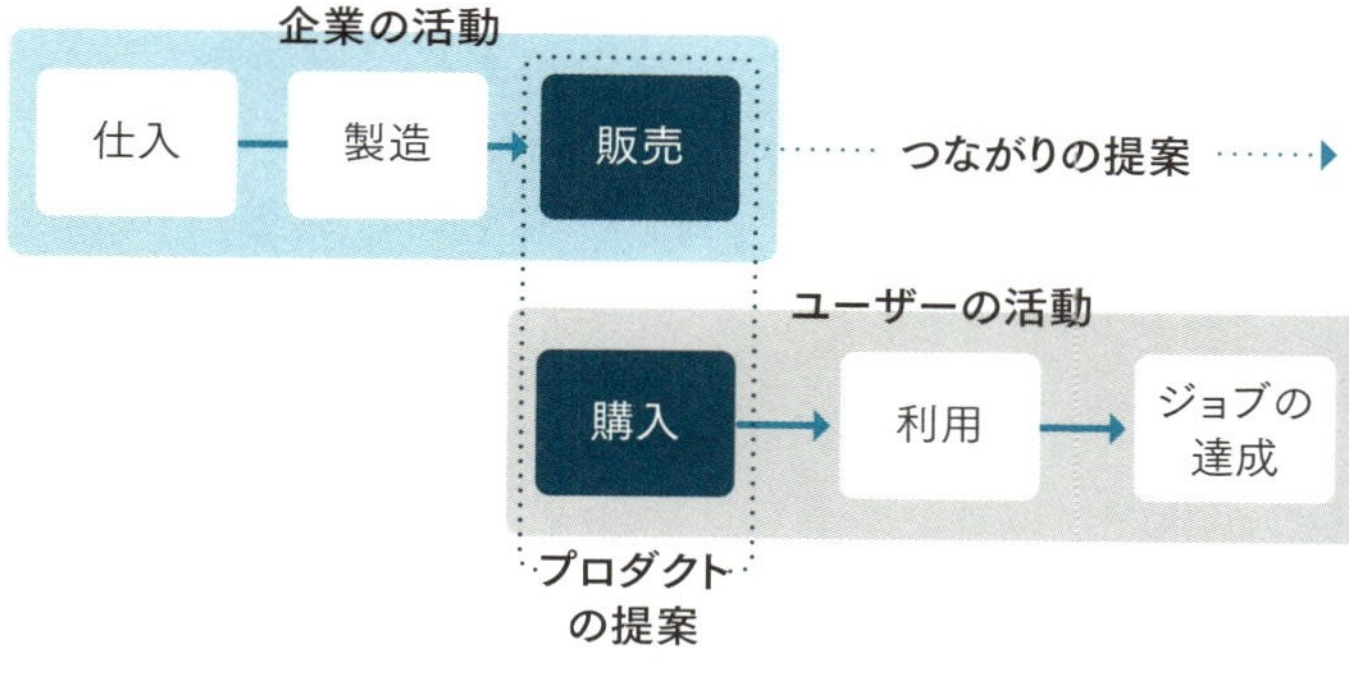

解約したくなるでしょう。

ところで、売り切りモデルにおいても、リカーリングモデルのように、販売以後もユーザーとの関係を保ち、収益の継続をねらった考え方があります。それが、「ユーザーの生涯価値」（LTV：Life Time Value）です。LTVのテーマは既存ユーザーにたくさん購入してもらうため、ユーザーが生涯にわたってその企業からプロダクトを買い続けてもらうためにどうするかを検討することです。

ただし、売り切りモデルでLTVへの取組みをうまく実現できている企業は、実際のところそう多くはありません。なぜなら、販売した時点が企業のゴールと捉えているところが多いからです。LTVを検討するほうが良いことはわかっていても、目先の売り切りに奔走するうち、LTVへの取組みを実行しきれず、ただ販売してゴールを迎えてしまうのです。

見方を変えれば、売り切りモデルは、販売後もユーザーと関係性を継続することが必要条件ではないともいえるのです。

しかし、リカーリングモデルは違います。リカーリングモデルは、販売後も継続してユーザーと関係性を持つ、すなわち「つながり」を考えることが必要条件なのです。**ユーザーとの継続する関係こそが、継続する収益の源泉**になるのです。

リカーリングモデルでは、プロダクトの販売そのものでは利益回収を期待せず、ユーザーの利用期間や支払いに応じて収益をつくります。

いったん導入を決めれば、その後は必要に応じてユーザーが自発的に利用し、支払いをするので、収益が継続します。もちろん継続して利用してもらうためには、ユーザーにとってメリットのあるサービスや手当てが必要です。

いずれにしても、次々とプロダクトをつくっては、薦めて販売して利益回収する、その繰り返しをする売り切りモデルとは、根本的にビジネスモデルが違っているのです。

5 リカーリングモデルを実現するために

ものづくりやもの売り企業で成り立ってきた日本では、売り切りモデルの企業が数多く存在しています。そうした企業が、よりユーザーに喜ばれながら、より安定的に利益を得るにはどうすればよいのか。その方向性は2つあります。

1つは、リカーリングモデルへの転身です。

リカーリングモデルへの転身を図ることにより、収益を継続的に得る方法を模索してほしいのです。ただし、マネタイズを変えるだけでなく、ユーザーへの価値提案も「プロダクト」から「つながり」へと変えることが不可欠です（図表1－2）。つまり、リカーリングモデルの変革には、「つながり」の強化に着手する必要があります。

2つ目が、リカーリングモデルに転身しなかったとしても、売り切りモデルのままつながりを強化することで、ビジネスモデルを生まれ変わらせることです。

このように、本書は2つのアプローチで売り切り企業の閉塞感を抜け出すことを目的にしますが、「つながり」が大きな役割を果たすことには変わりありません。だから、本書のタイトルは『「つながり」の創りかた』なのです。

本書は、次のような構成をとります。

図表1-2　マネタイズを変えるだけでは　ビジネスモデルは変わらない

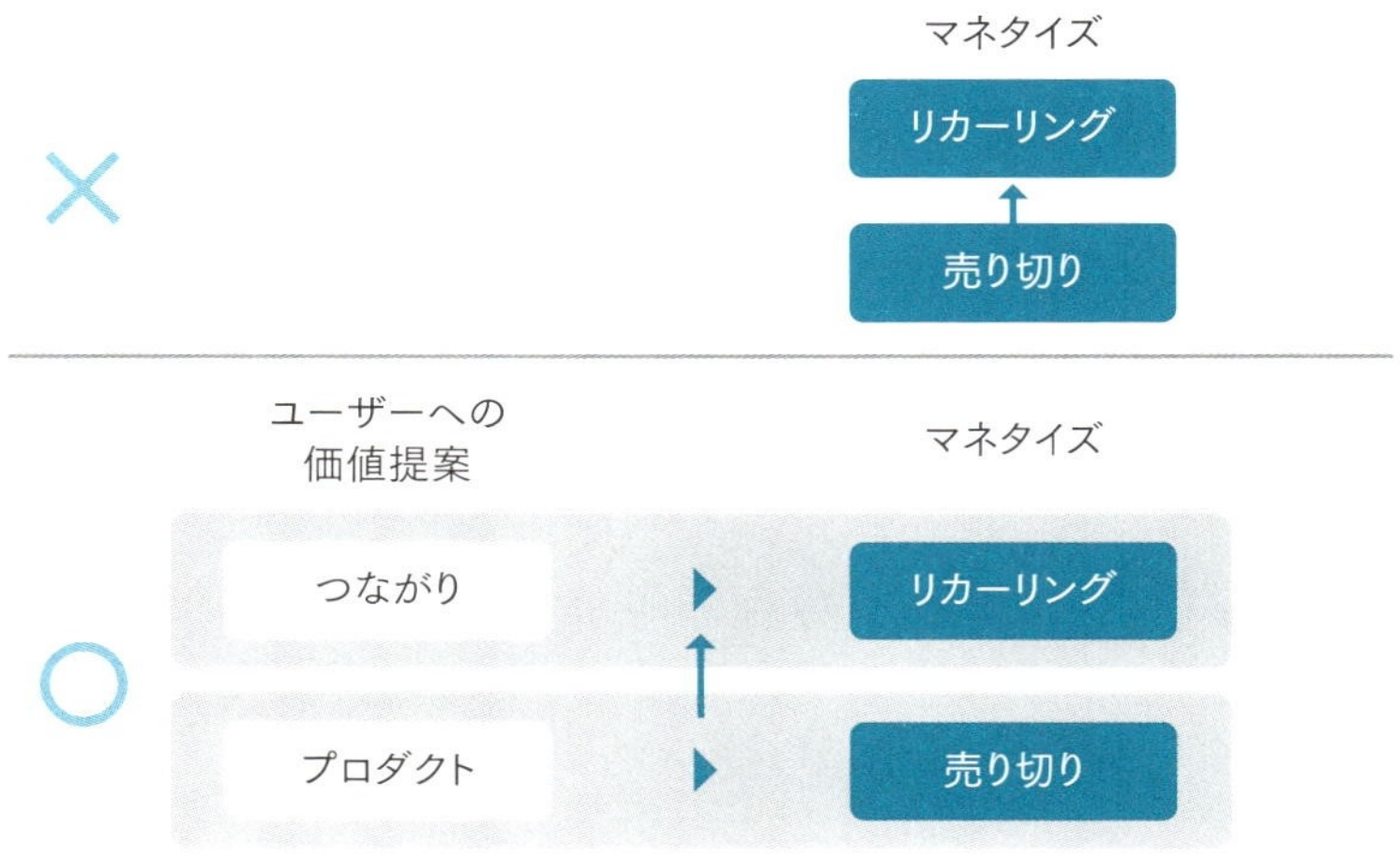

第2章では、売り切りモデルと対比したリカーリングモデルのあり方を示します。ここでは、注目が集まるサブスクリプションだけではなく、その他のリカーリングモデルのさまざまなバリエーションを挙げ、それらの違いと特徴をひと目で理解できる「リカーリングマップ」を紹介します。

第3章では、リカーリング化を進める際の思考方法について論じます。リカーリングモデルへの転身には、利益への新しい考え方が必要です。どのようにして売り切りモデルから脱却するのか、そのために必要な要素は何であるのか、を説明します。

第4章では、リカーリングモデルの裏づけとして「つながり」が不可欠であることを述べます。そもそもユーザーがいかにして価値を感じるのか、どこで支払いをするのか、ユーザーの価値観はどう変わり、これからどこへ向かっていくのか、を明らかにしましょう。

第5章では、概念としての「つながり」を実際にど

図表1-3　真のリカーリングモデルへの道

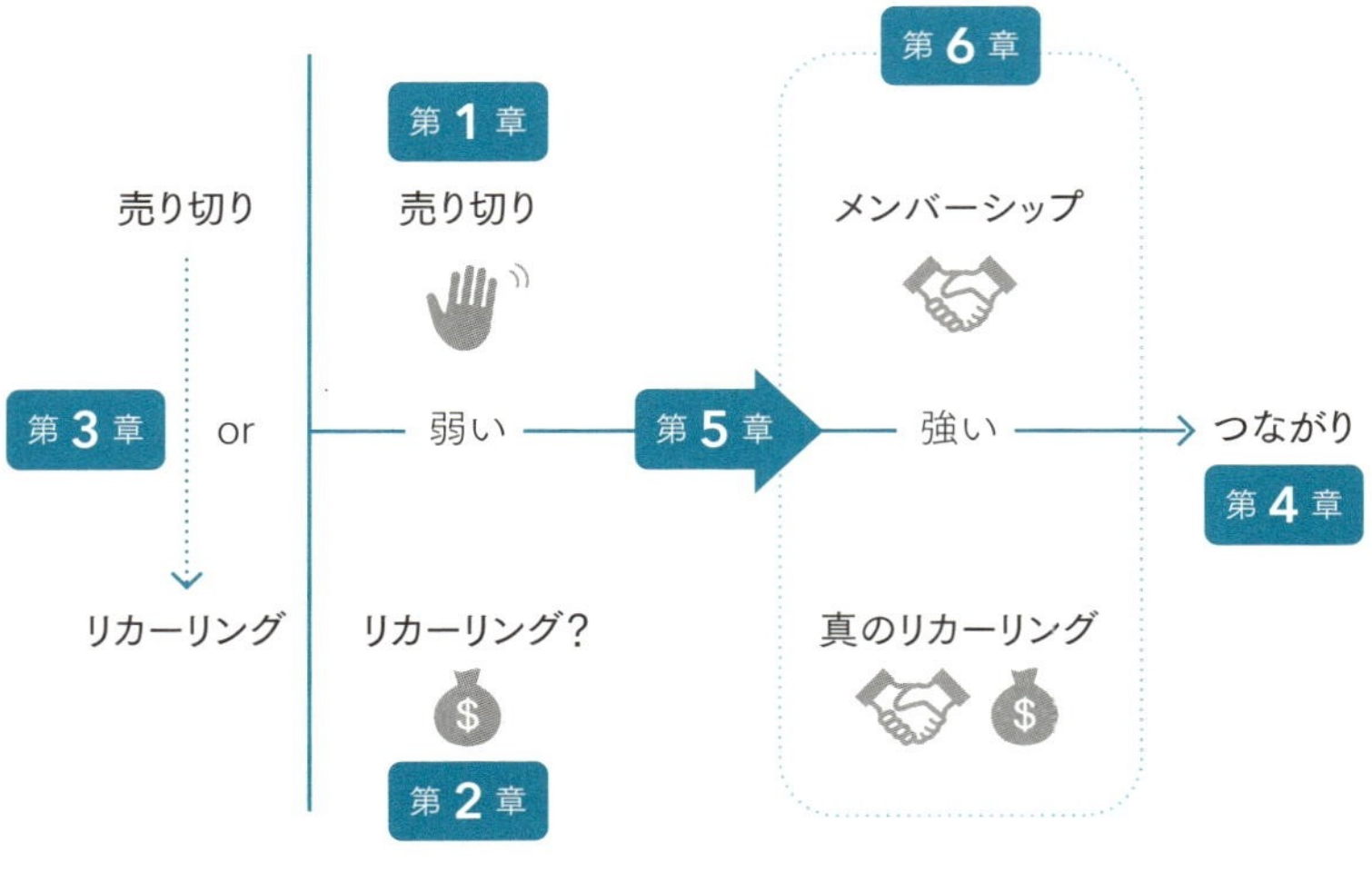

のように捉えればよいのか、その想像力を高めるための思考枠組みとして、ユーザーの活動チェーンを紹介します。活動チェーンを通して売り切り思考を脱却するためのユーザー価値の可視化を試みます。

第6章では、「つながり」をいかにして育んでいくのかをテーマとします。その際の有効な切り口として「メンバーシップ」を紹介し、その詳細を説明します。

終章は、以上の全体像を総括し、リカーリングモデルを発展させるうえで必要となる新たな視点を示します。

これら全体的なストーリーは、図表1－3のようにまとめられます。

ポイントは、現状のビジネスからいかに脱却するのかにあります。本書によって、サブスクリプション時代に求められる経営のあり方をご理解いただけたら幸いです。

第 2 章

リカーリングモデルのバリエーション

サブスクリプションだけじゃない継続収益

マック「あのゴシップ誌、
　　　表紙はいつも同じ女性」
ウィル「まさか、定期購読してるのか？」
Are you a subscriber?
――ドラマ『ニュースルーム』Season1 #4

サブスクリプションへの関心が高まっています。
実はこのサブスクリプションは、
リカーリングモデルの1つの形態にすぎません。
たとえば、レーザーブレイドや機械設備やクルマなどのリース、
それに、フリーミアムもリカーリングモデルにあたります。
誤解を恐れずにいえば、
リピーターもリカーリングモデルだという見方もできます。
おそらく、これからも新たなものが生まれては、
私たちの注目を引くでしょう。
本章では、これらの本質に触れるために、
リカーリングモデルという大きな概念の中で
それぞれの収益化モデルを位置づけ、
筆者が考案し、体系づけたリカーリングマップを紹介しながら、
その特徴を浮き彫りにしましょう。

1 サブスクリプションの進展

1 サブスクリプションとは

リカーリングモデルの中で最も注目を浴びているのが、サブスクリプションです。しかし、「飛躍的に拡大しているものの、言葉だけが独り歩きしている感が否めません。そこで、まずサブスクリプションについて、その本質をお伝えしましょう。

一般にサブスクリプションは、定額制課金と認識されていますが、本来的な意味はそうではありません。そもそもサブスクリプション（subscription）とは、「申し込む」や「購読する」という意味を持つ〝subscribe〟の名詞形です。消費者と事業者が一定期間において契約関係にあり、その間に利用に対する料金の支払いがある状態を指します。

勘の鋭い人ならわかると思いますが、新聞や雑誌の定期購読はサブスクリプションの原型です。

シェアリングサービスの代表であるライドシェアのUberやLyft、それに民泊のAirbnbや、フリーマーケットアプリのメルカリも、サブスクリプションといえます。メルカリなどは、単なるフリマアプリに思えるかもしれませんが、消費者が利用登録をし、継続的な購入意思を示している点で、広い意味ではサブスクリプションなのです。

サブスクリプションの課金形態には、利用分に対して課金する従量制と、利用期間に対して課金する定額制があります。

シェアリングサービスの多くは、ユーザーの利用に応じた分だけ課金する従量制をとっています。ユーザーは登録を済ませればサブスクリプション状態になりますが、利用しなければ一切の料金を支払う必要はありません。利用に対する拘束力は全くないのです。

一方、定額制のネットフリックスやスポティファイなどは、動画や音楽コンテンツを鑑賞し放題にして月額で課金する方法をとっています。この方式では、登録後に全く使わなかったとしても料金を支払う必要があるものの、頻繁に利用するユーザーにとっては、あとから見れば1回当たりの利用対価が低減するメリットがあります。月額定額でわずかな金額をユーザーに継続してもらうことで、薄く長く利益を獲得するのです。

つまり、売り切りとは異なり、**利益回収にかかる期間は長く、利用に対する拘束力は一定程度あります**。ただし、その程度は比較的緩いといえます。違約金が発生することはありますが解約はできますし、解約までいかなくても対象となるプランを変更することが可能な場合が多いからです。

2 サブスクリプションの進化形

先に述べたようにサブスクリプションの原型は、新聞や雑誌などの「実物の定期配送」です。購買習慣のあるプロダクトであれば、継続的に購入したほうが1回ごとに購入するよりも面倒がなく、また、支出を先読みできることからも消費者に受け入れられてきました。

近年のサブスクリプションのあり方は、それとは趣が異なります。デジタル系とモノ系の2つの動きになって現れてきたからです。

成果をあげるデジタル系サブスクリプション

リーマンショック後、人々の消費傾向は激変しました。ものを買い控える傾向が強くなり、コストパフォーマンスの高い消費を求め始めたのです。頻繁に使うものはお得に使いたいという傾向が顕著になりました。スマートな消費傾向ともいえるでしょう。その流れで登場したのが、デジタル系サブスクリプションです。

奇しくもリーマンショックの2008年はiPhone 3Gが世界発売された年で、多くのアプリケーションが利用できる環境が整い始めました。デジタルメディアを月額利用し放題で使えるサービスが登場し、ユーザーが急拡大しました。

アップルミュージックやスポティファイ、アマゾンミュージックなど、デジタル系サブスクリプションにより、人々の生活は変わり始めました。今、よほどの理由がない限り音楽CDを購入する人はほとんどいないでしょう。月額料金を支払えば、何万曲もの音楽が聴き放題なのですから。

映画やドラマもそうです。DVDやブルーレイを購入したり、レンタルショップに行くことはせず、月額定額制のサブスクリプションで契約するユーザーがほとんどです。Huluやネットフリックスが有名ですが、第1章でも述べたように、ネットフリックスに至っては、2017年に全世界ユーザーが1億人を突破しました。

こうしたデジタル系サブスクリプションは、ユーザーに多大なメリットをもたらしました。

まずは月額料金の安さです。たとえば、レンタルショップで映画や音楽CDを1本当たり300円程度で借りていたことを考えれば、アップルミュージックやネットフリックスの月額1000円程度の金額は割安といえるでしょう。アマゾンプライムに関しては、音楽以外のサービスも含めて月額400円程度とさらに破格です。

おまけに、貸出と返却に物理的な移動をする必要もないというメリットもあります。安いからといって、質が低いわけでもありません。そのサービスに契約しないと視聴できない良質なオリジナルコンテンツを多数用意することで、価値を高めているのです。

デジタル系サブスクリプションは、SaaS（Software as a Service）というビジネスモデルによって成り立っています。ソフトウェアをクラウド上にアップデートしておけば、ユーザーが取りに来て好きなように使うのです。事業者は利用料としてユーザーに課金します。

これはB2C分野だけの話ではありません。大きなうねりはB2Bにこそあります。たとえば会計ソフトウェアはその急先鋒です。フィンテック（Fintech：ファイナンスとテクノロジーの融合）として急成長している、マネーフォワードやfreeeなどが提供する会計系SaaSは、パッケージ販売されていた業務用会計ソフトに完全に取って代わろうとしています。高額なパッケージを買うよりも、月額定額使い放題、しかも常に最新にアップデートされるSaaSのほうが、ユーザーにとって使い勝手が良いからです。

会計はほんの一例です。SaaSは、CRM（顧客管理マネジメント）システムや勤怠管理、企業経営にかかわる多くの業務システムですでに展開されています。企業はこれまで以上に安く、しかも良質なサービスを受けられるようになりました。コストメリットの大きさからも、その恩恵は特に資金力の乏しい中小零細企業やスタートアップ企業にあります。

デジタル系サブスクリプションが、パッケージで購入するよりも安く、しかも良質にサービスを提供できる最大の理由は、コストがかからないことです。パッケージをつくるうえでは、メディアコスト、印刷コスト、それに物流費、保管費用、営業コスト、取扱店舗への支払いなど、実物を製造し動かすだけで多くのコストがかかります。それが企業の利益を圧迫してきました。

しかし、SaaSによるデジタル系サブスクリプションの登場により、これらのコストが全くといってよいほどかからなくなったのです。企業にとってはコストがかからない分、料金を安価に設定し、開発費やユーザーへのサービス充実に投資できます。ユーザーからしても、プロダクトは常に最新の状態にアップデートされるので、デジタル系サブスクリプションを使わない理由は見当たりません。急拡大も納得です。

急拡大するモノ系サブスクリプション

デジタル系サブスクリプションの拡大によって、消費者は月額定額で使い放題のサービスを利用することに抵抗がなくなりました。買うよりも賢く利用する。その状況下で、モノとしてのプロダクトを製造し、販売する企業の中で「月額定額使い放題」という新たなサブスクリプションを提案し始めるものが現れました。

それが、モノ系サブスクリプションです。購入するには高くて躊躇していたプロダクトを、手の届く料金で月額定額で提供するというサービスです。日本では、デジタル系サブスクリプションが浸透した2017年頃から表面化してきました。

たとえば、家電でこの形が見られます。ダイソンは、購入すれば3万〜4万円程度する掃除機を、月額1000円から利用できるサービス「テクノロジープラス」を2018年に日本で開始しました。購入するには高額だった家電でも、月額で安価に利用できる提案です。メンテナンスはいつでも受けられ、2〜3年間利用すれば新しい掃除機に交換してくれます。つまり、購入とは異なり、常に一定のパフォーマンスを約束することにユーザーは対価を支払うのです。

アパレルでも、モノ系サブスクリプションが展開されています。たとえば、月額定額で一定数の洋服を利用できるサービスがあります。単純に洋服を購入するという手間やコストを削減するだけではなく、クローゼットがいっぱいになる問題を回避できます。なかには、プロのスタイリストがユーザーに最適な洋服をコーディネートして提案するというプランも包括しているものまであります。

モノ系サブスクリプションは、所有権をユーザーに移転せず、ユーザーは利用対価を支払います。ユーザーにとっては、メンテナンスや保管のコストも企業が負担するため面倒がないというメリットがあります。

しかしその分、企業にとっては、コストが重くのしかかります。保管コストやメンテナンスコスト、それにプロダクトを交換するたびに物流コストがかかります。デジタル系サブスクリプションで一切発生しないコストが、モノ系サブスクリプションではかかってしまうのです。しかも、利益回収が長きにわたるので、キャッシュが詰まる原因にもなります。

ユーザーに寄りすぎると破綻し、かといってサービスの質を落とせばユーザーは離れてしまう。これだけ見ても、モノ系サブスクリプションのリカーリングモデルへの移行が、いかに難しいかがわかります。

事実、2018年に立ち上げながらも、年内に撤退したサービスが散見しました。

その根幹の問題は、モノ系には課金方法のみをサブスクリプション（リカーリング）に変えているだけで、肝心のビジネスの仕組みが売り切り型ビジネスのままのものが多いことです。ユーザーとのつながりも含めて改めるべき点は多く、いまだ発展途上のビジネスモデルなのです。これについては、今後の経過を見守る必要があります。

3 企業側から見たサブスクリプションのメリット

サブスクリプションは、うまくいけば企業側に多大なメリットをもたらします。一度契約すれば解約のない限り支払いが続くからです。契約が続く限り、企業は来年の収益を心配する必要はありません。つまり、ゼロから売上を積み上げていく必要がないのです。来年は、今年の続きから始められます。売上をさらに積み増しすることで、願望や努力目標ではなく、地に足の着いた成長性が予測できます。

さらに、将来の収益が読み込めるので、投資を計画的に進めることができます。大型の投資は年をまたがって継続的に進める必要がありますが、長期になるほど進めにくくなるものです。売り切りモデルなら、数年後まで投資を続ける体力があるか先行きは不透明ですが、サブスクリプションによる課金に変更すると、数年後の収益まで見通せます。固定的に収益が入るので、固定的に発生する費用を吸収できるのです。それは、過剰投資による破綻や倒産を防ぐことにつながります。

このような理由から、リカーリングモデルの中でも、とりわけサブスクリプションが注目されているのです。

4 サブスクリプションはリカーリングモデルの1つの形態

サブスクリプションは、リカーリングモデルの中の1つの収益化モデルにすぎません。継続収益を生むリカーリングモデルには、他にもさまざまなものがあります。それを示した図表2－1をご覧ください。

これは、私が考案し、体系づけた「リカーリングマップ」です。リカーリングの各収益化モデルの特徴を明らかにするものです。サブスクリプションは図の右寄りに位置しています。その理由は後述します。

ここで注目してほしいのは、斜め上に伸びる線上に分布する、リピーター、レーザーブレイド、リースです。「リカーリング」という言葉のなかった時代から存在している、これら3つの収益化モデルを読み解くことで、リカーリングモデルの特徴を見出すことができます。以下、順に説明します。

図表2-1　サブスクリプションはリカーリングモデルの一種

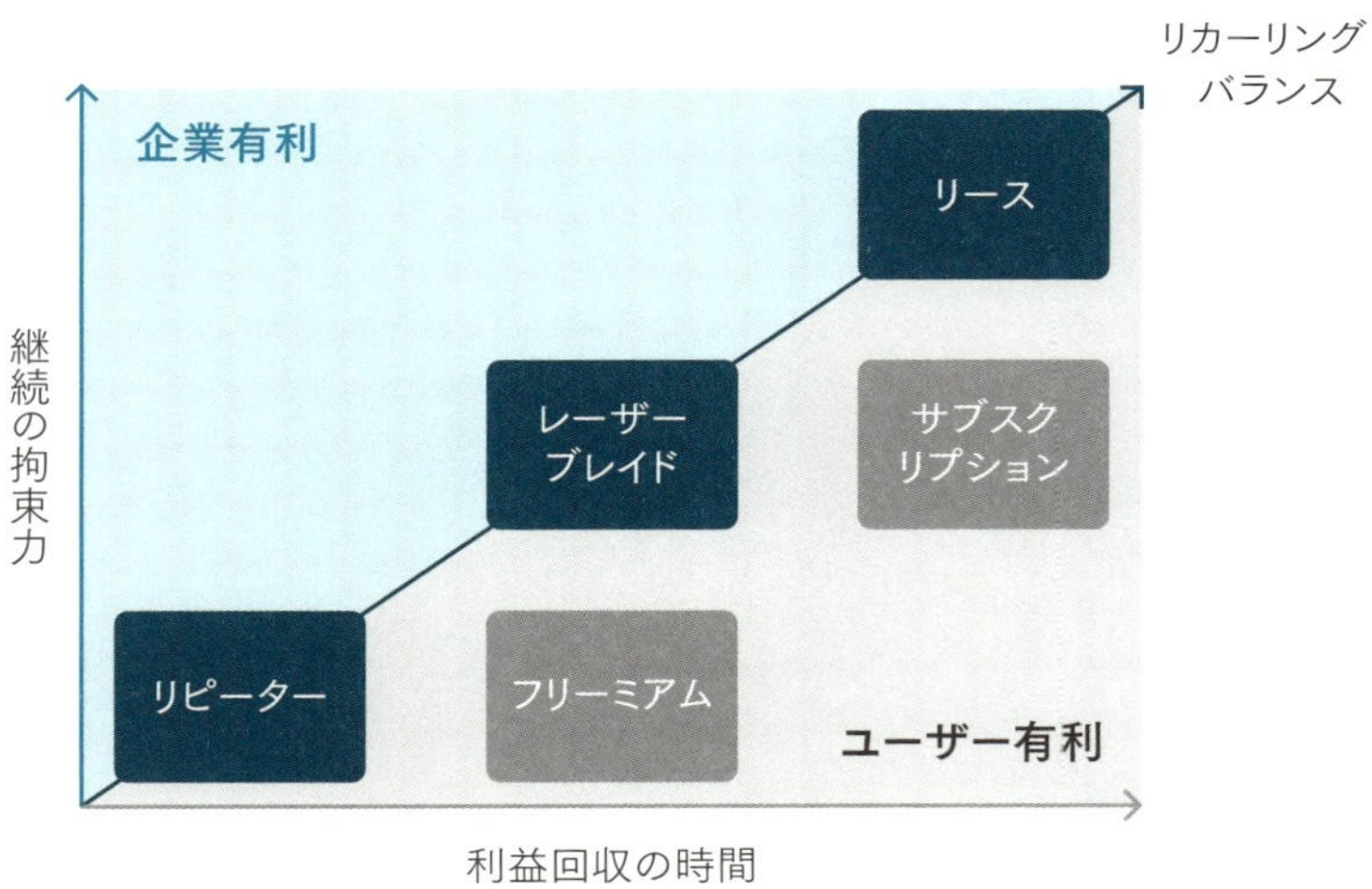

2 旧来型のリカーリングモデル

そもそもリカーリングモデルとは、継続的に収益が続く状態を意味します。その原型といえるのが、リピーター、レーザーブレイド、リースの旧来型のリカーリングモデルです。これらはすでに定着している概念です。長きにわたって存在し続ける理由は、それらが企業にとっての利益とユーザーにとっての利便性の、バランスがとれたところにあるからです。

1 リピーター

リピーターとは、ユーザーが繰り返し特定企業のプロダクトやサービスを利用し続けることです。リピーターの存在によって、企業は継続収益を実現できます。

ただし、企業自体は売り切りモデルですから、プロダクトの良さや、ブランド価値の高さが十分にユーザーに認知されなければ、リピーターとして企業に定着してくれません。**リピーターモデルは、継続の拘束力が一切ない意味で厳密には売り切りモデルですが、収益が継続するリカーリング要素を持ったビジネス**なので、ここではリカーリングモデルの一形態として取り上げます。

リピーターモデルでは、ロイヤルカスタマーの存在が重要となります。特に継続購入の頻度が高いユーザーをはじめ、購入金額の高いユーザーが企業の収益の大部分を支えています。企業は、ロイヤルカスタマーの存在により、精度はともかく来年の収益予測が可能になるのです。

ロイヤル化するかどうかはユーザーの意思であり、企業が拘束することはできません。リピーターは、その企業やプロダクトに好意があるか、あるいは利用が習慣化することで、自発的に購買を続けているのです。

そこで企業は、可能性のあるユーザーに手厚いサービスをし、ロイヤル化を促す取組みをしています。ユーザーの数が少ない状況であれば、リピーターの創造は比較的容易です。たとえばB2Bでは、担当者当たりのクライアント企業数がわずかなら、顔の見える関係が構築できるため、来年度以降の取引は、高い精度で予測できます。

ただし、B2Cのサービスではユーザーが不特定多数になるので、規模が大きくなるとマネジメントが必要になります。アナログや人的要素のみに頼る方法ではなく、積極的にデジタルを活用する必要があります。現在、デジタル化を経て、ユーザー管理は低コストで簡単にできるようになっています。

すでにECサイトなどでは、こうした取組みは進んでいます。リアル店舗においても、オムニチャネル化によって、それが実現されています。その結果、ユーザーが欲しいサービスを積極的に提案できるようになりました。特にメンバーシップ化することで、企業とユーザーの関係性を保つことができるのです。

リピーターモデルは、そもそも売り切りモデルでありながらも、成果としてはリカーリングモデルを実現する屈強のモデルといえます。

2 レーザーブレイド

レーザーブレイドとは、本体を保有してもらい、付属品を継続的に購入してもらいながら利益を得る収益化モデルです。レーザーブレイドでは、本体の利益は全くといってよいほど期待しません。薄利か、あるいは場合によっては損失を出すことを覚悟します。付属品の利幅が大きいため、それを時間をかけて購入してもらい、継続的に利益を得るモデルです。

この名称は、有名なジレットのカミソリから由来しています。キングジレットが安価にカミソリ本体（レーザー）を提供し、その後利幅の大きいカミソリの刃（ブレイド）で、継続的に利益を生んでいたことに端を発しているのです。カミソリの刃のように消耗品を高利益商品にすることが多いことから、消耗品モデルと呼ばれることも多いです。また、先に本体を据え置くことから、インストールベースモデルと呼ばれることもあります〔1〕。

他には、携帯電話の本体と通話料、ウォーターサーバーと替えの水、プリンタとトナー、ゲーム機のハードウェアとソフトウェアなど、かなり多くのビジネスで使われ、業界によってはすでに業界慣行となっているほどのモデルといえます。

リピーターと比較したレーザーブレイドの特徴の1つに、拘束力がある点が挙げられます。本体を手に入れることで、ユーザーは他の商品ではなく、本体を購入した企業の消耗品を使うことを余儀なくされます。

逆に、そこに障壁がなければ、レーザーブレイドモデルは破綻するのです。実際にプリンタでは、利益率の高いトナーだけを安価に提供するリサイクル業者が現れ、本体を製造するメーカーの収益を侵食しました。なお、現在では本体にセンサーを装備して自社製品であるかどうかのチェックがされたり、故障時の保証対象外とすることで、リサイクルトナーに使用制限という障壁を設けています。

もう1つの特徴は、最初は薄利で、継続期間が長くなればなるほど利益が生まれる仕組みだということです。売り切りモデルに比べて利益回収には時間がかかり、リピーターのように1回の買い物では利益が出ない点をあらかじめ覚悟する必要があるので、継続利用を促す施策が必要です。

3 リース

リースも、リカーリングモデルです。ある資産を対象として、ユーザーは所有権を持たずに、サービス提供企業に利用対価を支払うやり方です。

ユーザーはプロダクトが新品で手に入る代わりに、数年間にわたって月々の利用料を支払い、最終的な満期期限で利用を終了するか、あるいは残額を支払って買い取るか、もしくは新たな商品の利用を契約するか、といった選択をします。残価設定型の自動車ローンや業務用のパソコンなどがこれに該当します。

リースは、ユーザーに所有権の移転をしないので、利用の権限に対して対価を支払うことになります。そのため、対象となる資産の仕様はあらかじめ決定し、さらに利用期間も決定されるのです。これによって、ユーザーは途中で利用をやめることはできません。新型が出て替えたくなっても、対象となる資産の利用期間内には変更できないからです。

リースの特徴は、継続に対する拘束力が契約上も法的にも守られていることです。これは企業にとっては、大きな安心材料になりますが、ユーザーにとっての利便性は妨げられます。

もう1つの特徴として、利益回収が長期にわたる点が挙げられます。支払いは少額かつ一定で、元手と利益までを含めれば複数年をかけて回収します。ユーザーにとっては、所有するよりも、初期の必要金額がきわめて少なくなるメリットがありますが、企業にとっては長期で回収するため、販売に比べて利益が得られるまで時間がかかります。その間、企業はキャッシュ不足にならないよう気をつけなければなりません。

3 リカーリングモデルを俯瞰する

ここで紹介したリピーター、レーザーブレイド、リースの3つは、リカーリングモデルという言葉が登場する以前から、収益の継続性を実現するために活用されてきた収益化モデルです。

これらが今なお支持され続け、企業経営にとって重要な課題であると認識されているのは、ユーザーにとって費用対効果が高く、企業にとっても都合が良い、双方にとってメリットのあるモデルだからです。

ここからは、「利益回収の時間」と、「継続の拘束力」の2つの側面にスポットを当ててリピーター、レーザーブレイド、リースの3つのリカーリングモデルを俯瞰してみます。

1 利益回収の時間

「利益回収の時間」とは、企業が利益を回収しきるのにかかる時間です。つまり、利益回収の「タイムラグ」を意味します。

企業にとっては、利益を回収する時間は短ければ短いほど望ましいです。

他方、ユーザーにとっては、できるだけ時間をかけて回収してもらうほうが望ましいです。特に高額のために手が出なかったプロダクトやサービスの場合は、できるだけ自身の1回当たりの支払いに対する負担は少ないほうが良いのです（図表2－2）。借入金や住宅ローンは、できるだけ借入年数を長くしたほうが、返済が楽になるのと同じ理屈です。

さっそく、リピーター、レーザーブレイド、リースのそれぞれのリカーリングモデルを、利益回収の時間の長短で比べてみましょう。

リピーターは、売り切りモデルでありながら、ユーザーの意思で継続して購入してもらう考え方です。売り切りモデルの連続であるため、基本的に販売時に利益回収を終えます。つまり、利益回収は「ただちに」実行されるのです。他のリカーリングモデルに比べて利益回収の時間は最も短くなります。

対極にあるのが、リースです。リースに関しては、利益回収の時間が最も長いです。ある資産をユーザーの代わりに所有したまま、貸し出します。イニシャルコストをすべて負担し、長時間かけて回収するのです。短くて3年程度、長いときには数十年ということもあります。

レーザーブレイドは、利益回収に時間がかかりますが、リースほど、長期間にわたるわけではありません。リピーターとリースの中間に位置づけられます。利幅のきわめて薄い、ときには赤字の本体を販売して、利幅の厚い付属品でじっくりと回収するのです。

図表2-2　利益回収の時間がもたらす影響

	利益回収の時間が短い	利益回収の時間が長い
ユーザー	望ましくない（負担が大きい）	望ましい（負担が小さい）
事業者	望ましい（資金回転が速い）	望ましくない（資金回転が遅い）

図表2-3　利益回収の時間の長短

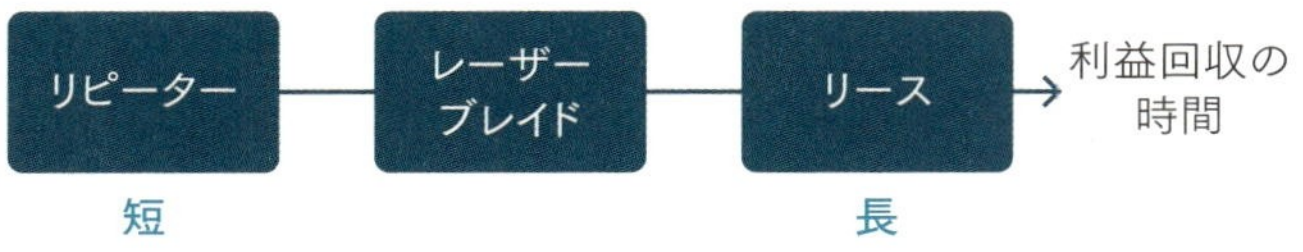

利益回収の時間は、長ければ長いほどユーザーにとっては負担の少ない仕組みですが、企業にとっては回収に時間がかかるため我慢が必要です。反対に、利益回収の時間が短ければ短いほど、ユーザーにとっては負担が大きくなりますが、企業にとってはキャッシュサイクルも速くなり、安定経営を望めます。

以上をふまえて、利益回収の時間の長短の軸に、各モデルをプロットさせると、図表2－3のようになります。

2 継続の拘束力

「継続の拘束力」とは、プロダクトの継続利用に対するユーザーへの強制力の程度を意味しています。

拘束力が小さい状態では、プロダクトの継続利用はユーザーの自由意志に委ねられます。逆に大きい状態は、契約によって縛られ、ユーザーは継続の義務を負うことになります。

企業から見れば、拘束力が大きい状態は収益が継続することが確定するため都合が良く、小さい状態は収益が読めないために望ましくありません（図表2－4）。

継続の拘束力の大小をもとに各モデルをプロットさせると、図表2－5のようになります。

リピーターは企業に対して何ら義務を負わず、自身の自由意志でプロダクトを購入し続けているだけです。ベースにあるのは売り切りなので、ユーザーが突然別のプロダクトに心変わりして購入をやめても、とがめられることはありません。

リースは、完全に法的に拘束された契約です。ユーザーは期間中にやめることは基本的に不可能で、なおかつ対象となる資産を変更することもできません。

レーザーブレイドはこれらの中間に位置します。消耗品や付属品の購入タイミングこそユーザー次第ですが、本体を購入しているため、専用品で拘束されます。つまり、完全な自由意志のリピーターよりは、精神的な拘束力が発生します。契約では縛られませんが、本体を購入していますから、その埋没コストを回収しようというユーザー心理が働くのです。

図表2-4　継続の拘束力がもたらす影響

	継続の拘束力が小さい	継続の拘束力が大きい
ユーザー	望ましい(強制力小さい)	望ましくない(強制力大きい)
事業者	望ましくない(収益が不確定)	望ましい(収益が確定)

図表2-5　継続の拘束力の大小

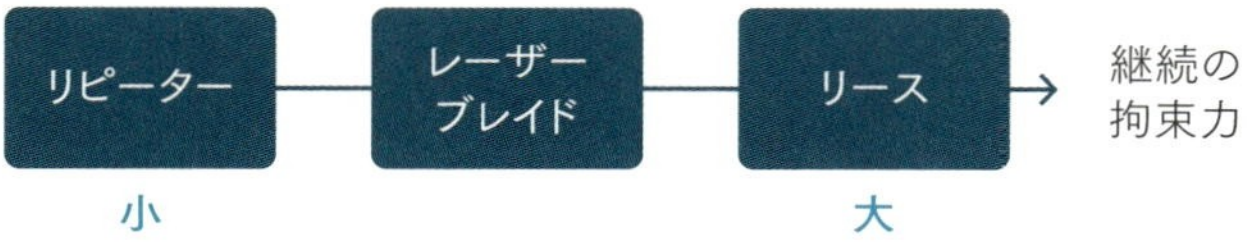

3 バランスの取れたリカーリングモデル

さて、これまで述べてきた「利益回収の時間の長短」と「継続の拘束力の大小」をひと目で確認できる方法があります。

それが、図表2－6です。リピーター、レーザーブレイド、リースをここにプロットさせれば、2軸の斜め上に向かって整列します。

これら3つのモデルは、「リカーリングモデル」という概念のない頃から存在してきたものであり、企業にとってもユーザーにとっても都合の良いものでした。そのため、利益回収の時間の長短と、継続の拘束力の大小でバランスが取れていました。

つまり、**各モデルを結ぶ線は、バランスの取れたリカーリングモデルの境界線**なのです（図表2－7）。この境界線を**リカーリングバランス**と呼びます。

これを境に、リカーリングバランスは、右下の三角

図表2-6　旧来型リカーリングモデルの特徴

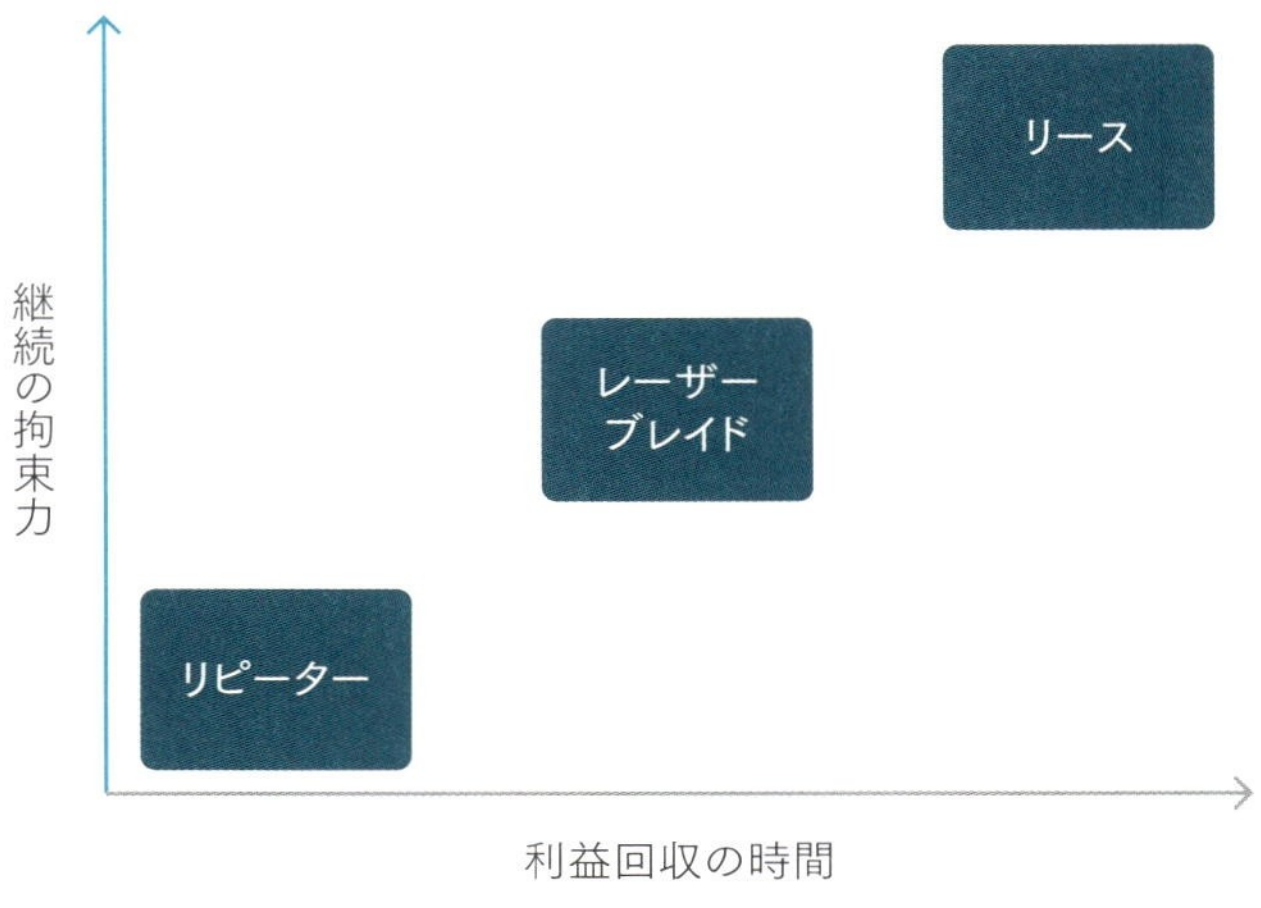

形がユーザーにとって有利な状況を表すゾーンです。利益回収の時間が長く（ユーザーにとって支払いが緩やか）、また、継続の拘束力が小さいからです。この領域にあるモデルなら、ユーザーにとって望ましい収益化モデルです。

反対に、左上の三角形は企業にとって有利な状況を表すゾーンです。利益回収の時間が短く、また継続の拘束力が大きい（支払の固定性が強い）ので、この領域にあるモデルは企業にとって望ましい収益化モデルです。

図表2-7　リカーリングマップの基本形

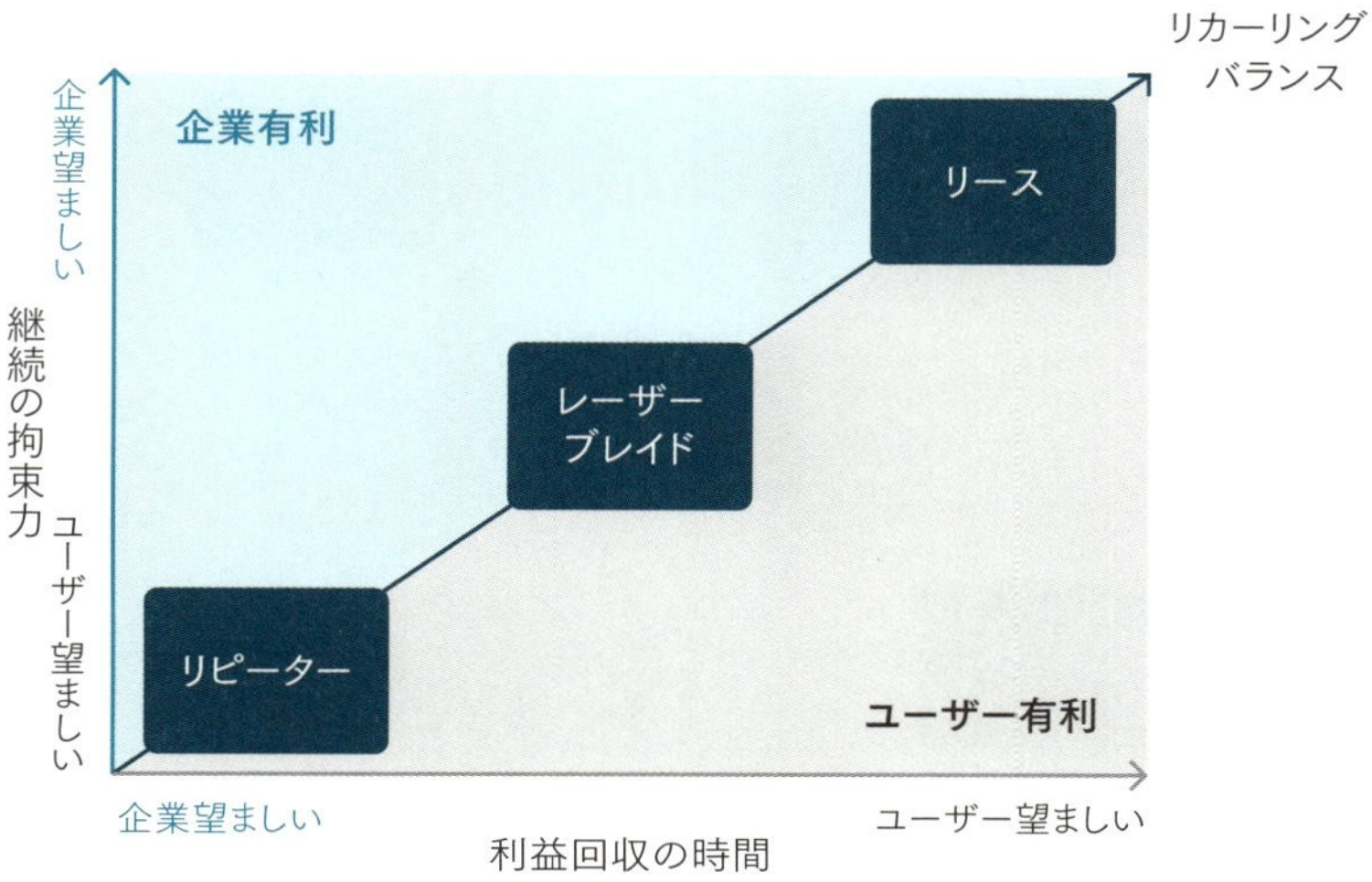

4 新たなリカーリングモデルの特徴を見出す

リピーターをはじめとする、いわゆる旧来型のリカーリングモデルに対し、デジタル時代になって特に注目されるフリーミアムとサブスクリプションは、なぜこれほど脚光を浴びるようになったのでしょうか。

1 フリーミアム

フリーミアムは、無料を意味するフリーと、有料を意味するプレミアムの2つを掛け合わせた造語です。これらはデジタル化の波を受けて、一斉に広まりました。

スマートフォンユーザーの画面には、天気予報、SNS、ゲーム、ニュース、フリーマーケットなど多くのアプリケーションが入っていますが、代金を支払って利用しているものはどれくらいあるでしょうか。おそらくほとんどを無料で使っていると思います。

それらは一見無料ですが、実際には違います。無料をウリにしますが、利用に応じてどこかのポイントでユーザーから課金することで成り立っているからです。

たとえば、無料でダウンロードして遊べるゲームが最もわかりやすいでしょう。ゲーム本体は無料ですが、アイテムは有料です。有料アイテムを購入することで他人よりもゲームを有利に進めることが可能になります。

つまりメーカーは、この有料アイテムで利益を獲得するために、ゲームを無料で配布しているのです。一度アイテムを購入したユーザーは、その後、代金を支払うことへの心理的なハードルが下がるので、継続的に支払うことが期待できます。ヘビーユーザーになるほど料金を支払ってくれるのです。

無料でサービスを提供している間は、利益は生まれません。ユーザーは、ずっと無料で遊ぶこともできるし、有料アイテムを購入して有利にことを進めることもできます。支払いの有無は、完全にユーザーに委ねられています。本体のゲーム自体も無料なので、途中でやめることへの心理的ハードルもありません。

つまり、**ユーザー有利のリカーリングモデルなので、企業は利益回収にはある程度の時間がかかることを覚悟しなくてはなりません。**

フリーミアムは、長らくデジタル業界を盛り上げてきました。ゲーム以外にも、フリーミアムはあります。ストレージサービス（ドロップボックスやiCloudなど）や、生活に密着した天気予報や乗換案内などです。これらのサービスは、最低限の機能を無料で提供し、代金を支払うことでより便利に使えるフリーミアムが常識になっています。

2 フリーミアムとサブスクリプションが注目される理由

フリーミアムはデジタルの隆盛によって、2000年代より急激に広まり、注目されました。今やインターネット企業にとって常識ともいえるビジネスモデルです。

また、本章の冒頭で紹介したサブスクリプションは、2010年頃から注目されました。リーマンショックなどの不況を経て、「所有から利用へ」という消費トレンドが移り変わりました（第4章で詳述）。そこに、デジタル化の急激な進展が後押しして、さまざまな企業が取り入れるようになったのです。

フリーミアムとサブスクリプションがここまで注目されるのは、リカーリングモデルの中でも、特にユーザーにとって有利であると認識されているからです。

図表2－8を見てください。フリーミアムとサブスクリプション双方が、ユーザー有利のゾーンにあることがわかります。

ここで、フリーミアムとレーザーブレイド、フリーミアムとリピーターについて、その類似点と違いを確認しておきます。

実はフリーミアムは、ベースのプロダクトを提供し、ユーザーがある一定の期間を経てヘビーユーザーになれば課金が可能になる点で、レーザーブレイドと非常に似ています。

フリーミアムとレーザーブレイドが唯一違うのは、ベースのプロダクトが有料か無料か。この一点に尽きます。

フリーミアムはベースが無料、ユーザーにとっての継続の拘束力が全くといってよいほどありません。レーザーブレイドは、ユーザーにとっての継続の拘束力がない点はフリーミアムと同じですが、ベースが有料なので、フリーミアムのほうがユーザーに有利です。ただし、ユーザーに有利な分、**「中毒性」の高いサービスを展開しなければ、簡単に離れてしまいます。**

また、「ユーザーが自発的に再購入する」という意味では、フリーミアムとリピーターには共通点があります。ただし、リピーターは売り切りモデルですが、

図表2-8　フリーミアムとサブスクリプション

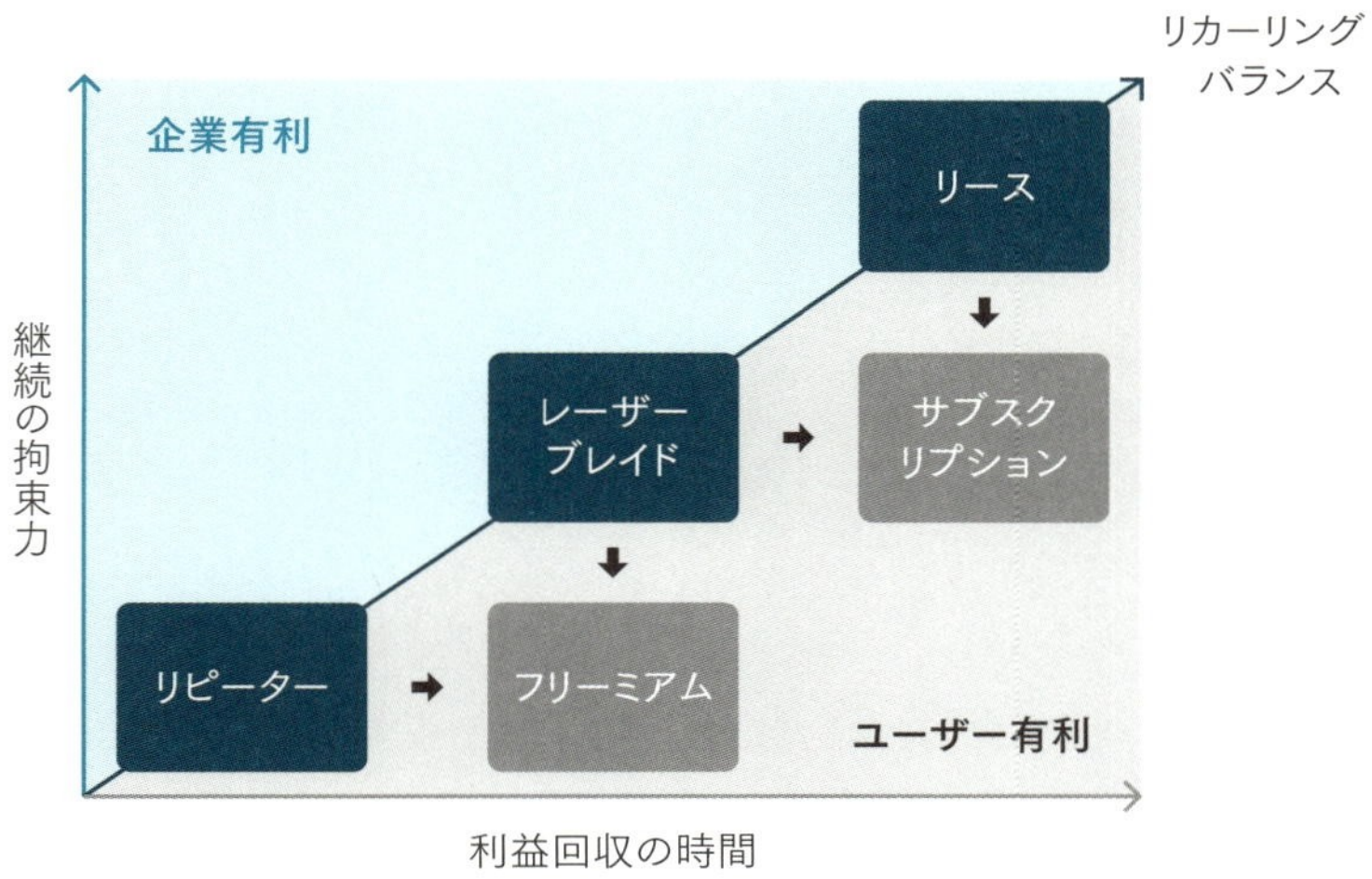

フリーミアムはベースのプロダクトを提供しても全く利益にはなりません。これはつまり、ユーザーにとっては負担が少ない、すなわちリピーターよりもユーザーに有利だといえます。

次に、サブスクリプションとリース、サブスクリプションとレーザーブレイドについて目を転じます。

サブスクリプションは、よくリースと混同されます。

所有権がユーザーに移転しない点、ユーザーが定期的に利用対価を支払う点では、サブスクリプションはリースと酷似していますが、決定的に違うことがあります。それが、**ユーザーに対する継続の拘束力**です。リースは、決められた資産について分割購入するため、ユーザーは途中でやめることはできませんが、サブスクリプションは、本来ユーザーが自分の生活に合った形にプランを自由に変更できます。

サブスクリプションは、レーザーブレイドとも共通部分があります。レーザーブレイドはベースのプロダクトを購入する点、サブスクリプションは利用登録をする点で両者とも中途解約に対する心理的なハードルが生まれます。

違うのは、利益回収の時間です。レーザーブレイドが利幅の大きい付属品で、できるだけ短期に回収しようとするのに対し、サブスクリプションは一定金額で薄く長く利益を回収しようとします。すなわち、サブスクリプションのほうがレーザーブレイドよりも、ユーザーにとって有利なモデルといえるのです。

5 バランス外のリカーリングモデル

リカーリングモデルがうまくいくかどうかは、リカーリングマップのどこに位置するのかで決まります。「うまくいく」とは、ユーザーにとっても企業にとっても望ましいポジションかどうかです。そのポジションは各々の企業によって異なりますが、うまくいく可能性の高いものと低いものがあります。それぞれについて見ていきましょう。

1 先取り型サブスクリプション

図表2－9の先取り型サブスクリプションを見てください。

先取り型サブスクリプションとは、月額定額料金でスタートした企業が、ユーザーの認知を得た段階で、年間定額料金に切り替えるタイプのリカーリングモデルです。

サブスクリプション導入企業は、当初月額定額の形で導入され、ユーザー有利なゾーンで認知を拡大しますが、ユーザーに対して手厚いサポートをしようとするほど、キャッシュが詰まることが多くなります。そもそも利益回収の時間が長くかかるため、ユーザーが増えるとそれに伴って手当てに多大なコストが発生するのです。ほとんどのサブスクリプション企業は導入当初は赤字です。

そこで安定基盤を確保するため、一定期間の導入で認知を得たサブスクリプション企業は、利益回収の時間をより短縮できる年額サブスクリプションをユーザーに提案します。第6章で詳述するSaaS企業のセールスフォース・ドットコムも、このやり方を採用しました[2]。いったんサービスインし、同社のプロダクトに魅力を感じたユーザーは、年額サブスクリプションの提示に応じています。

サブスクリプションは基本的にユーザー有利ですが、

図表2-9　先取り型サブスクリプション

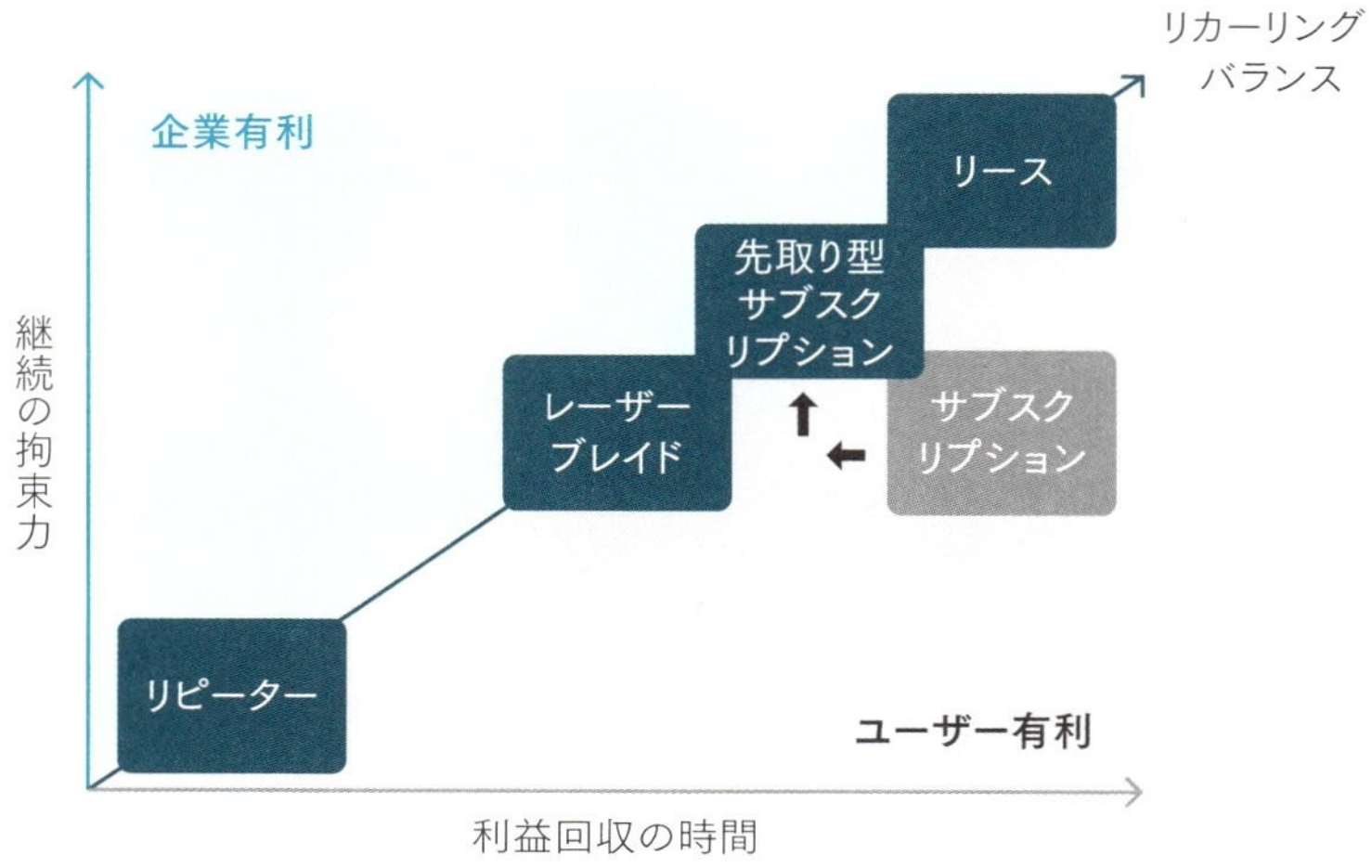

どれほどユーザーに支持されても、企業の利益、ひいてはキャッシュに余裕がなくなり継続が難しくなれば元も子もありません。資金力の乏しいベンチャーやスタートアップは、特にこの点を念頭に置くことが重要です。

その点、年間定額料金に切り替える先取り型サブスクリプションは、通常のサブスクリプションよりも拘束力は大きくなりますが、結果的にリカーリングバランスの境界線上付近で展開されるため、成立しているのです。

利益回収の時間を短くする企業都合の変更になっても、ユーザーが納得できるだけのサービスを行っていれば、十分に機能します。すなわち、成功する可能性が高いリカーリングモデルなのです。この方式は、コストコホールセールやアマゾンプライムなどでも採用されています。

リカーリングモデルを検討している企業は、将来的に、先取り型サブスクリプションの導入を視野に入れるべきです。まずは月額のオファーか、あるいは月額でも契約できる形態で始めて、利便性を認知してもらってから、先取り型に移行するのです。それは、企業のキャッシュフローに余裕を持たせることにつながります。

図表2－10の定期券型サブスクリプションを見てください。これは、企業有利なリカーリングモデルなので、ユーザーの支持を得にくいモデルです。

定期券型サブスクリプションとは、ユーザーへの価値提案が売り切りのプロダクトとほぼ同じまま、一定期間利用してもらうことを条件に、1回当たりの利用料を割安にするというモデルです。一言でいってしまえば、価格で引きつけるモデルです。

従来からある電車の定期券や、テーマパークの年間パスポートがこれに該当します。同じサービスの課金単位を、1回ごとではなく、期間に変えたものです。現在広く拡大したサブスクリプションサービスには、単に課金単位を変更し、ユーザーにとって価格メリットがあることを売りにしたものが多く見られます。しかし実際には図を見てわかるように、企業有利なものなのです。

「サブスクリプション」という言葉が流行したとたん、

図表2-10　定期券型サブスクリプション

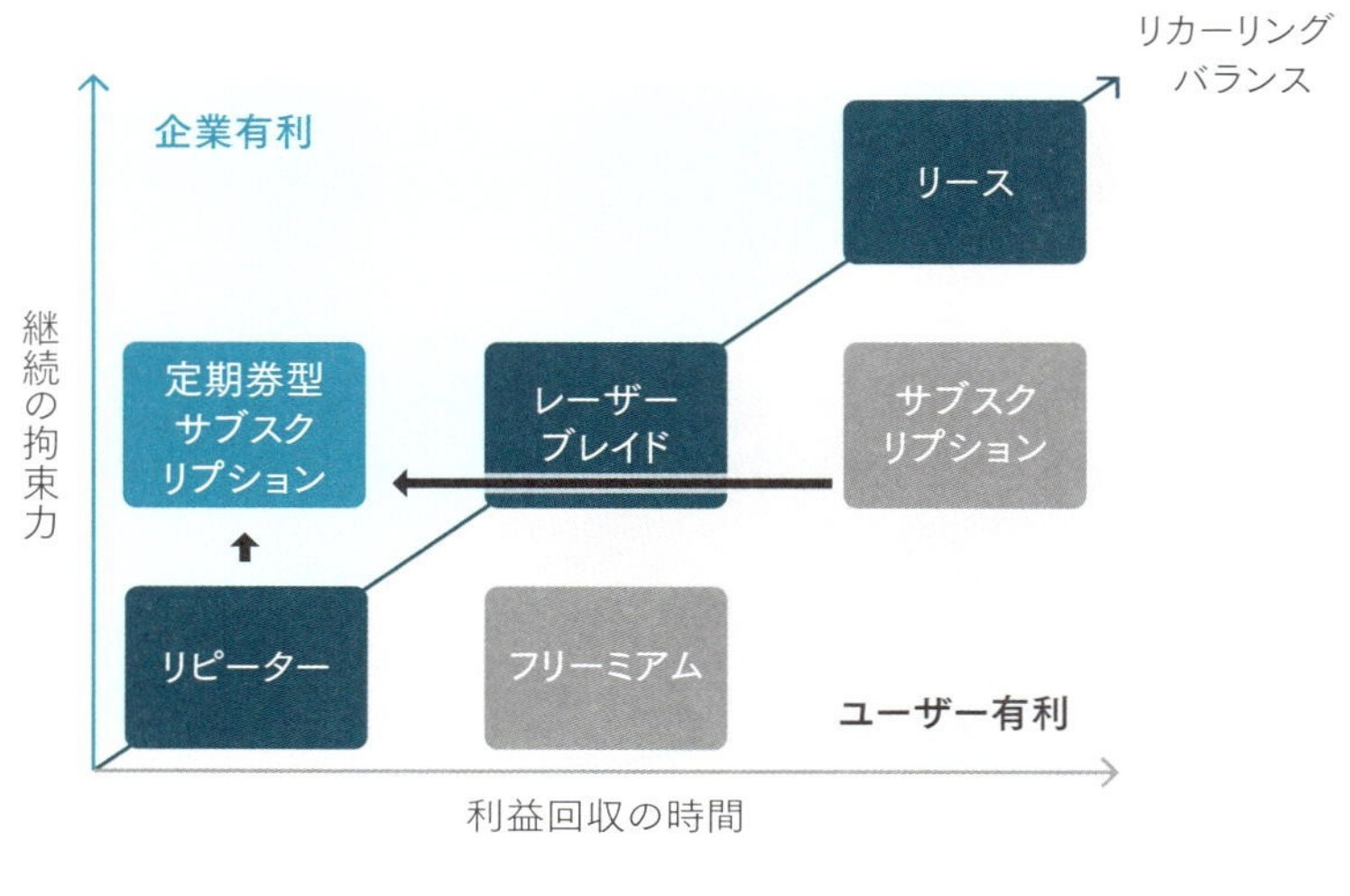

雨後の筍のように、さまざまなサービスがサブスクリプション化しました。特に外食産業で、この定期券型サブスクリプションを導入する傾向が目立ちました。月額料金を支払えばコーヒーが飲み放題になる、ラーメンが食べ放題になるといったサービスが登場しました。いわば、利用回数が多くなれば割安になるというオファーで、何回か行けば元が取れる、ということを売りにしていました。

しかし、このモデルは、通常のサブスクリプションと比べても、あるいはリピーターと比べても、ユーザーにとっては合理的でない理由があります。

通常のサブスクリプションとの違い

企業目線で見た場合、定期券型サブスクリプションは、1回当たりの対価よりも高い価格、しかも前払いで受けるため、利益回収の時間は圧倒的に短くなります。むしろ1回で提供する料金以上の支払いをユーザーから先に受けるため、利益回収の時間はゼロです。

他方で、それはユーザーに相当程度負担をかけていることを意味します。図表2-11を見てください。

この図を見れば、同じサブスクリプションでありながら、通常のサブスクリプションと、定期券型サブスクリプションの何が異なっているのかが明白です。

通常のサブスクリプションの特徴は、図の上にあるように、売り切りでは高くて買えないものを、サブスクリプションなら月額料金で安く、気軽に契約できることにあります。たとえば、売り切りでは30万円していたソフトウェアがサブスクリプションでは月額５０００円で利用できる、売り切りでは４００万円の自動車がサブスクリプションでは月額５万円から利用できる、といった具合です。１本数千円の映画のブルーレイを買うより、月額見放題で１０００円程度の動画配信サービスを利用するのが望ましいのも同じ理屈です。

　他方で、定期券型サブスクリプションの特徴は図の下にあるようなロジックになっています。すでにサービスとして1回当たりの売り切りで提供しているものよりも、月額使い放題にして多額の料金の支払いを要求します。一度に、しかも前払いで要求するのです。

売り切りと同じ価値提案のまま、使えば使

図表２-１１　定期券型サブスクリプションの特殊性

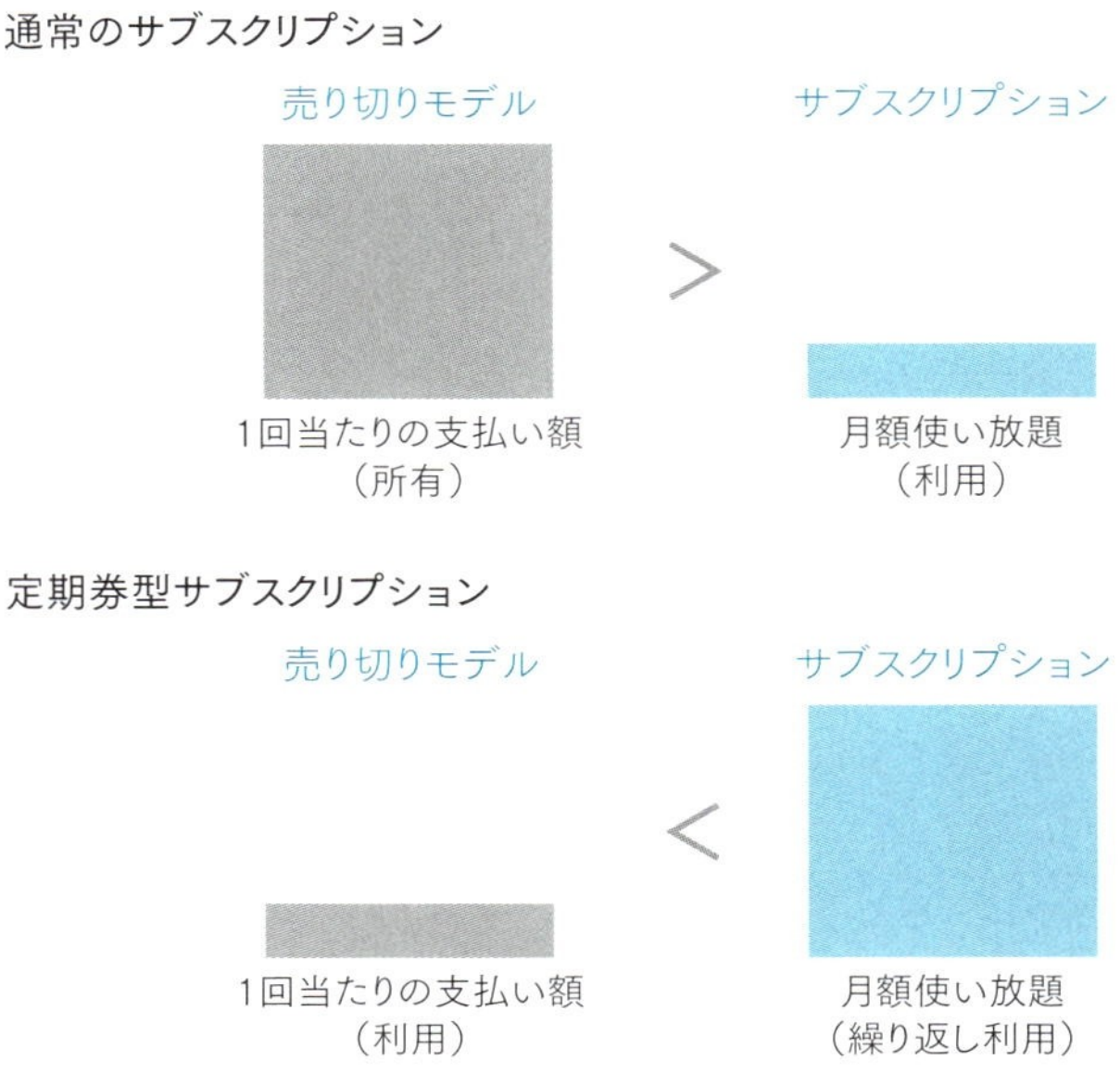

うほど1回当たり料金が安くなるとオファーしても、ユーザーが旨味を感じることがないことは明白です。しかもこのオファーは、そもそも価格に敏感なユーザーを引きつけようとしているはずですが、そんなユーザーが将来のために、現在のキャッシュ（現金）を多めに支払おうとは、よほどの理由がない限り思わないでしょう。

　利益回収の時間という観点では、定期券型サブスクリプションは、通常のサブスクリプションとは正反対であることがわかります。

リピーターとの違い

　1回当たり売り切りで提供しているものを期間で課金するということは、リピーターにとってはメリットがあります。しかし、リピーターモデルと比較しても、定期券型サブスクリプションにはユーザーにとって不利な条件が課されています。**定期券型サブスクリプションは、同じ企業、同じ店、あるいはその系列などでサービスを利用し続けなければなりません。**つまり、継続の拘束力を課されているのです。リピーターは、1回当たり売り切りでサービスを購入しているので、その点ではなんの拘束力もありません。自発的にリピートしているだけなのです。

　リカーリングマップを見れば、リピーターと比較しても、この定期券型サブスクリプションがユーザーにとって魅力的でないことは一目瞭然です。リピーターは、ロイヤリティの高いユーザーが自発的に継続しているだけで拘束力は全くありませんが、定期券型サブスクリプションには、拘束力が加わるのです。

定期券型サブスクリプションをうまくいかせるには、次の項で述べるように、価値提案を工夫する必要があります。

成功の条件

定期券型サブスクリプションは、「サブスクリプション」と名乗りつつも、その実は企業有利なポジションにあることが問題なのです。要は、ユーザーにとって魅力がほとんど感じられないのです。最初に多額の料金を支払う点からも、継続の拘束力の点からも、定期券型サブスクリプションは、そもそも成功する可能性が低いモデルです。

しかし、成功させる方法はあります。そのやり方は3つです。

1つ目は、インフラ化です。インフラとして毎日使うような習慣がついていれば、ユーザーは多額の料金であっても先に支払います。ユーザーが毎日使うことを想像できるからです。かつての牛乳や新聞の定期購読もそうです。頻繁に利用することを考えれば、その対価として1カ月分、あるいは3カ月であっても先に支払うことに抵抗などないでしょう。鉄道はユーザーにとっては、通勤や通学に必要なものです。そのため、必要不可欠と判断できないプロダクトやサービスを定期券型でオファーしても、ユーザーの支持を得ることはできません。

2つ目は、ロイヤリティです。そのプロダクトやサービスにすでに十分なロイヤリティがあり、使う頻度が高いものであれば、定期券型サブスクリプションは成立します。頻繁に使うことがあらかじめ想定できていれば、1回当たりのサービスが安くなるサブスクリプションは通用します。ディズニーリゾートやユニバーサル・スタジオ・ジャパンなどは、すでに経験済みのユーザーがリピーターになっているので、定期券型がうまく機能します。反対に、なじみのないサービスをいきなり定期券型で提供されてもユーザーは警戒します。よほどのロイヤリティがない限りは難しいでしょう。

3つ目は、優越感です。1回当たり売り切りで提供しているものを、期間で課金して提供するというのが定期券型サブスクリプションの基本形です。しかし、1回当たりユーザーと、サブスクライバー（サブスクリプションのユーザー）が、同じサービスしか受けられないのであれば、サブスクライバーになる理由が見当たりません。逆に優越感があれば、サブスクリプション契約をする理由が生まれます。たとえば、記念日にサービスをしてくれたり、あるいは行列に並ばないでも済む、優先的に案内してもらえる、一般ユーザーが入れない場所に入れる、などです。

現在、外食産業などで展開される定期券型サブスクリプションには、こういった優越感がありません。それもうまくいかない理由の1つです。優越感の付与には、個人属性や情報が必要で、デジタルによる管理も相当程度必要になりますが、定期券型サブスクリプションには必要な投資です。

定期券型サブスクリプションの導入を検討する際には、以上の3つのいずれか、できればすべての要素があるのかをぜひ確認してください。

3 パートワーク

本章の最後に、私が感心しているリカーリングモデルを紹介します。

それが、イタリアに本社を置くデアゴスティーニ社のパートワークです[3]。

パートワークとは、分冊百科とも呼ばれ、パーツごとに販売されますが、すべてを収集すれば最終的に1つの完成形を得られるプロダクトです。

パートワークには、DVDやミニカーなどのコレクションや、毎週冊子で学ぶコース、百科事典の分冊のマガジン、ビルドアップ（組立て）など、さまざまなカテゴリーがあります。なかでもデアゴスティーニ社の真骨頂が、完成形の製品をパーツごとに販売、組み立てさせるビルドアップです。同社の日本発の企画であるコミュニケーションロボット『ロビ』は、創刊号30万部という異例の販売部数を記録しました。週刊で、全70号分が継続的に発売されます（『ロビ2』は全80号）。

創刊号は格安のため、かなり多くのユーザーが購入します。それ以降、いかに継続してもらうかがポイントになります。

パートワークを継続させるかどうかはユーザーの自由意志です。つまり、ユーザーにとって、嫌ならいつでもやめられるという、きわめて「ユーザー有利」なリカーリングモデルなのです。それが顕著にわかるのが図表2－12です。

パートワークは、フリーミアムよりも、そしてサブスクリプションよりもユーザーにとって相当有利な課金形態であることがわかります。フリーミアムよりも利益回収の時間が長く、ユーザーにとっては負担が少ないからです。

『ロビ』はすべての号を購入すると総額15万円程度ですが、それを70週にわたって回収するため、1回当たりのユーザーの負担は楽になるように設定されています。しかも、利益回収の時間はサブスクリプションと

図表2-12　きわめてユーザー有利なパートワーク（デアゴスティーニ）

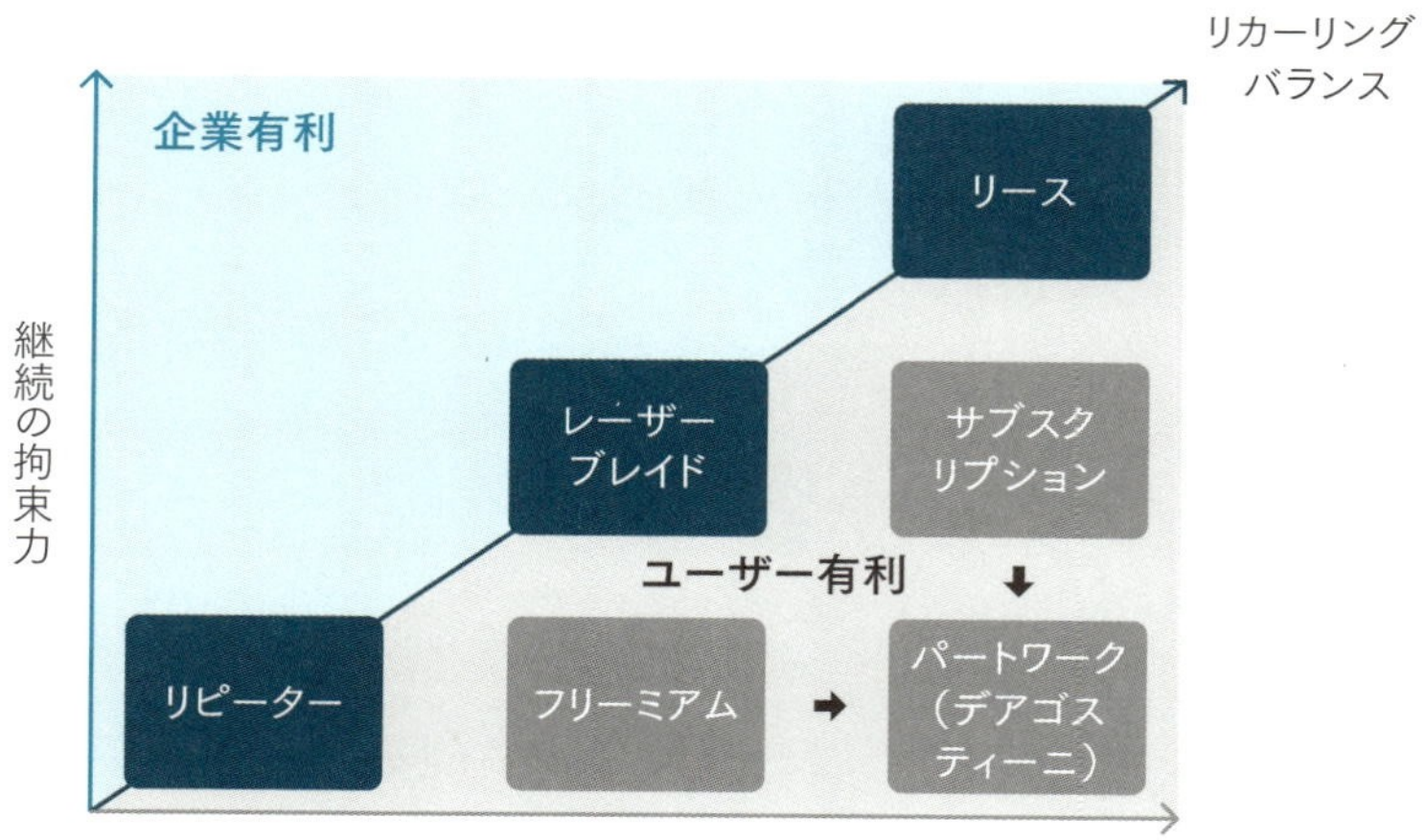

同様でありながら、拘束力がほぼないのです。

このように、パートワークはきわめてユーザー有利な課金形態をとっている、つまり、企業に不利なはずですが、なぜ成功しているのでしょうか。その理由は、ユーザーが「やめたくない」仕掛けをつくったからです。

たとえばコミュニティを形成し、完成まで、あるいは完成してからもユーザー同士がコミュニケーションを取れる仕組みを持ったり、プロダクト自体が他では買えないものだったり、さらには出版社であることの強みを生かして、冊子（マガジン）を同梱して蘊蓄や通好みの情報を提供するなど、きめ細かく工夫しているのです。

それだけではありません。たとえば『ロビ』は、長期にわたる組立て作業なので、ユーザーのモチベーションを持続させるのに、10号までにロビの上半身を登場させる仕掛けを入れ込んでいます。

実は、同社のパートワークは、創刊号以降、一時的にユーザーを減らすものの、10号あたりからの維持率は90％以上です。10号といえば維持率が安定する頃。そこまで見越して、ユーザーにとって中毒性のあるプロダクトを提供することで、非常識ともいえる課金形態を成立させたのです。

ちなみに最近では、完成済みのロビも販売しています。組立てが苦手だったり、面倒な人にもロビのある生活を提供しています。

リピーター、リース、レーザーブレイドといった旧来型のリカーリングモデルは、ユーザーにとっても企業にとってもメリットがあるため、これまで時を経て受け入れられてきました。それをベースにリカーリングモデルの特徴を導き出したのがリカーリングマップです。

本章では、リカーリングマップをもとに、さまざまなリカーリングモデルの特徴を明らかにしました。

＊　＊　＊

現在、売り切りモデルを採用している多くの企業が、リカーリングモデルへと変革し、継続収益を希望していることと思います。

しかし、それには利益の獲得方法についての考え方を改めなければなりません。第3章で見ていくことにしましょう。

第3章

リカーリングモデルの利益思考

利益の認識を変える

「お前は当たりくじを持っているのに、
現金化する勇気がないんだ」

I mean, you're sittin' on a winnin' lottery ticket.

—— 映画『グッド・ウィル・ハンティング／旅立ち』

一般に利益は、「売上－コスト」で定義され、売上さえあげれば、
おまけとして付いてくるイメージがあります。
このように、売り切りモデルでは、
利益を真正面から捉えずに済みました。
「売り切り」というだけあり、
常に売上を中心に思考する傾向があります。
だから、売り切りモデルでは、利益へのアプローチが間接的でした。
しかし、サブスクリプションをはじめとするリカーリングモデルでは、
利益そのものを直接的に捉えなければなりません。
そのためには、売り切りモデルとは異なる利益思考が必要です。
この章では、リカーリングモデルを導入するうえで必要な
利益の考え方を説明しましょう。

1 リカーリングモデルは儲け製造マシーンではない

サブスクリプション企業の活況ぶりを見て、販売不振にあえぐ多くの企業は、リカーリングレベニュー（継続収益）の威力を思い知ります。特に収益性を高めたい企業、あるいは安定的に収益を得たい企業が、リカーリングモデルをめざすことになります。

確かに、一見、収益性の面で優れているように見えるリカーリングモデルですが、その導入に際しては、注意すべきことが大きく2つ挙げられます。

1つ目は、収益性のいたずらな追求です。

リカーリングモデルは、収益性を高めたい企業にとって、魔法の収益化モデルであるかのように捉えられる節があります。もちろん、収益性が高まることは望ましいのですが、いったいどれほど利益を獲得すれば経営者は納得するのでしょうか。この点を改めて考えなければ、単に利益を優先した品格のない収益化（マネタイズ）が始まってしまいます。

悪くすれば「拝金主義」に陥ることになります。

2つ目は、安値安定の罠です。

安定的に収益を得たい企業にとって、リカーリングモデルはユーザーから毎月決まった支払いを得られる点が魅力です。しかし、課金したからといって、それが企業の望む利益額を達成しているかどうかは別の話です。

課金とは、単にユーザーから支払いを得る行為を指しているだけです。いくら収益が安定したからといって、ユーザーに課金する金額が小さければ儲けになりませんし、経営は安定しません。つまり、安値安定になってしまうのです。これは、ユーザーの目が肥えているプロダクトで戦っていたり、あるいは、価格弾力性の高いユーザーをターゲットとしたりしている場合に頻繁に起こります。

リカーリングモデルと向き合う際の重要な判断基準が、「必要利益」です。

必要利益とは、企業が儲けるべき水準ともいえる指標です。ここからは必要利益を詳しく説明し、リカーリングモデルに特有の「時間」の考え方が、利益の獲得にどのような影響を及ぼすのかについて明らかにしましょう。

2 「存続に必要な利益」という考え方

企業の目的は、ユーザーを喜ばせ続けて世の中を良くしていくことです。

そのためには、企業自体が存続しなければなりません。存続に必要な原資がなければ、いくら良いプロダクトを提供してユーザーを唸らせても、翌年には提供が継続できない可能性があります。

つまり利益は、ユーザーを喜ばせ続けるために必要な原資です。まずは、利益に期待されている次の3つの役割について確認しておきましょう。

1 イノベーションのために

利益は、翌期以降に控えるイノベーションの種になります。これは最も大切な利益の機能です。

イノベーションは文字どおり革新です。世の中にいまだないサービスを生み出すことを念頭に置いています。しかし、イノベーションは投資を困難にします。なぜなら、不確実性が高いからです。

大企業の新規事業の立案にかかわっていると、プロジェクトの稟議を通す際に「何か成功事例はないのか？」と上席が担当者に詰め寄るシーンを見かけることがあります。投資の収益性を占おうとしているのでしょうが、イノベーションへの投資において、キャッシュフロー予測は困難です。いや、不可能といってもよいでしょう。正当な予測が可能だとしたら、そのビジネスの旨味が知られ、すでに誰かが実行し、成功していることになります。

革新的なことをやろうとしているときに、すでに成功事例があれば、やる必要がなくなります。そんなものあるわけがないのです。あるなら、もはやイノベーションではありません。事前にわかることは1つだけ。資金がいくら必要なのか、ということぐらいです。

企業が利益を生む必要があるのは、実はこの点にあります。

イノベーションの予測は不可能なので、返済義務のある借り入れで実行するのは本来的に無理があるのです。経営者が何らかの資産を担保に入れて資本調達しない限りは、実行は不可能です。

その他の調達先として、増資が考えられますが、上場企業にとっては株式価値が希釈化することからも、この点はそもそも避けたいところです。あるいは、小規模な企業にしても、ある程度サービスの質が明らかにならない限り、ベンチャーキャピタルも動きにくいです。アイディアを固めるシードステージを終わらせ、ギアを高回転させるときに初めて、ベンチャー投資家に出資してもらうのが現実的です。

そうなると、必要資金は内部留保から拠出する必要があります。内部留保は、利益の蓄積です。今期の利益は、来期の投資資金になるのです。つまり、イノベーションの余白をつくるために、企業は利益を生む必要があります。ギリギリで帳尻を合わせている企業に、イノベーションの余白はありません。

2 不確実性を吸収するために

もう1つ、今期の利益を内部留保として計上するべき理由があります。不確実性のバッファーのためです。

環境の不確実性が長らく叫ばれてきました。リーマンショック以降も人々の消費傾向は変わり、10年を過ぎた今、当時とはすっかりと様変わりしました。外的環境の変化に対応するために、利益を保有する必要性がますます高まりました。

それを実践してきた企業が任天堂です。同社は、稼ぎ出した利益を現預金として保有し続けています。それ自体はファイナンス論からすれば、歓迎されたものではありません。良い投資案件がないのではないかと経営努力を疑われるからです。しかも、現預金は利回りがほとんどゼロです。株主からすれば機会ロスを生む、いわゆる「塩漬け状態」の資金です。

ではなぜ、任天堂は利益を現金として保有し続けるのでしょうか。それは、彼らの不確実性に対する姿勢の現れです。ゲームの開発には多額の資金が投じられます。最近では映画のようなスケールで、グラフィックだけでなく、脚本や音楽までつくり込まれます。

ゲームビジネスは、大きく投じて大きく稼ぐビジネスモデルとなっています。ヒットすれば大きく収益を生みますが、そうでなかったときの損失は計り知れません。そこで任天堂は自らの不確実性をカバーするために、総資産の4割程度を現金として保有しています。投資家からクレームが来ても、任天堂は現預金を保有し続けています。投資で失敗して破綻すれば、自力での再生は不可能となり、以降は創造性を発揮することが難しくなるからです。創造性の原資として現預金を保有し続ける結果、ステークホルダーを泣かせず、不確実性に対して積極的な姿勢を取り続けることにつながっているのです。

そして現預金こそが、任天堂が貯め込んだ内部留保にほかなりません。かつて無敵と思われた任天堂は、無料ゲームの隆盛によって、2013年に上場以来初の赤字を経験します。

のちに復活できたのは、金融機関等の支援ではなく、自身でバッファーを持っていたからです。その結果、ナイアンティックとの合弁事業である「ポケモンGO」でスマホゲーム業界に満を持して進出し、さらに「スイッチ」という新たなハードを生み出し、再び王座に返り咲くチャンスを得たのです。

3 ステークホルダーとの良好な関係のために

3つ目の理由は、全社的にわかりやすくステークホルダーとの協力関係が出来上がっていることを示せるからです。これは金額としての利益というよりは、スコアとしての利益といったほうがよいでしょう。

事業は、さまざまなステークホルダーを巻き込んで実現に向かいます。ステークホルダーの貢献を引き出すために、企業は何らかの魅力を提示する必要があります。その交換関係が見合っているとき、企業は存続できるのです。その証が利益です。

顧客に喜んでもらうには、みんなに協力してもらわなければなりません。ステークホルダー全員の最低限の要求に応えている企業だけが、存続できるのです。それを確認するのが利益というスコアなのです。

企業の損益計算書上、唯一見えていない協力者が、株主です。利益には、粗利益（売上総利益）、営業利益、経常利益、純利益、そして最終利益である税引き後当期純利益などのさまざまな指標がありますが、最終利益に至ってもなお、株主の報酬は差し引かれていません。協力が反映されていないのです。

そのため、税引き後当期純利益が黒字であったとしても、本来、株主が期待していたはずの報酬を差し引くと、本当の利益は赤字になることがあります。そこでファイナンス理論では、株主の期待報酬を資本コストとして算定し、最低限超えなければならない利益のハードルを課しています。そのハードルを超えて、初めてステークホルダー全員の協力を反映できるのです。

日本企業には最低限の利益水準として8％のROE（自己資本利益率）が課せられるようになり、株主に支払うべきコストが明確化されました。企業のROEが8％を下回れば、株主の協力に見合うコストがまかなえなかったと判断されます。業種や個別事情によってはこれでも十分ではない企業がありますが、わかりやすさから、この数値が設定されています。

4 必要利益を定義する

3つの観点から、利益に期待される役割を確認しました。これらをふまえた利益の概念が「必要利益」です。

私は、必要利益を次のように定義します。

ユーザーの生活をアップデートし続けるために、企業が計上しなければならない利益

必要利益は、結果としての利益ではなく、期待水準あるいは要求水準としての利益を表しています。その際、存続に必要な利益は基本的には営業利益で設定され、必要営業利益となります。

経営者は、「儲けの基準」を知りたいのです。それさえ明らかになれば、額面上いくら利益が出ていても「まだ足りない」ことが明らかになり、反対に儲けすぎていることがわかればユーザーをはじめとするステークホルダーに還元するなどして、彼らとの関係性をより強固にするという意思決定ができます。

また、企業存続のための制約を知っておくことは、積極的なビジネスを行ううえでも必要なことです。制約条件さえクリアすれば、あとは自由な経営ができるのです。それを明示するのが、必要利益という概念です。

3 必要利益を算定する

では、必要利益はどのように導き出せるのでしょうか。ここでは具体的な算定方法を示したうえで、数値例を用いながら説明しましょう。

1 「ユーザーを喜ばせる」を続けるために

前述のように、企業の目的は利益の最大化ではありません。ユーザーを喜ばせ続け、社会を良くすることです。それは組織を成長させながら、持続的に存続させて、初めて可能になるのです。その存続を可能にする利益こそが、必要利益です。

必要利益の算定方法は簡単です。売上からコストを差し引いて利益を求めるトップダウンではなく、ボトムアップで計算すればよいのです。図表3－1を見てください。

まずはイノベーションの種（図表中の①）としての側面から考えます。つまり、来期以降、どれだけの投資ができ、一方で回収が不確実なコストがどの程度あるのかを計算します。

次に、バッファー（図表中の②）です。これは引当金を想像すればよいです。そのビジネスが失敗するかもしれないので、コストの積立が必要となります。これらを加算すれば、来期に留保するべき利益金額は決定します。

これらの算定には主観が交じります。保守的であれば多めに、楽観的であれば少なめに見積もることになります。しかし、主観が交じることは大した問題ではなく、将来いくら必要なのかを事前に見積もることが重要です。

最後に、資本提供者へのリターン（図表中の③）を加味します。これは上場企業であれば客観的に算定できます。非上場であっても、工夫

図表 3-1　必要利益と必要利益率

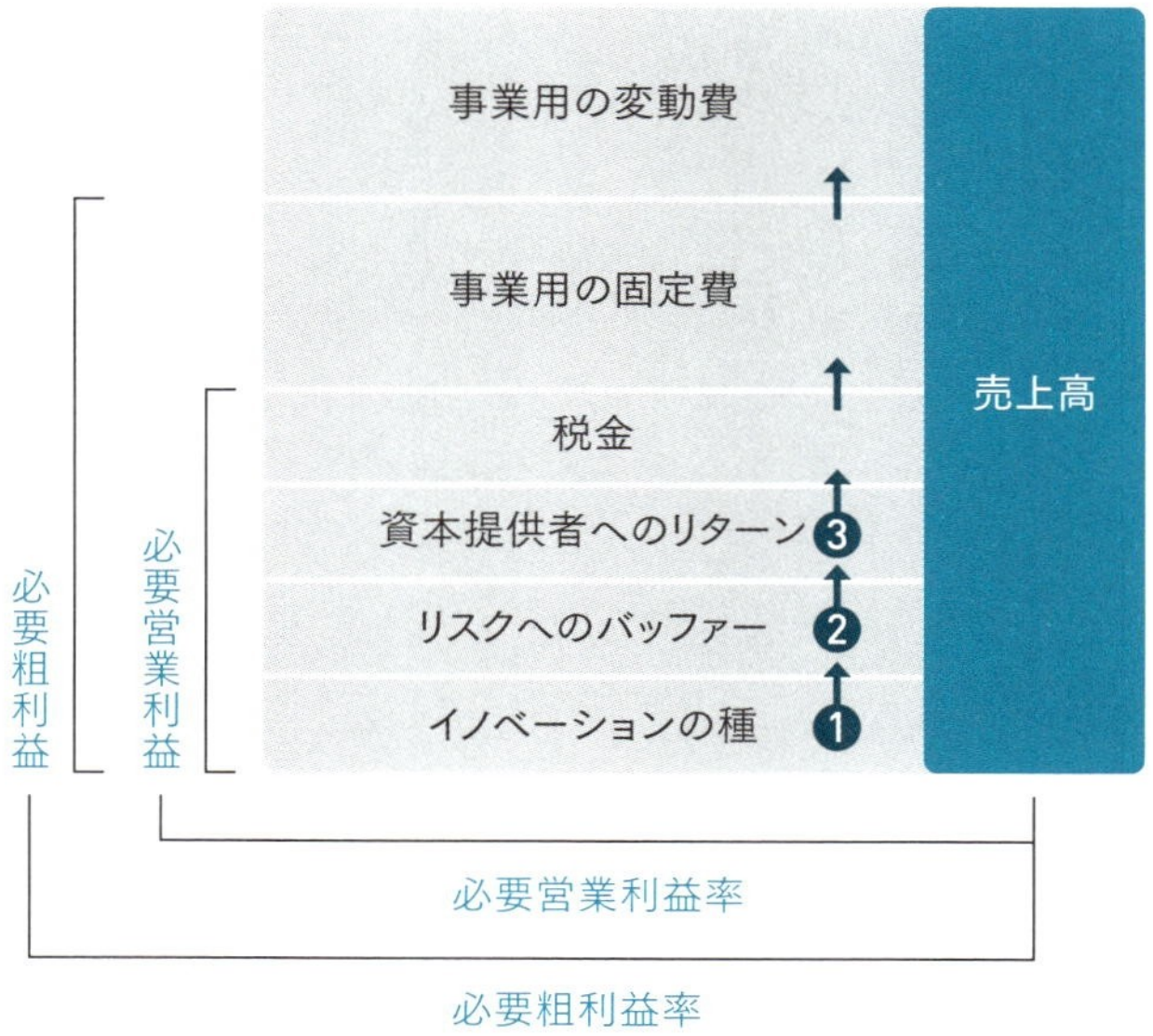

すれば求められます。ファイナンス理論による資本コストという概念を用いればよいのです。

基本的には損益計算書に盛り込まれていない、投資家の要求リターンを計算することになります。自己資本に一定のパーセンテージをかけて算出します。最も簡便な方法を使うならば、ROEとして課されている8%を使います。加えて、借り入れをしているなら、支払利息をそれに算入すれば、資本提供者へのリターンが求められます。

これらをすべて加算すれば、必要な税引き後の営業利益ベースが算出できます。それこそが、企業が儲けるべき営業利益、つまり必要営業利益であり、企業の存続に必要な最低額です（図表中の「必要営業利益」）。そこから税を割り戻せば、必要営業利益が計算できます。

必要営業利益に、事前に理解できる固定費を加えれば、必要粗利益が得られます。それぞれを売上高と対比すれば、必要営業利益率と必要粗利益率がわかります。事業活動の利益における意思決定の判断基準や、収益改革のための重要な指標です。

2 数値例

以下、数値例で説明しましょう。

・イノベーションへの準備に必要な金額：５０００万円
・リスクへのバッファー：４０００万円
・資本提供者へのリターン（株主の取り分）：１億２０００万円（自己資本が15億で、資本コストが８％）

これらを合計した2億１０００万円が必要利益であり、それを少なくとも営業利益（借入がないとして）でまかなえなければ、実際にその企業は赤字になります。

実際には、法人税や事業税があります。これらもまかなったうえで評価すれば、必要営業利益はさらに高額になります。実効税率を40％とすれば、約3億５０００万です（図表３－２）。

この金額を稼ぎ出すのに必要な固定費は、事前におおむね計算できます。それが5億円なら、

図表３-２　必要利益と必要利益率（数値例から）

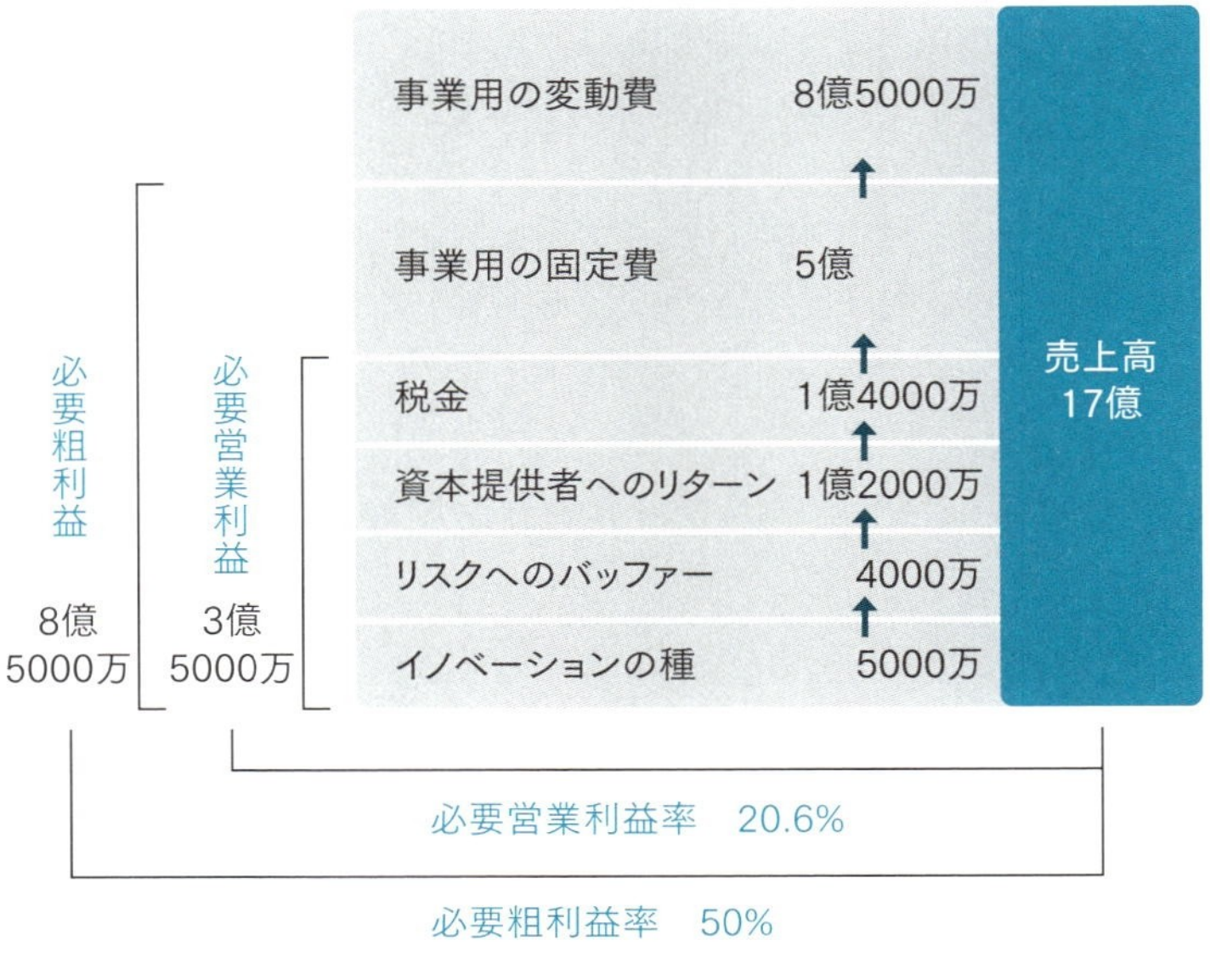

粗利益で8億5000万円を計上しなければなりません。粗利益率を50％と設定しているならば、17億円の売上高が必要です。ここから、必要営業利益率は20・6％となります。

ということは、この企業は、営業利益率にして20・6％をいかに稼ぎ出すかを考えなければなりません。それを下回る取引やビジネスをしているのは、発展的な成長を遂げるのが難しい企業であると判断できます。

4 リカーリングモデルで必要利益を獲得する

1 リカーリングモデルで回収する必要利益

次に、リカーリングモデルが必要利益の獲得にどのように影響するのかを考えます。

たとえばサブスクリプションやリースでは、もし必要営業利益額を達成するほどの定額支払いのユーザー数がいるならば、企業は倒産リスクへの懸念から逃れることができます。なぜなら、前期あるいはその前から必要ユーザー数を達成していれば、当期は期首からすでに必要利益額を達成しているからです。

当期は前期の続きから、さらにユーザー数を増やせばよいのです。しかも、必要利益を達成しているので、攻めのビジネスに転じることができます。もちろん、来期も必要利益の心配をする必要はありません。

それを示したのが、図表3－3です。ユーザーを獲得すればするほど、その収益は積み上がるのがわかります。翌期には売上がリセットされてしまう売り切りモデルとは大違いです。しかもこの場合、期間3で必要利益を達成したら、期間4からは必要利益の達成が期首時点で明らかになっており、4番目以降のユーザーからもたらされる収益は、すべてが利益となります。

これが、翌期はゼロから収益を積み上げなくても、前期の続きから始められるリカーリングモデルならではの「収益の継続性」です。必要利益を達成できるユーザーを獲得して以降は、

図表3-3　収益の継続性がもたらす安定的な必要利益回収

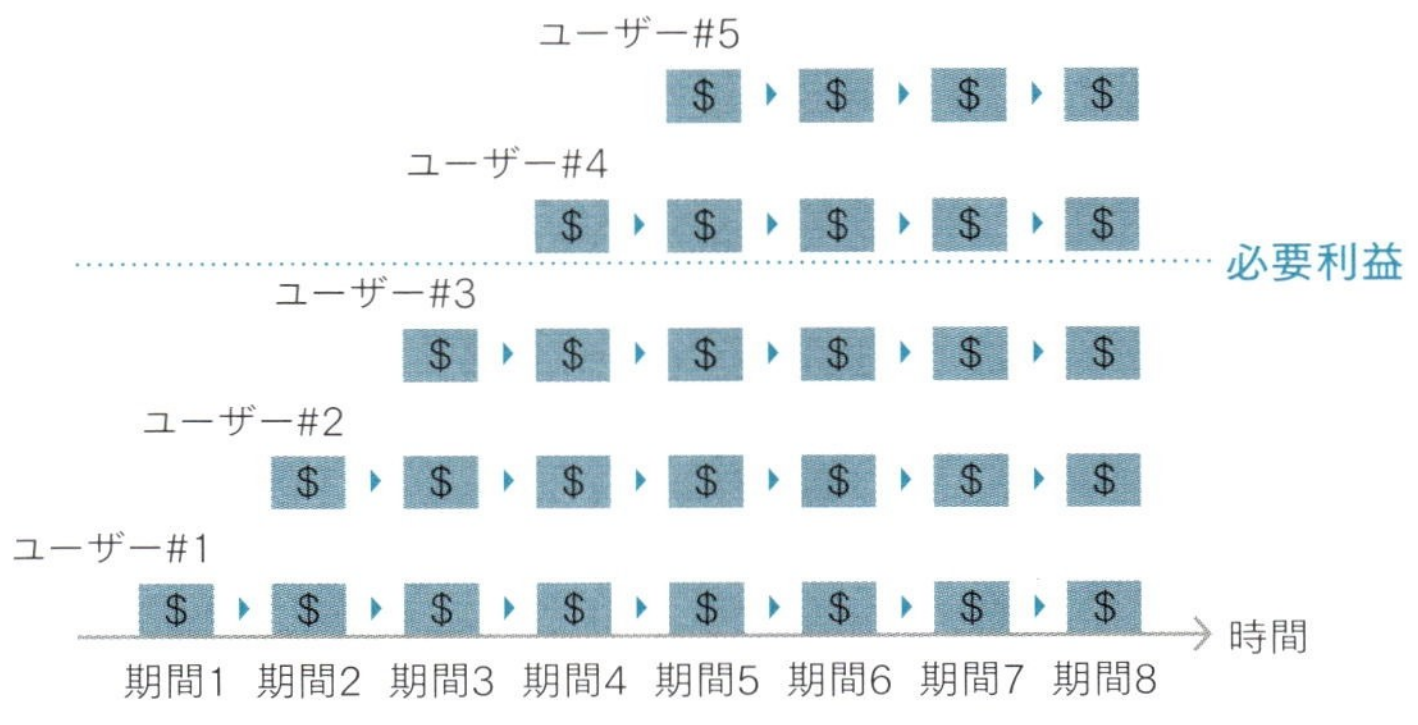

経営が安定化するので、より攻めに転じたビジネスができるようになります。

「収益の継続性」を実現するには、「時間をかけて」必要利益を回収します。これにより、ユーザーの支払負担が減るため、リカーリングモデルは売り切りモデルに比べて、多くのユーザーを引き寄せることが可能になります。

代表的なのはデジタル系で、パッケージ版のソフトウェアがＳａａＳ（Software as a Service）に切り替わり、サブスクリプションとして提供されたときには、多くのユーザーを引きつけました。売り切りモデルに比べて初期投資をほとんどかけず、プロダクトが利用できる点がユーザーの支持を得て、ブームになりました。売り切り企業がリカーリングモデルへと転身したい理由は、この点も大いに関係しています。

2 「時間をかけて」は「時間がかかる」

今、述べたように、リカーリングモデルは、理論的にはとても優れたモデルです。

しかし、実際に運用するのは容易ではありません。売り切りモデルに比べて、必要利益の回収に「時間がかかる」からです。しかも、その「時間」が「会計期間」をまたぐことすらあります。

特に定額制サブスクリプションでは、月額数千円を数カ月、長いときには数十カ月、あるいはそれ以上をユーザーに支払ってもらいます。取り扱うプロダクトにもよりますが、必要利益を獲得するには、1会計年度（12カ月）では足りないことがほとんどです。

アドビのクリエイティブ・クラウド（CC）を例に説明してみましょう。

売り切りのソフトウェアであるクリエイティブ・スイート（CS）の価格設定を、原価と必要利益率を回収する額と考えれば、リカーリングでの必要利益の回収がどれほど厳しいものであるのかがわかります。CSでは、1ユーザーから平均30万円ほどを一気に回収できましたが、CCで同レベルのサブスクリプションは月額5000円程度です。

1ユーザーから売り切りと同じ収益を回収するには、60カ月、実に5年の歳月をかけることになります。売り切りモデルと同じ収益を獲得するには、その期間にアクティブユーザーであり続けてもらう必要があり、そのためにユーザー対応コストも発生することになります。

B2Cかつデジタル領域なので、基本的にはユーザー増に伴って追加的に増える限界コストがほとんどかからない状況でもこうなのです。B2Bの場合には、さらにユーザーへの手当てが必要となり、時には現場対応も強いられます。そうなると、ユーザー増によるコスト増は深刻な状況をもたらします。利益回収に時間がかかるほど、よほどうまくやらない限り、破綻の危機に陥るでしょう。

「時間をかけて」利益をゆっくりと回収するリカーリングモデルは、「時間がかかる」という覚悟で取り組まなければなりません。売り切り企業がスピーディーに必要利益を回収していくのに対し、リカーリング企業は長期間にわたる我慢を強いられるからです。

3 売り切りモデルとリカーリングモデルの違い

額面上いくら利益があっても、必要利益を下回れば企業はイノベーションを継続できず、また見えないリスクにおびえ続けることになります。そのため、何があっても企業は必要利益を獲得しなければなりません。

しかし、必要利益は重い課題を企業に押しつけるネガティブな面ばかりではありません。必要利益を超えることさえできれば、あとは積極的なビジネス展開ができるからです。たとえば期中の早い段階で超えられれば、制約条件から解き放たれて自由な活動ができます。

必要利益の獲得の仕方は、売り切りモデルとリカーリングモデルでは全く異なります。

売り切りモデルは必要利益を販売によって、「ただちに」回収します。プロダクトを販売することで、必要利益を獲得するモデルです。

すべてのプロダクトの原価に、必要粗利益率以上の利幅を加えれば、販売時点で1ユーザーからの必要利益を回収できます。1ユーザーからの必要利益回収で考えれば、売り切りモデルは危なげないです。販売によって、確実に回収できるからです。

問題は、販売数が読めなければ、たとえ1ユーザーからの必要利益率を達成しても必要利益額が得られないことです。つまり、必要利益の回収を見る視点は「販売数」となります。損益分岐点計算が販売数を問題にするのも、この理由からです。

販売数を問題とする以上、売り切りモデルは「存続」ひいては「必要利益」の点に苦しむことになります。売り切りモデルはプロダクトを売り切って初めて利益計上するため、必要利益の達成を事前に見通すことが難しいからです。

B2Bで事前にユーザーからの受注が見通せる場合や、B2Cでも予約完売などの場合には、早い段階で必要利益が確定することもありますが、それらはごく稀なことといえます。

リカーリングモデルの中でも定額制のサブスクリプションは、この点に関しては、比較的安心感があります。なぜなら、必要利益の回収の視点は「ユーザー数」だからです。1ユーザーが月当たりに支払う金額は確定しており、契約が続く限り支払ってもらえます。ユーザーとは契約を結ぶので、時間はかかりますが、解約されない限り、ユーザーは支払いを続けてくれます。

このように比較すると、必要利益を回収するには、売り切りモデルは「販売数（プロダクト）」を、リカーリングモデルは「ユーザー数（ユーザー）」を見ているのがわかります。つまり、リカーリングモデルに移行することは、分析の焦点を「プロダクト」から「ユーザー」へと変えることを意味します。

つまり、両者は全く異なるビジネスモデルであることに注意する必要があります。

5 必要利益を支える課金

ここからは、リカーリングモデルで必要利益を回収する際の固有の注意点を見ていきます。

リカーリングモデルの場合、売り切りモデルとは異なり、課金のタイミングが販売時以外にあり、また、課金ポイントが複数になります。そこで、まずは「課金」とは何か、その考え方を明らかにしましょう。

1 課金とは

課金（charge）とは、企業がユーザーに対して支払いを課すことです。それは、何らかのユーザーとの接点（タッチポイント）で行われます。

見方を変えれば、課金はタッチポイントを支払いに変える行為です。そこで課された金額が収益となるのです。ユーザーに課金する場合、ユーザーとの複数存在するタッチポイントの中から、1つ以上が課金ポイントになります。

ただし、課金したからといって、必要利益が獲得できるわけではありません。レーザーブレイドのように、本体を赤字にして販売することすらあります。収益は生まれても必要利益は回収できず、損失を生むことすらあるのです。

課金という概念は、単にユーザーから収益を得ることを意味しているだけであり、十分な利益を獲得することを保証していません。課金したから、あるいは課金ポイントを増やしたからといって、その総額が必要利益を回収できていなければ、企業は破綻します。

重要なのは、課金そのものの視点よりも、必要利益との関係を考えることです。

2 リカーリングモデルの課金と必要利益

課金のあり方と必要利益の関係を知るために、実際に第2章のリカーリングマップで紹介したレーザーブレイド、フリーミアム、それにリースとサブスクリプションの4つのリカーリングモデルが、どのようにして必要利益を回収するのかを見てみましょう。なお、リピーターは収益が継続するものの、その本質は売り切りモデルであるためここでは割愛します。

レーザーブレイド

レーザーブレイドは、本体の利幅をできるだけ薄くして、時には損失を出すほどの価格に設定して、広くユーザーに導入してもらうことをねらいとしています。その代わり、付属品で利幅を厚く取り、そこで継続収益をねらうものの、必要利益回収には一定の時間がかかります。本体を導入していることで、ユーザーには利用継続の心理が働きますが、あまりにも付属品の価格が高ければ、継続を中止される可能性もあります。

フリーミアム

フリーミアムは、本体では課金しません。つまり、導入にコストがかからないため、ユーザーがプロダクトを導入するハードルはきわめて低いです。しかし、それだけでは、必要利益は回収できません。アイテムや便利機能などの付属品を用意して、繰り返し課金し、必要利益を獲得します。本体が無料であるため、必要利益を獲得するものと獲得しないもののメリハリが、レーザーブレイドよりもわかりやすいのです。

ただし、ユーザーが賢く利用すれば、全く料金が発生せず、必要利益の回収はままならなくなります。企業はその点を織り込んでサービスを設計する必要があります。また、導入のハードルが低いということは、離脱されやすいということも認識しておく必要があります。

リース

リースは、購入すれば高額な耐久消費財を対象資産として、契約で拘束しながらユーザーに時間をかけて支払ってもらうやり方です。プロダクトの購入にかかる費用に、リース企業の必要利益を付けて月数で割り、定額で請求するのが一般的です。

そのため、必要利益を回収するには、一定の課金回数を満たさなければなりません。リースはその最低回数を「期間」として契約に盛り込んで拘束するため、確実に必要利益を回収できます。また、最低回数を超えてリースを継続すれば、以降は純粋な利益となります。

サブスクリプション

サブスクリプションは、契約後に一定額あるいは利用料に応じて課金をします。特に定額制の場合には、リースと似ているポイントがあるので誤認されることがあります。類似点は、ユーザーに定額を支払い続けてもらうことです。異なる点は、ユーザーが利用継続を契約で縛られていないことです。そのため、原則的にユーザーは対象資産を変更したり、解約したりできます。

デジタル系サブスクリプションは、限界コストがゼロに近いため、継続の拘束力がなくても損害は少ないといえますが、モノ系サブスクリプションでは、原材料費や物流費がかかるため、そこに必要利益を織り込むと、相当な課金回数が必要となります。

サブスクリプションはユーザーの自由意思で解約できるため、契約時点では必要利益を回収できるかどうか、企業側は全く予測がつきません。だからといって、拘束すると、リースと変わらなくなってしまいます。それはリカーリングマップからも明らかです（図表3－4）。

このように、各モデルは継続収益をもたらしますが、その必要利益の生み方に注目すると、それぞれ異なる

図表3-4　リカーリングモデルの特徴

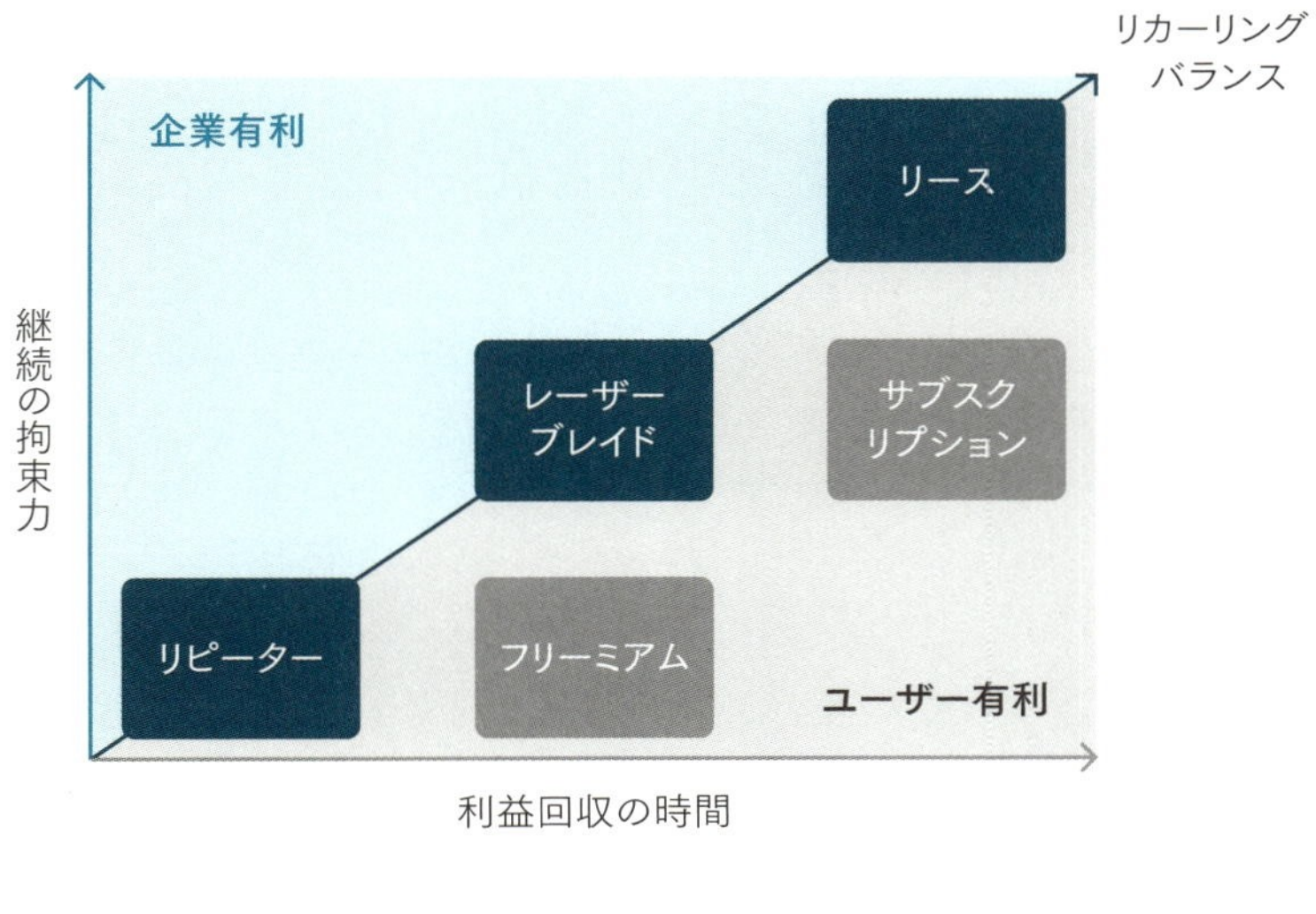

特徴が見えてきます。それを分析するポイントが必要利益の回収ロジックと、契約時の必要利益です。図表3－5を見てください。

「必要利益の回収ロジック」とは、どのように必要利益を回収するのか、その仕組みを意味しています。

レーザーブレイドとフリーミアムは、本体では必要利益未満の課金で導入しやすくし、付属品で必要利益を上回る課金をするというメリハリをつけています。これを「課金の強弱」と呼びます。他方、リースとサブスクリプションは、ユーザーの利用期間中に課金する回数によって必要利益を回収します。特に定額課金の場合には、回収は「課金の回数」がカギになります。

「契約時の必要利益」とは、契約（購入）時に、必要利益の回収が確定しているかどうか、を意味しています。リースは法的拘束力があるため、契約時には必要利益を回収し切るまで課金できることが決まっています。

これに対して、レーザーブレイド、フリーミアム、サブスクリプションは、未確定です。リカーリングモデルの仕組みは持っているものの、必要利益を回収できるかはユーザーのさじ加減ひとつで変わってしま

図表3-5　課金と必要利益

	必要利益の回収ロジック	契約時の必要利益
レーザーブレイド	課金の強弱	未確定
フリーミアム	課金の強弱	未確定
リース	課金の回数	確定
サブスクリプション	課金の回数	未確定

います。つまり、不確定要素が多いのです。
詳しく見ていくことにしましょう。

3 必要利益の回収ロジック

課金の強弱

売り切りモデルでは、販売時に必要利益を回収するため、すべてのプロダクトに対して原価に一定水準の利益率を付して価格設定をします。これは原価プラス法と呼ばれる最も一般的なプライシングの方法です。

しかし、ビジネスの現場においては、市場浸透をねらうなどの目的で、意図的に必要利益率を犠牲にすることがあります。それをキャンペーンではなく、恒常的に採用するのが、レーザーブレイドとフリーミアムです。

レーザーブレイドとフリーミアムでは、課金は必要利益の回収を保証するわけではありません。必要利益を基準にすれば、企業側が期待している以上の必要利益率を回収できるプロダクトと、反対に、利益を期待しない必要利益率を下回るプロダクトがあります。

あるプロダクトでは、あえて必要利益を下回る課金をしながらも、他のプロダクトでは上回る課金をし、トータルで必要利益を回収する方法を採ることがあります。それを「課金の強弱」と呼びます。必要利益を基準として課金に強弱（メリハリ）を付けることを意味しています。

たとえば、プリンタでは本体の利益率よりも、付属品などの利益率のほうが高めに設定されています。多くのユーザーが単品購入で終わらず、複数購入することを見越して、最終的な原価に対して採算が合う形で、総合的に必要利益率を判断しているのです。

このように利益率の異なるプロダクトを組み合わせることを、「マージンミックス」と呼びます。マージンミックスでは、ユーザーが自発的に利益率の高いプロダクトを購入できるような仕掛けも必要です。

なお、マージンミックスは価格が同じものを比較すると理解が深まります。たとえば、100円や300円などの均一ショップでは、すべてのプロダクトは同一価格ですが、原価が違います。つまり、利益率がプロダクトごとに異なっているのです。

なかには、原価がきわめて低く利益率が高いものもあれば、原価が高く利益率がきわめて低いプロダクトもあります。後者を目玉プロダクトに設定することで、話題を呼びやすくなるのです。100均、300均ショップでは、利益率の高いプロダクトを購入してもらう工夫が必要になります。

フリーミアムの場合は、マージンミックスがさらに顕著な形で組み合わされます。そもそも本体が無料で、課金しないのです。しかも、無料で一定程度のことができてしまうので、全く支払わないユーザーも存在します。

つまりフリーミアムは、彼らからは利益を期待せず、熱心なユーザーから利益を得られればよいという考え方なのです。1ユーザーから必要利益を回収するというよりは、付属品を購入するユーザーからの収益を当てにして、ビジネス全体で必要利益を評価するビジネスモデルとなります（図表3－6）。

レーザーブレイドやフリーミアムが、課金の強弱をさらに強固にしている理由は、「あえてメインプロダクトからは儲けない」ことにあります。

マーケティング的には、メインプロダクトを差別化させて、それに対して高価格をつけるというのが、教科書どおりのやり方です。しかし、レーザーブレイドやフリーミアムは、これとは全く異なる考え方で必要利益を回収する点が、注目を引きました。すなわち、メインプロダクトを圧倒的な低価格（あるいは無料）に設定し、ユーザーに提案します。まずは試してもらい、気に入ってもらえたら、他の儲けるプロダクトを購入してもらい、必要利益率を達成します。

図表3-6　課金の強弱による必要利益の回収ロジック

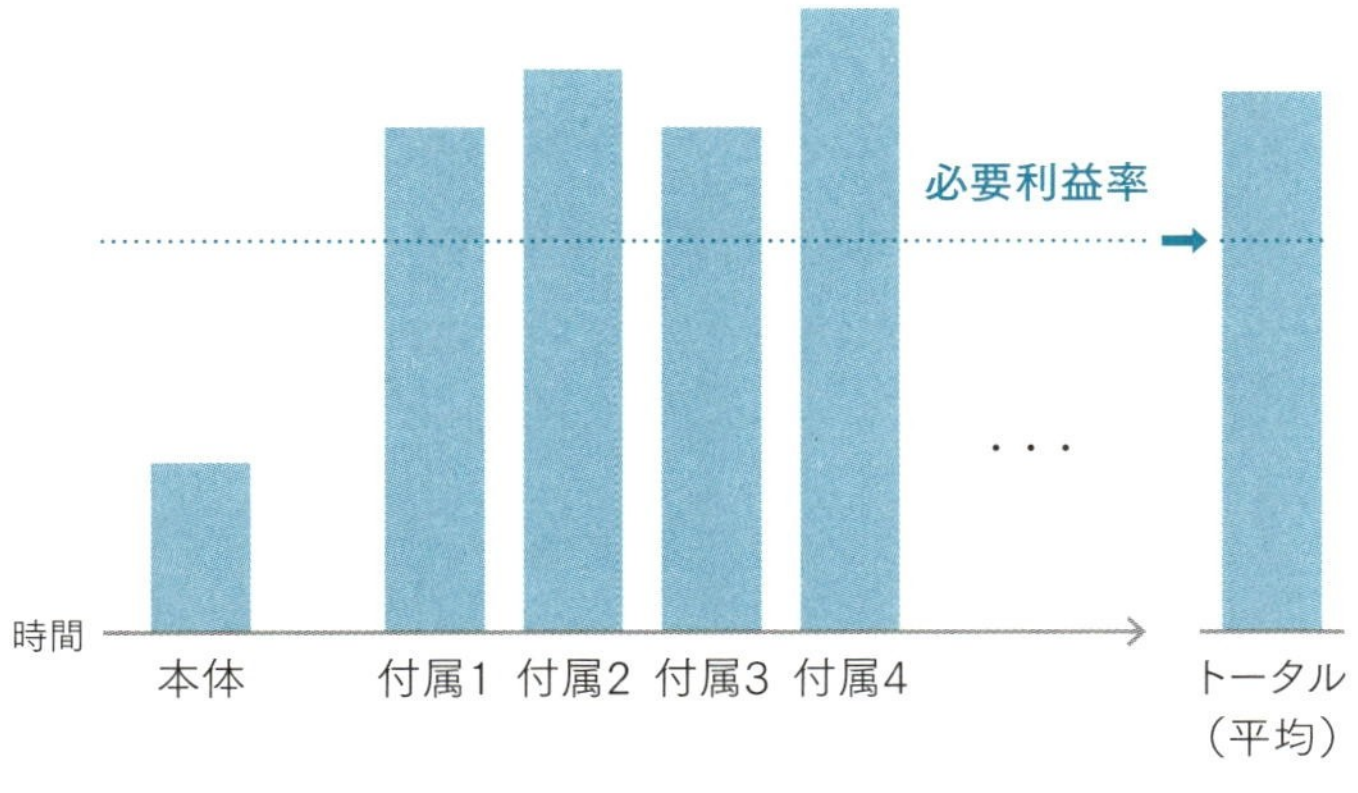

この考え方をさらに拡張すれば、メインプロダクトどころか、メイン事業そのものを儲けないと意思決定するケースもあります。コストコホールセールは、商品を低価格で販売する人気の流通業ですが、実はその原価率は極端に低いのです。商品の原価率が90％前後、つまり、粗利率10％前後という、破格の薄利でビジネスをしています。これは、流通業なのに「販売」では利益を期待しないと決めているということの現れです。

では、どこで利益を期待するのでしょうか。

その答えが年会費です。ユーザーがコストコで買い物をするには、最初に年会費を支払う必要があります。実はこの年会費こそが、コストコの必要利益を支えているのです。その証拠に年会費は売上のおよそ2％。税引き後当期利益率がおよそ2％弱ですから、コストコの利益の源泉は年会費といえます。この年会費が、魅力あるプロダクトや価格に直結しているのです。メイン事業そのものを儲けないプロダクトにしても儲かるのだから、同業他社は太刀打ちできないでしょう。

課金の回数

サブスクリプションとリースに関しては、すべてのユーザーに等しく課金するリカーリングモデルです。誰かが何かで得をするということはありえません。

そのため、課金は利用に際して行います。すべては必要利益を基準とした金額設定がなされています。つまり、必要利益の観点から見れば、課金の回数が重要になるのです（図表3－5参照）。

消費トレンドが「所有から利用へ」と移ることで拡大したサブスクリプションは、ユーザーに所有権を移転しません。そのため、一定の利用対価を継続的にユーザーに支払い続けてもらうことで、投資額と必要利益を回収します。定額制の場合には、回収のカギは課金の回数です。

図表3－7を見てください。これは、サブスクリプションとリースの必要利益の回収ロジックを説明したものです。企業が回収しなければならないのは、必要利益までを含めた金額です。図表では、4期で投資回収をし、5期には必要利益までを回収します。そして、6期以降は純粋な利益として計上できることがわかります。

このように、サブスクリプションとリースに関

図表3-7　サブスクリプションとリースの必要利益回収ロジック

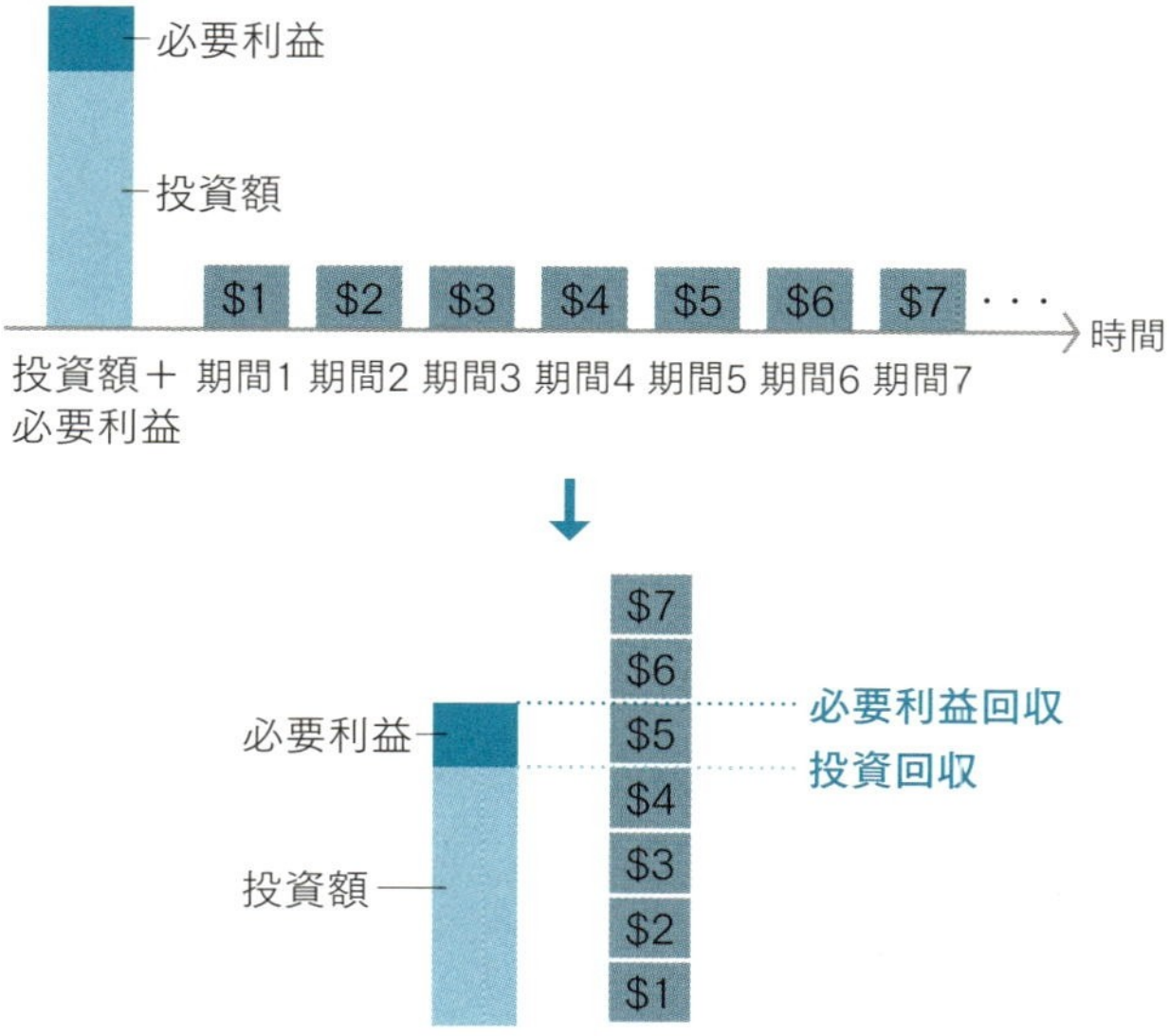

してはユーザーに支払ってもらう課金回数が、必要利益の回収にとって重要な視点となっています。両者は、必要利益の回収ロジックが同じなので混同しやすいです。リースをサブスクリプションとして売り出すケースも増えてきています。しかし、**両者には決定的に違う点があります。**

それが、支払回数への拘束力、つまり「継続の拘束力」です。

リースは、ユーザーがリース契約を結ぶことで初めて成立します。それは法的拘束力を持った契約であり、一度結べば期間が満了になるまで解約することができません。そのため、多くの場合は企業とユーザーが直接契約することはなく、間にリース会社が介入して、ユーザー側の与信管理を行うとともに、契約を締結させます。

つまり、ユーザーはメーカーに対してではなく、リース会社に対して一定額を支払い続けるのです。少なくとも必要利益の回収までは確実にユーザーから取り立てるよう、継続を拘束できます。図表3－7でいえば、5期までは継続を拘束できるのです。

一方、**サブスクリプションでは、企業とユーザーが直接に利用契約を結ぶ**ことになります。いわゆるD2C（Direct to Consumer）での利用権の提供です。しかもそれは、期間契約を必ずしも結んでおらず、拘束力が緩いのです。

ここで「緩い」と表現したのは、法的拘束力はないものの、「インストール作業」を行うため、利用継続の体制が敷かれる意味では若干の心理的な拘束力があるからです。デジタル系（たとえば、SaaSなど）の場合には、文字どおりアプリケーションのインストールであり、モノ系（たとえば、家電や自動車など）の場合には、「設備を据えつける」という意味でのインストールです。このインストール作業により、ユーザーは利用をするという意思を持ち、便利であれば継続することになります。

定額支払いの必要利益回収ロジックにおいて、課金の回数は最重要課題です。リースはそれを法的に拘束することで確実に回収するため、これまで多く用いられてきました。他方で、サブスクリプションでは同じ必要利益回収のロジックをとりますが、肝心の課金の回数の縛りがありません。

つまり、ユーザーが早期に解約すれば、必要利益どころか投資額を回収することすらままなりません。モノ系は限界コストが高くつくため、早期解約はそのまま損失となる点に注意が必要です。このため、モノ系では支払いの拘束力を契約に織り込むことがありますが、それではリースとの違いはなくなってしまいます。

サブスクリプションは、「所有から利用へ」というトレンドを背景に、購入するよりも便利でスマートなライフスタイルを実現できる消費スタイルとして拡大しました。ユーザーにとっての旨味は、一定額を支払いつつも、飽きたり物足りなくなった時点で、対象資産やスペックを変更でき、解約も自由にできることにあります。だから、世界中でユーザー有利なプロダクトとして拡大しているのです。

しかし、それは企業に大きな問題を突きつけます。

ユーザーが「解約」して必要利益を回収できない事態に陥れば、企業は存続できないことです。この点については慎重にならなければなりません。

4 契約時の必要利益

課金と必要利益の関係として、もう1つ重要な要素が契約時の必要利益です。

リカーリングモデルは、複数の課金ポイントで時間をかけながら必要利益を回収します。時間をかけるため、先行きが不安定となります。そのため、必要利益を回収するという観点だけで見れば、リースのように継続が法的に拘束されているのが望ましいのです。

レーザーブレイドもフリーミアムもサブスクリプションも、すべて販売時に必要利益の回収は未確定です。そのため、不確定要素が多いのです。限界コストが発生するビジネスについては、途中で解約されてしまっては初期投資を回収することもままなりません。

レーザーブレイドとフリーミアムは、契約時に必要利益回収が未確定であるものの、すでに見てきたように、課金の強弱による回収ロジックをとります。そのため、付属品の利幅を大きく取れば、短期間で必要利益を獲得することも可能です。

それでも、不安定さは残るため、付属品の定期配送をユーザーに提案することがあります。具体的には文字どおりカミソリの刃や、ウォーターサーバーの水などがそうです。付属品は単品購入よりも割り引かれますが、何より一定期間の契約によって拘束ができ、必要利益を安定的に回収できる点に魅力があります。

しかし、レーザーブレイドもフリーミアムも、ユーザーにとっての本当の魅力は、利用を拘束されていないことにあります。この点を考えれば、必要利益を回収するために、いかに魅力的なプロダクトをつくって、ユーザーを喜ばせることができるのかが継続のポイントとなります。

問題は、サブスクリプションです。

わずかな定額料金で時間をかけて、課金回数を蓄積しなければならず、そのうえ、ユーザーにいつ解約されるかわかりません。必要利益の回収は、契約時には全く確定していないのです。サブスクリプションは、非常に不安定な要素のうえに成り立っていることを再認識してください。

このため、サブスクリプションを導入している企業は、月額定額制だけではなく、年額定額制を提案しています。第2章で紹介した先取り型サブスクリプションがそれです。これにより、必要利益の回収が安定的に実現するからです。年額への移行をユーザーに促し、来年度以降も年額での課金を継続できれば、必要利益の回収確率がさらに高まります。先に入金されるので前受金が増え、キャッシュ不足の不安もなくなります。

ただし、ここで注意したいのが、年額へ移行するハードルは高いということです。ユーザーが長期で利用したいと思えるプロダクトでなければならず、相当なロイヤリティや利便性、それに優越感が不可欠だからです。それらを感じられるまで、ユーザーはいつでも解約できる選択肢を持つため、最小単位である月額利用で様子を見るはずです。

サブスクリプションは、「所有」ではなく「利用」が最大の特徴ですが、それは、自由意思で解約できることを意味します。「利用」が加速している今、特にこの点を注意する必要があります。ユーザーがハマるほどのプロダクトをつくり上げなければなりません。

近年生まれたモノ系サブスクリプションと自称するプロダクトの多くは、利用期間を拘束しています。限界コストがかさむプロダクトであるのは理解できますが、これでは、旧来からあるリースと変わらなくなってしまいます。この点がモノ系の難しいところで、ものづくりやもの売りにサブスクリプションという収益化モデルが根づくかどうかは、きわめて疑わしいのです。

リカーリングモデルといえども、リースを除いて契約時に必要利益が確定することはありません。回収のロジックは違っても、レーザーブレイドもフリーミアムも、そしてサブスクリプションも、「利用」という社会の流れを象徴する収益化モデルです。

契約で縛るのではなく、いかにユーザーに喜んで続けてもらえるのか、いかにユーザーが自発的に利用したくなるようにするのか、それこそが重要なポイントなのです。

この章では利益面からリカーリングモデルを掘り下げてきました。

分析するほどにリカーリングモデルの核となる問題が、「ユーザーの意思」により企業の収益が大きく左右される可能性が高いことが明らかになりました。だからこそ、いかにユーザーと良好な関係を築き、長く利用してもらうかという「継続性」に突き当たります。つまりリカーリングモデルは、収益化の問題に見せかけて、実は「関係性」の問題なのです。

ユーザーが自分の意思で進んでその企業のプロダクトを継続的に利用したいと思うよう、企業は働きかけなくてはなりません。その答えとして、本書は「つながり」を提案します。

第4章では、リカーリングモデルを実現する「つながり」について、詳しく説明しましょう。

＊　＊　＊

第4章

つながりを強化する

リカーリングモデルの必要条件

販売は、いわばプロポーズが完了しただけで、結婚生活が始まるのはその後のことだ。幸せな結婚生活を送れるか否かは、売り手が買い手との関係性をいかにマネジメントするかにかかっている。

The sale, then, merely consummates the courtship, at which point the marriage begins. How good the marriage is depends on how well the seller manages the relationship.

—— セオドア・レビット(マーケティング哲学者)

売り切り企業の多くが、リカーリングモデルを採用するとき、
マネタイズさえ変えればうまくいくと思うようですが、
それは大きな間違いです。
なぜなら、そこには、ユーザーとの「つながり」という
大切な視点が抜け落ちているからです。
なかには、「わが社はつながりを大切にしてきた」という
売り切り企業もあるかもしれませんが、
その「つながり」とは何を指しているのでしょうか。
この章では、ユーザーとの「つながり」とは何かを詳しく説明し、
リカーリングモデルに必要な
「つながり」の強化について述べていきます。

つながりの定義

1

「つながり」と聞いて何を思い浮かべるでしょうか。

序章で述べましたが、愛着心を意味する「エンゲージメント（engagement）」、関柄を意味する「リレーションシップ（relationship）」、主に接続性の意味で用いられることの多い「コネクション（connection）」、人々のかかわりを意味する「ネットワーク（network）」など多岐にわたります。確かにそれらも「つながり」と邦訳されますが、本書では以下のように定義します。

つながりとは、ユーザーとの関係性

ニュアンスとしては、コネクションが最も近いです。ただし、物理的に接続しているかどうかより、実態として関係性が成立していることが何より重要です。そして、強いつながりがあるほど、ユーザーとは継続的な関係性を構築できており、弱いつながりしかなければ、ユーザーとの関係性は、その場限りになっているでしょう。

図表4－1を見てください。これは、売り切りモデル、リカーリングモデルのそれぞれにおいて、ユーザーとのつながりの強弱を示したものです。左に行くほどつながりは弱く、右に行くほど強いことを示しています。

そもそも、売り切りモデルは、プロダクトを販売して必要利益を回収します。企業としては販売した時点でゴールを迎えます。そのため、販売以降のユーザーとのつながりを考えなくても、ビジネスモデル上は成り立っていました。

もちろん、売り切りモデルの企業でもつながりを重視し、接遇研修などで接客の向上に努める、顧客管理をデジタル化するCRM（顧客関係マネジメント）システムを導入する、コールセンターを配置しユーザーからの問合せやク

図表4-1　収益化とつながり

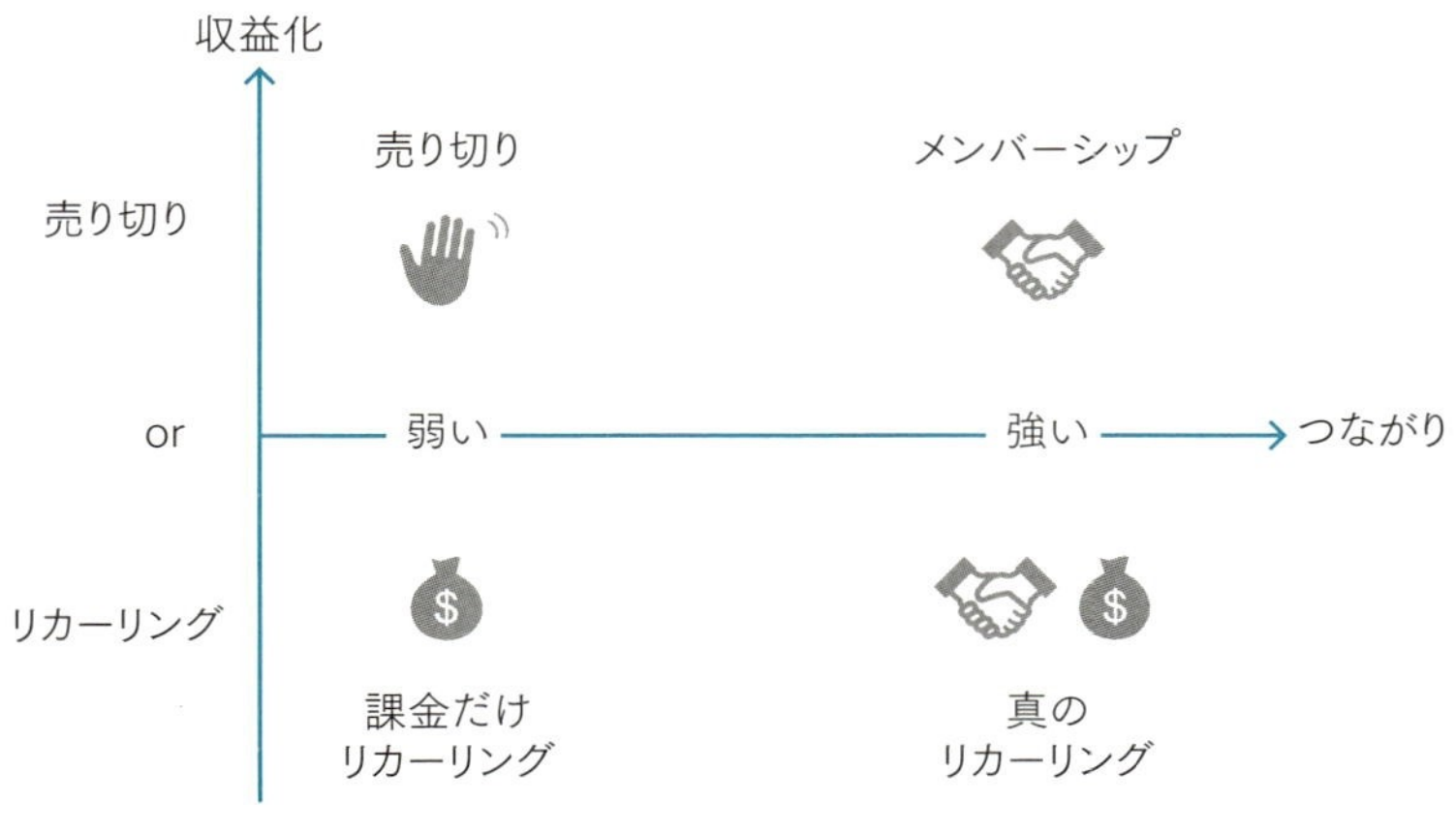

レームに対応するなど、ユーザーとの関係性を強化してきたところもあるでしょう。ただし今後は、この程度のつながりでは不十分です。なぜなら、リカーリングモデルの浸透によって、ユーザーの要求水準が否応なしに高まっているからです。

一方、リカーリングモデルはどうでしょう。

売り切りモデルからリカーリングモデルへ移行したいと思う企業は多いと思いますが、マネタイズさえ変えればうまくいく、すなわち「つながりが弱い」ままで成り立つリカーリングモデルというのはありえません。飲食店が売り切りから、マネタイズを変更し、月額食べ放題にしたところで継続できずに挫折するのは、ユーザーとのつながりという視点を持ち合わせていないからです。

サブスクリプション、フリーミアム、レーザーブレイドモデルをはじめとするすべてのリカーリングモデルは、ユーザーとどれだけ強いつながりを持てるのか、すなわち、ユーザーとの関係性をいかに構築したのかが問われます。ユーザーとのつながりが弱ければ、収益の継続性は保てません。

つまり、リカーリングモデルのマネタイズは、ユーザーとのつながりを前提として考えなければ、うまくいきません。売り切りモデルとは比較にならないほどのつながりの強さが必要となるのです。そこで私は、リカーリングモデルの定義を、次のようにアップデートします。

リカーリングモデルは、強いつながりを継続的に収益化する仕組み

ということは、リカーリングモデルを導入するなら、図表の右側の状態にいなければなりません。強いつながりは、リカーリングモデルを機能させる必要条件なのです。

皆さんが携わる企業や事業は、図のどこに位置するでしょうか。

つながりの弱い強いとはどういう意味なのか。次節から、さらに詳しく述べていきます。

2 つながりの強弱

つながりの強い企業とつながりの弱い企業の特徴は、主に次の5つで明らかになります。

すなわち、①消費トレンド、②ユーザーへの価値提案、③ユーザーの分析視点、④ユーザー

への対応、⑤事業設計の基準、です。それを図示したものが図表4－2です。

つながりの弱い企業は、かつての売り切りモデルそのものです。すべての項目が「購入前」に最適化されています。まさに、所有権を移転して関係性がいったん終了する、売り切ったら終わりの「所有」の時代を象徴するモデルです。

一方、つながりが強い企業は、5つの項目ともリカーリングモデルに欠かせない「購入後」も見据えています。「利用」を中心とする消費傾向への移行を受けて、サブスクリプションが急増した時代を生き抜くには、ユーザーとの継続的な関係性を築かなくてはなりません。

このように5つの項目を比較していくと、つながりの弱い企業と強い企業がどう違っているのかが浮き彫りになります。

なお、①から⑤の項目のうち、1つでも「つながりが弱い企業」に属する場合は、つながりが強いとはいえません。「顕在的ニーズ」を追いかけているということは、無意識に「プロダクト」だけを見ていることになるし、「プロダクト」だけを見ていると

図表4-2　つながりの強弱

	つながりが弱い企業	つながりが強い企業
①消費トレンド	所有時代に対応	利用時代に対応
②ユーザーへの価値提案	プロダクト	アップデート
③ユーザーの分析視点	顕在的ニーズ	ジョブ(片づけるべき用事)
④ユーザーへの対応	事後的	積極的
⑤事業設計の基準	事業活動(バリューチェーン)	ユーザー活動

いうことは、暗に、業務の流れを機能単位で捉える「バリューチェーン」を想定しているかもしれません。これでは、おそらくユーザーへの対応は「事後的」になっているはずです。

次から、①から⑤のそれぞれについて説明します。

1 消費トレンド

まず、①の消費について、ユーザーの傾向がどう変わったのか確認しましょう。

消費トレンドの移り変わり

音楽や映画はシェアするものに変化しました。多くの人は、映画見放題のネットフリックスやＨｕｌｕ、音楽聴き放題のスポティファイといったストリーミングサービスを利用しています。よほどのファンでない限り、ＣＤやＤＶＤ、ブルーレイといったパッケージソフトを買おうとはしないでしょう。

こうした流れは、デジタルにとどまりません。自動車も所有せず、カーシェアで済ませるというトレンドが拡大しています。特に今の若者は所有に興味がなく、スマートに利用できればよいと考える人が多くなりました。この消費動向は、「所有から利用へ」といわれています。

人はモノを欲しがっているわけではなく、自身の用事が片づくことを望んでおり、よりスマートな解決方法があれば、それを選択する。つまり、モノを買うことよりも生活を良くすることに主眼を置くようになりました。

近年、その傾向が顕著になってきた背景には、3つの要因があります。

1つ目は、2008年のリーマンショックをはじめとする世界経済危機です。多くの人々が消費を控え、無駄をなくそうというムードが漂いました。これまで所有していたものでも、利用頻度が低いものは購入して所有せず、使うたびに支払うほうが賢い消費であると考えるようになりました。

2つ目は、スマートデバイスの普及です。2007年にアップルがiPhoneを、翌年にはグーグルがアンドロイド端末を発表し、誰でもどこでもインターネットを使える環境をつくり上げました。ユーザーと企業が、あるいはユーザー同士が常につながっている状況を生み出したのです。

3つ目は、2000年以降に成人となったミレニアル世代が、消費の中心になり始めたことです。物心ついたときからデジタルデバイスを使っていた、いわゆる「デジタルネイティブ」の世代にとっては、ショッピング、銀行振込をはじめとするすべての事柄を、ネット上で片づけることに抵抗がなく、むしろ、そちらのほうが自然になりました。

これらの要因がスマートな消費者を増やし、シェアできるものは「所有」せずに「利用」するという考え方に結びついたのです。

大不況を経験したのちの消費

「所有から利用へ」の考え方は、実は日本ではエコノミストの大野剛義氏によりすでに提唱されていました。まさに『「所有」から「利用」へ――日本経済新世紀』と題した著書によれば、出版当時の1999年からすでに利用の時代に入っていました。日本では、バブル経済崩壊後の失われた10年を経て不況を経験し、それをきっかけに所有せず、賢く利用する人が増えると指摘されています。

当時の問題意識は、企業の買収や設立によって自社で所有する垂直統合、外部企業の資源を利用するアウトソーシングへの転換、正規社員から非正規への移行、固定資産を購入せずリースにするなど、主に固定費をいかに変動費化するかに主眼が置かれていました。

また、消費者市場では、不動産は購入よりも賢く借りる考え方が促されています。そこには、今で言うシェアリングの概念の萌芽が見られます。

このように見てくると、「所有から利用へ」の風潮は、不景気を経て経済が復興しようとするときに起こる大きな消費トレンドともいえるのです。不況後はユーザーの経済的な体力が衰えますが、生活には消費が必要です。そのときに賢い消費が求められるのです。

日本ではバブル経済崩壊から10年後に「所有から利用へ」の動きが起こりました。興味深いのは、リーマンショックから10年を経た2018年に、世界的に「所有から利用へ」という消費傾向が認識され始めたことです。歴史が繰り返されているのです。

ただし、バブル経済崩壊から10年後の「所有から利用へ」と今回のそれとの最大の違いは、テクノロジーやインフラが整い、「利用」を支える市場環境が成熟したことにあります。すなわち、デジタル化が大きく後押ししているのです。

スマートフォンの普及やデジタル消費の習慣化が背景にあることからも、今回の「利用」への拡大のスケールは桁違いです。スマートフォン上で「利用」へと移行できるサービスが提供され始め、ユーザーと企業が、そしてユーザー同士がネットを経由してつながることで、プラットフォームが稼働しました。具体的には、遊休資産のシェアリング状況や、ユーザーの利用状況がリアルタイムに把握できるようになりました。

まさに「利用」を支えるデジタル化と賢い消費が掛け合わさって、新たなうねりをつくり上げました。この現象は、企業がユーザーとどう向き合うのか、その関係性を本質的に変えることになります。結果として、今、所有の概念は多くの業界で見直されるようになったのです。

「所有から利用へ」の流れは、プロダクト中心の価値提案を見直す良い契機になりました。今後は、プロダクトを販売しさえすれば、ユーザーの満足を得られるという考えは改めなければなりません。「利用」を重視しなければ、ユーザーとの強いつながりを持つことはできません。リカーリングモデルを導入する企業は、この点に留意する必要があります。

2 ユーザーへの価値提案

価値提案（value proposition）とは、ユーザーが認識しやすいポイントで、企業から何らかの価値を提案することです。

ところが、ユーザーを無視してプロダクトが提案されることがあります。いわゆるプロダクトが先行する、プロダクトアウトの状態です。プロダクトアウトでも、稀にユーザーに認めてもらえることもありますが、そもそも、価値提案とはその名のとおり、価値を提案することです。プロダクトの提案ではありませんから、本来は、ユーザーに寄り添って提案されないプロダクトの価値が伝わる可能性はきわめて低いのです。

つながりが強い企業の価値提案

ユーザーとのつながりが強い企業は、ユーザーの生活の進化を提案します。そのプロダクトを購入する前と後では、いったい生活がどのように変わるのかを提案しているのです。

たとえば、アップル社のプロダクトは信者といえるほどのファンが多くいます。それは、スティーブ・ジョブズのプレゼンテーションをはじめ、生前ジョブズが監修にあたっていたCMからもわかります。

２００８年、日本で最初に放映されたアップル社のｉＰｈｏｎｅ３ＧのＣＭは、フィーチャーフォン（いわゆるガラケー）全盛のときに、衝撃をもたらしました。

「この曲って何だっけ？　と、気になってしょうがないとき、ありますよね。そんなときはApp Storeにあるシャザムというアプリケーションが便利です。ｉＰｈｏｎｅに聞かせれば……すぐに誰の曲かわかるし、手に入れることもできるんです。アプリケーションを手に入れるたび、毎日のちょっとしたジレンマを解決。それがｉＰｈｏｎｅなんです」

時間にしてわずか30秒のＣＭ、文字にしても１４０文字以下とツイッターに収まる程度です。しかし、生活する中で感じるふとしたシーンを捉えて、それが大幅にアップデートされることが語られました。

そう。これは、「アップデート」です。アップル社は、常に「生活のアップデート」を提案してきました。Ｂ２Ｃであれば生活のアップデート、Ｂ２Ｂであればビジネスのアップデートです。同社のプロダクトを使用する前と後では、どれくらい生産性が変化するのか、どれくらい従業員の負担が減るのか、どれくらいエンドユーザーへの奉仕のレベルが高まるのかをプロダクトに詰め込んでいるのです。

アップデートの提案は、ユーザーとのつながりを強くします。売り切り企業であっても、それを意識すれば価値提案は強力なものとなります。

アップル社も、当時は収益のほとんどをプロダクト販売に頼る売り切り企業でした。それでも、つながりの強さがリピーターを生み、継続収益を生み続けるようになったのです。現在は、リカーリング収益の比率を高めるべく、アップルミュージックやｉＴｕｎｅｓでのサブスクリプションの強化を図っています。

すでに、ユーザーとの強いつながりを持っている企業です。生活のアップデートを提案し続け、プロダクトはその手段として示すことに徹したため、リカーリングモデルへの切り替えは、スムーズに展開しています。

本質は生活のアップデート

旧来のものづくり企業やもの売り企業は、今、述べたアップル社とは対照的に、プロダクト提案で成長してきました。プロダクトさえ良ければ、ユーザーが評価し購入してくれます。そして、原価に必要利益率を付して価格設定すれば、利益を得ることができます。それが通用する世界で成長してきた企業が、成功モデルとして語られてきました。

もちろん、企業は最終的にプロダクトを販売します。しかし、ユーザーへの価値提案がプロダクトではいけません。プロダクトはユーザーの目的ではないからです。

極論すれば、**ユーザーはプロダクトなど欲しくはないのです**。利用時代を迎え、その傾向がさらに強くなっています。結果的に、プロダクトを薦めるほどに、ユーザーは興ざめしてしまい、企業との関係性が悪化することすらあるのです。

ユーザーの目的は、あくまでもプロダクトを使って得られる自らの生活のアップデートです。つながりを強化するために取り組むべきことは、ここです。いかにユーザーの生活をアップデートできるかを考えることなのです。

ユーザーがその企業とかかわる前（t時点）と後（$t+1$時点）で、ユーザーの生活は変わっていないといけません（図表4－3）。少なくとも、ユーザーとなった「人」は、あなたの企業に対して、かかわる前と後で、何がどう違っているのか、その差分、いわば⊿（デルタ）を求めています。意識的であれ無意識的であれ、それを求めていることに違いはありません。

社内で何らかの問題を抱え、サービスを採用して解決しようと思っている人（事業者）も、あるいは、単に空腹を満たそうと食品メーカーのつくる食べ物を買おうとしている人（消費者）も、⊿を求めています。

そうした「人」が「ユーザー」になり、企業はユーザーの生活をより良くすることに尽力すれば、社会を良くしていくことにつながります。その継続が世界を変えていくのです。

しかし、成長するにつれ企業は、ユーザーを「ただプロダクトを買う人」と見てしまうことがあります。そうなると、いつのまにか自社都合が優先し、できる範囲で常識的なプロダクトを設計し、それをユーザーに買わせることが目的化してしまいます。これではとうてい、ユーザーとのつながりは強くなりません。売り切り企業であれ、この認識は改めるべきときにきているのです。

サブスクリプションやフリーミアムといった、リカーリング企業が急激に拡大し、それがユーザーの生活に浸透し始めた今、ユーザーは企業との強いつながりを求めています。それは、**ユーザーが、自身の生活を継続的にアップデートされるのを望んでいることにほかなりません。**だから今、売り切り企業でも、アップデートの視点は強く求められているのです。

3 ユーザーの分析視点

次いで、③ユーザーの分析視点について見ていきましょう。

図表4-3 企業はユーザーの生活をアップデートするために存在する

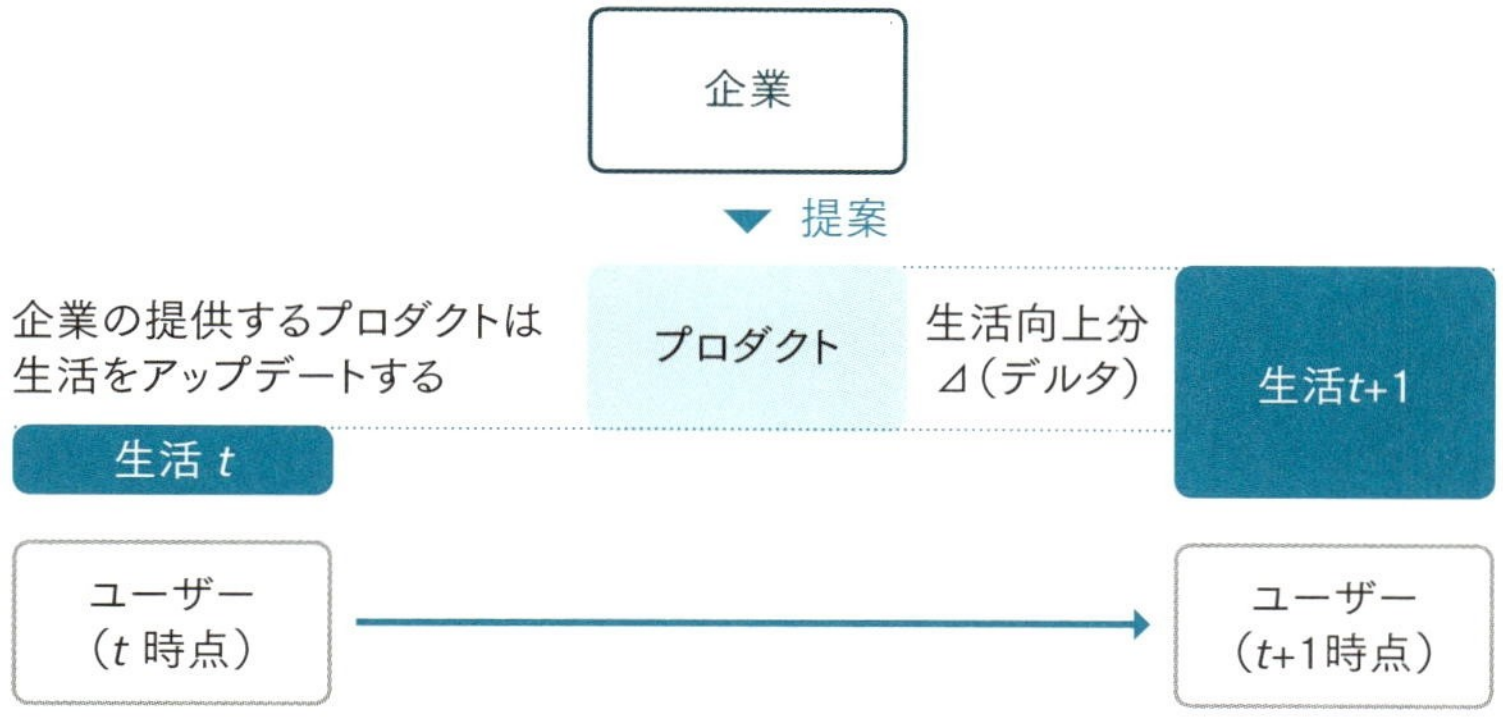

つながりが弱い企業は顕在ニーズを追いかけ、強い企業はジョブを考えているという大きな違いがあります。

根拠としてのニーズ

ニーズとは、ユーザーが必要としているモノやコトを意味しています。多くの場合、特に「機能」として捉えられます。企業は、ユーザー価値を高めるためにユーザーのニーズを理解し、それを実装したプロダクトを販売してきました。

たとえば、プロダクトとしての自動車に対するニーズとしては、「より速いこと」「より格好良いこと」「より運転しやすいこと」「より燃費が良いこと」などが挙げられます。

ハードディスク・レコーダーに対するニーズには、「同時録画できるチャンネル数がより多いこと」「よりディスク容量が大きいこと」「より画質が美しいこと」などでしょう。

こうしたニーズ思考は、プロダクトを支える重要な概念でした。ニーズとプロダクトが一体となって、ものづくり企業やもの売り企業の成功モデルが形成されてきました。

ただし、ユーザーのニーズを明確に把握することが、ヒットするプロダクトにつながるとは限りません。なぜなら、すでにニーズが顕在化している場合は、それを満たすソリューションが多く存在しているからです。そこでは、過剰な差別化合戦や、採算度外視の値下げ合戦が繰り広げられ、血で血を洗うレッドオーシャンな市場が形成されてしまいます。

家電企業におけるテレビ事業などは、長らくその渦中にいます。

そのため、企業はユーザーの潜在的なニーズの予測を試みてきました。しかし、ユーザーが欲しいと言う前にそのニーズを汲み取ることは困難を極めます。これだけモノがあふれ、人々の嗜好も多様化している今、ヒットプロダクトをつくることは宝くじに当たる確率よりも低いでしょう。それでも、先に予測できれば、勝利を手にすることができると信じて、企業はプロダクト開発に勤しんできたのです。

しかし、潜在的ニーズを探して先回りを続けるのは、今や危険な行為です。ユーザーの嗜好は多様であるとともに、代謝が激しいからです。これほどの技術革新が日々起こっているのだから、当然です。そうなると、苦労してプロダクトにまつわるニーズを掘り起こし、表面化させ、製品化をするという準備をしても、その頃にはすでにユーザーは他のプロダクトに目移りしているかもしれません。

これを「価値提案のズレ」と呼びます。

今、自動車業界では、それが顕著に現れています。クルマに対する潜在的なニーズを汲み取り、より格好良くて、燃費が良くて、速い自動車を開発して販売しても、その頃には「車を持つ」というライフスタイルそのものが廃れる可能性があります。現に、より使いやすいカーシェアが拡大し、さらに自分で運転したくないというライフスタイルは現実化しつつあります。一部ユーザーはライドシェアへと移行し、ＵｂｅｒやＬｙｆｔなどのサービスを使っています。

テレビもそうです。メーカーがより鮮明な4Kや8K放送を模索している間に、かつてテレビをよく見ていた20～30代の視聴者層の大多数は、いつでもどこでもスマートフォンで見られる動画配信サービスのユーザーになりました。

こうした価値提案のズレは、ニーズを見たことで起こっています。ニーズといいながら、その実「ユーザーがプロダクトに求める機能」を探しているのであり、結局は「プロダクト」だけを見ていることにほかなりません。プロダクトを中心に潜在的なニーズを分析しても、そのプロダクト自体が不要になり、急激に他の何かに置き換わってしまうわけです。

価値は、プロダクトが決めるものではなく、ユーザーが決めるもの。それを履き違えて、いたずらにプロダクトの機能性を高めようとする企業は、いまだに多く見られます。特に「ものづくり」を誇りにしてきた日本企業は、プロダクトを考えるのは得意ですが、ユーザーの立場に立つのがきわめて苦手な側面があります。

プロダクトの良さを売りにするのは構いませんが、それがいったい誰にとって必要なのか、改めて考える必要があります。ユーザー不在のプロダクトでは、当然ユーザーに愛想を尽かされます。これでは、ユーザーとのつながりは弱いままです。

ズレを解消するジョブ思考

プロダクトに反映させるべく、ニーズを追い求めて開発し、製造し、販売するスタイルでは、もはや変化するユーザーのペースについていけません。ユーザーへの価値提案で述べたとおり、そもそも、ユーザーの生活のアップデートに主眼を置く必要があるのです。**ユーザーのアップデートを追求するうえでは、ニーズではなく別の思考が必要になります。**

それに最適なのが「ジョブ」です。ジョブとは、正式には〝Jobs to be done〟、日本語では「片づけるべき用事」と翻訳されてきました。この概念はイノベーション研究の大家であるクレイトン・クリステンセンの『イノベーションへの解（*The Innovator's Solution*）』によって2002年に紹介され、一躍有名になりました。

> **人はプロダクトそのものを欲しているわけではない。何らかの状況で、発生したジョブを解決したいと考えている。それに最もふさわしい解決策（ソリューション）を探して、新たなプロダクトを雇う（hire）こともあれば、解雇する(fire)こともある。**

ジョブの考え方は、イノベーションを試行する企業にとって有益な概念となりました。ただし、この考え方は、クリステンセンが発表した当時においても、特に目新しいものではありませんでした。

なぜなら、「ジョブ」という言葉こそ使われていないものの、マーケティング哲学者であるセオドア・レビットが１９６９年に出版した『マーケティング発想法（*The Marketing Mode*）』において紹介された事例がベースになっているからです。

昨年、４分の１インチ・ドリルが１００万個売れたが、これは人々が４分の１インチ・ドリルを欲したからでなく、４分の１インチの穴を欲したからである。

ニーズ思考は、ドリルに着眼してプロダクトを提案します。しかし、ジョブ思考では、穴に着眼して、ソリューションを提示します。しかも、ユーザーの状況に照らし合わせて、どのように穴を提案するのかが、ポイントになります。何のために、どのように穴を開けようとしているのかをユーザーの状況から探り出し、ふさわしいソリューションを探そうとするのです。

工期を少しでも早めたい工事業者なのか、あるいはユーザーが日曜大工に不慣れな父親なのか。もし前者に限定できるなら、穴を開ける素材はほとんど同じかもしれません。

たとえばベニヤ板に限定して、穴を開けやすくするソリューションを提案するのがベストなら、電動ドリルではなく、もっとローテクなベニヤ板専用の穿孔機で十分かもしれません。それできれいにかつスピーディーに穴を開けられるなら、工事現場の作業員や、工事を請け負う企業にとっては、かなり支払い意欲[1]の高いものとなるでしょう。

おまけに、手動にまでスペックを落とせばコストも抑えられるため、ドリルに比べてかなり低価格に設定できます。電動ドリル一択しかないと思っていたユーザーは、そのソリューションに高い価値を感じるでしょう。

あるいは極端なことをいえば、後者の場合には穴の開いた板を提供することで十分かもしれません。そもそも穴を開けるのが目的ではなく、「自作っぽいもの」を奥さんや子どもにつくってあげたいなら、イケアやニトリの組立て式家具が最適かもしれません。

たとえそのプロダクトの機能やスペックが高くなくても、特定の状況でユーザーのジョブを満たせるものなら、支払い意欲は高くなります。スペックが低いことで、その分、低価格にできるならユーザーの価値はさらに高まるのです。

ニーズで見れば、プロダクトを差別化して、できれば最高品質のものを開発しようと各社が躍起になります。他方で、ユーザーは必ずしもそれが欲しいわけではありません。あくまでも、自らの生活をアップデートしたいのです。そこからズレた企業同士の競争を目にしたら、ユーザーは興ざめします。ジョブ思考で見れば、そのプロダクトが、唯一の、最高のソリューションでないことは明らかです。

ユーザーの生活のアップデートに最適なものは何かを考え、既存のプロダクト以外のソリューションも検討材料にする。それを考える企業こそが、真にユーザーに寄り添った企業になり、両者のつながりは強くなるのです。

イノベーションの焦点は、プロダクトではなく、人々がジョブを片づけようとしているプロセスです。ジョブは、ユーザーの立場に立ち、ユーザーに寄り添う姿勢がなければ認識できません。そのうえで、ユーザーが自社プロダクトを購入して、当初のジョブを達成し、生活をアップデートできたのかを確認する必要があります。

リカーリングモデルではジョブ思考が必要条件に

ユーザーのライフスタイルが多様化し、やりたいことも分散している今は、ジョブ思考で特定のユーザーの状況を分析するのが望ましいといえます。ジョブは、ユーザーのなりたい姿や、到達するべきゴールを示しています。それらはすべてのユーザーに共通ではありません。ユーザーの状況によって異なるため、ジョブを特定することで、尖った価値の提案ができるのです。

売り切りモデルを採用する企業にとっても、ジョブ思考はイノベーションのために有益な考えです。とはいえ、いまだにニーズ思考を貫く企業のほうが多いのです。特に好景気時に成功を経験した企業は、慣れ親しんだニーズ思考から脱却できません。あるいは、まだニーズ思考の有効性を信じている企業もあります。確かに業界によっては、供給が需要に追いついておらず、通用することもあるでしょう。

しかし、もしリカーリングモデルを採用しようとするならば、ニーズ思考は通用しません。リカーリングモデルに必要なのは、ジョブ思考です。**最低限、ジョブを捉えていないと、ユーザーと継続的な関係性を持つことはできません。**

リカーリングモデルは、時間をかけて継続的に収益を得る仕組みです。いくら精緻なニーズの分析の後にプロダクトのつくり込みに成功したとしても、それを継続的に販売できなければ、リカーリングモデルは実現しません。

継続する収益は、継続する関係性の対価です。企業との関係性がユーザーにとって有益である限り、ユーザーは継続的に対価を支払うでしょう。売り切りモデルで採用してきたニーズ思考のまま、単に収益だけをリカーリングモデルに転換しても機能しません。

4 ユーザーへの対応

ユーザーへの対応についても、つながりの弱い企業と強い企業では、その姿勢が異なります。つながりが弱い企業は、事後対応に終始しますが、強い企業は先を見越してユーザーに寄り添います。発生するジョブに向き合い、解決しようと奔走し、ユーザーの生活をアップデートする一助を担います。

事後対応

プロダクト提案が全盛だった時代には、企業とユーザーはモノでつながっていました。プロダクトに不具合があれば、ユーザーはクレームを出します。その後、企業は何らかの補修作業を行うことで、プロダクトを正常な状態に戻します。これが売り切り企業で当たり前となってきたユーザーへの対応です。だからこそ、企業はカスタマーサポートセンターやコールセンターを設置し、ユーザーの対応を行ってきました。

ただし、売り切り企業の多くは、プロダクトを販売した後は、ユーザーとの関係性を保つモチベーションが薄れます。直接収益に結びつかないので、事後対応はすべてコスト要因として捉えられるからです。これはすなわち、販売まではコストがかけられても、販売後のコストはかけられないという企業の姿勢を表しています。それが透けて見えれば、カスタマーサポートやコールセンターの設置は上辺だけのものとなり、ユーザーとのつながりは崩壊します。

現に、故障対応やクレーム対応を、よりコストが発生するネガティブな案件として捉える企業は、そのコストをユーザーに負担させることまであります。不具合があっても、ユーザー自身から申し出ない限りは、何の対応もしないといったことが起こりえます。

電話してもなかなかつながらないコールセンターに、ユーザーは苛立ちます。やっとつながり事情を話しても担当部署が違うとなれば、新たな担当者にゼロから話をしなければならないこともあります。このときの担当者の言葉遣いや対応に不手際があれば、もう取り返しがつきません。ユーザーの企業への信頼は地に落ちるでしょう。

この状態で、「販売後もユーザーとのつながりを保っている」とは決していえないのです。プロダクトのおまけのように展開するこうした取組みは、ユーザーとの関係性を希薄にします。

積極対応

事後対応は、プロダクト提案で企業活動が完結しているという認識から生まれます。しかし、ユーザーは本来、ジョブを解決したいのです。ジョブの解決が滞っているのは、アップデートされるはずの生活が、以前のままになっていることを意味します。これがどれほど問題であるのかを企業は直視しなければなりません。

ユーザーのジョブの解決が滞っている状況に真摯に対応すれば、ユーザーへの寄り添い方はおのずと変わってきます。それは、継続的にユーザーの利用状況を把握し、どんな小さな問題にも対応するといった形で現れます。あるいは、ユーザーの行動を予測し、期待を上回るソリューションを提供するといった形で現れるでしょう。

このような見方をすれば、企業はユーザーにとっては、単なる売り手にとどまりません。ユーザーのパフォーマンスを出すためのパートナーとなるのです。ユーザーの不可能を企業が可能にします。

しかもそれは、製品としてのプロダクトで実現するのではなく、継続する関係の中で、たとえばプロダクトのアップデートを通じて、実現するのです。自らの生活のアップデートを求めるユーザーのために、その真意を汲み取ったうえで、企業も積極的にプロダクトのアップデートをし続けるのです。できる限りの事前対応を試みると、ユーザーとの関係は、より強固になります。

こうした積極的な事前対応は、デジタル化によって加速しました。

SaaS企業は、度重なるプロダクトのアップデートによって、事前対応を実現しています。しかも、ユーザーがどんな状況にあるのか、どんな困り事があるのかを適宜伺う機会があり、ユーザーとの関係性を深めています。

その結果、ジョブが明確になります。特定のユーザーが現在のプロダクトでは、ジョブの解決に苦労しているとわかれば、全ユーザーにプロダクトのアップデートを行います。あるいは法人ユーザーなら、実際に人員を送り込んで解決までを見届けます。そして、その結果をユーザーに評価させるまで仕組み化しているのです。

ネットフリックスも、ユーザーへ積極的に事前提案することによって、評判を高めています。ユーザーの履歴を分析して、次に見るべき映画をリコメンドします。あるいは、一定程度ログインがなければ解約につながる前兆と認識し、メールなどで「今夜、ネットフリックスで映画を見ませんか」と、ユーザーの好みに合った映画を紹介します。

こうした取組みは、何もデジタル企業だけのものではありません。デジタル企業の場合はコストをあまりかけずにできますが、ものづくり企業や、もの売り企業であっても、そうした取組みを実現できます。

たとえば、ユーザーの利用状況を伺うことは、電話やメールでもできるでしょう。場合によっては、訪問が許される業種もあるはずです。そこでユーザーが解決できずに困っていることを知ることができます。

顕在化していない困り事を、ジョブ思考で捉えて先回りして提案する姿勢があれば、ユーザーとのつながりは強くなります。それをデジタルを取り入れながら、実行に移すことができれば屈強です。最近ではチャットを使ったり、あるいはAI（人工知能）を搭載したチャットボットなどでこれに対応し、即時対応を試みる企業もあります。

他方で、B2Bであれば、クライアント企業のコスト効率などの生産性や、収益性などの数値が見えます。その中で重要な指標（KPI）を決めて共有し、それを改善するためのパートナー関係を構築すれば、クライアント企業とのつながりはますます強くなります。これまでは、システムだけを提供してきた企業も、アドバイスやコンサルティングまで事業領域が広がり、収益を多様化させるチャンスが生まれるでしょう。

サブスクリプションで成果を出している企業は、こうした積極的なユーザー対応を「カスタマーサクセス」と呼び、重要視しています。これは、ユーザーが行動ごとに感じる成功体験を指しています。いわばジョブが解決され、アップデートが達成されている状態が「サクセス」なのです。

サブスクリプションでは、解約が最も収益性に打撃を与えるため、カスタマーサクセスに特に注意を払う必要があります。専門部署を設立し、カスタマーサクセス・マネジャー（CSM）を任命するなどしてユーザーの対応にあたることが不可欠です。

売り切り企業もリカーリング企業も、ユーザーのジョブに着目し続ければ、彼らの信頼を勝ち取ることができ、つながりを強くすることができます。熱狂的なファンになってもらえれば、ビジネスモデルは格段に強くなります。カスタマーサクセスについては、つながりの強化にとって重要な概念であるので、第6章で改めて説明します。

5 事業設計の基準

事業設計の基準とは、ユーザーを喜ばせて利益を生むための、ビジネスモデルをつくる際の視点を意味しています。これまで支配的になってきたのは、「バリューチェーン」と呼ばれてきた事業活動の連鎖です。しかし、ユーザーとのつながりを強化する企業は、ユーザーの活動を捉える考え方へと視点を変えなければなりません。

定番となったバリューチェーン

バリューチェーンとは、事業活動を機能ごとに分類し、どの部分（機能）で付加価値が生み出されているかを分析するための考え方です。価値を生む活動を連鎖的につなげているため、バリューチェーンと呼ばれます。経営戦略論の権威であるマイケル・ポーターが１９８５年に『競争優位の戦略（*Competitive Advantage*）』において紹介し（図表４－４）、多くの企業が自社の分析に活用しました。

バリューチェーンは、企業の主要な活動とサポート活動で構成されています。主要な活動は、購買した原材料を、製造や出荷物流、そしてマーケティング、さらには販売時のサービスといった各プロセスにて価値（バリュー）を付加する活動です。

それらの活動を、全社のインフラや、人的資源管理（ＨＲＭ）、技術開発、それに調達といったサポート活動が支えています。そして、主活動およびサポート活動のコストが算定され、最終的に販売すれば利益（マージン）

図表４-４　バリューチェーン

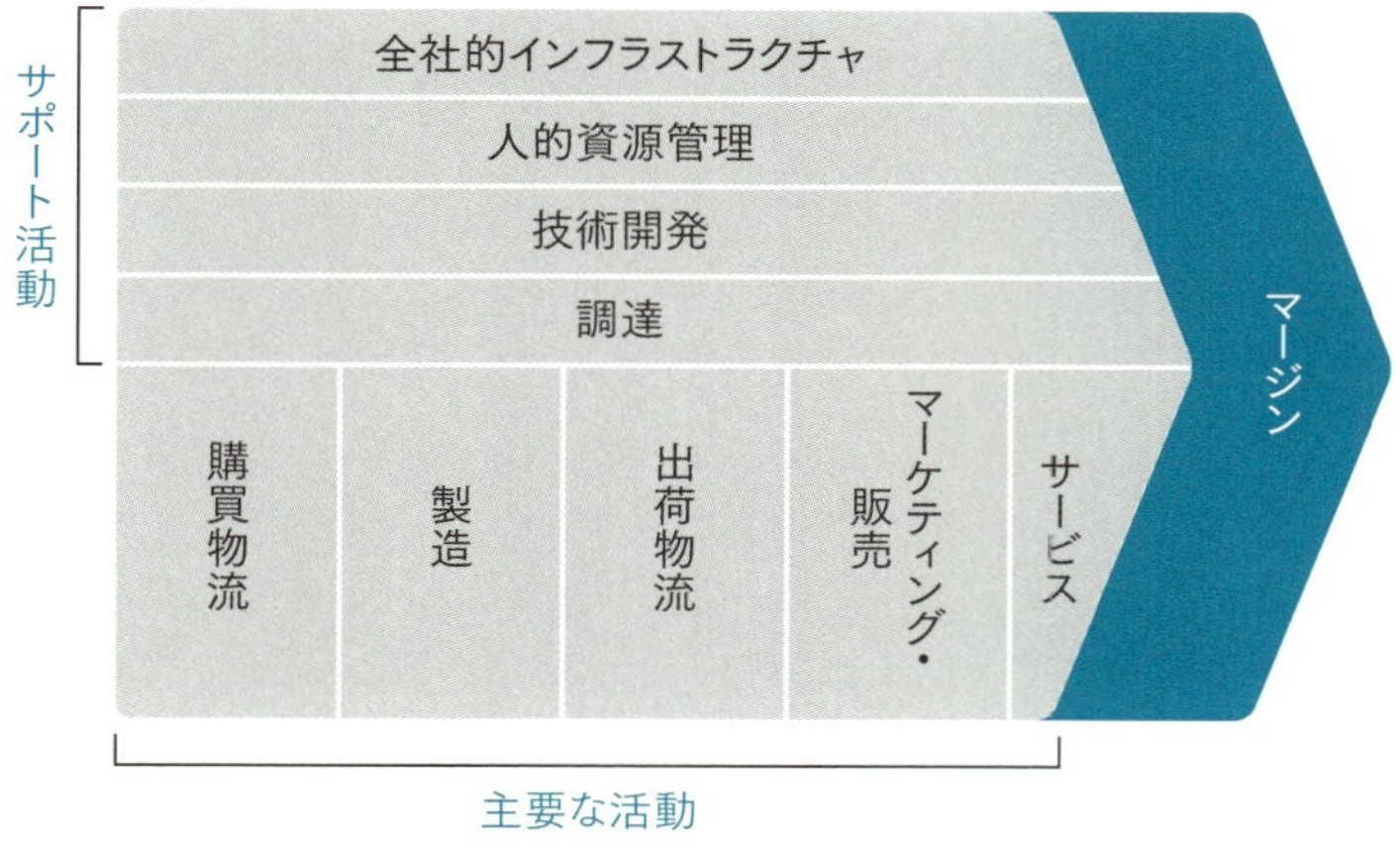

（出所）Porter[1985].

が創出されるのです。つまり、売り切って利益をつくるまでの事業活動を可視化しているのです。

バリューチェーンの概念は、どの企業でも分析が可能なので、広く浸透しました。しかも、価値の創出に最も貢献する活動を抽出することは、企業にとって強みを分析することにもつながります。だからバリューチェーンをベースに、事業変革や新規事業創出といった事業設計がなされてきました。

なお、プロダクトの供給そのものをクローズアップしたものにサプライチェーンがあります。流通業務が重要な位置を占める企業では、プロダクトを遮断なく入荷し利益に換えることがテーマとなるため、とりわけサプライチェーンを重視する傾向にあります。

ユーザー活動こそが事業の中心

今後、ユーザーとのつながりを強化するには、バリューチェーン発想では不都合があります。なぜなら、プロダクトを販売すれば利益が出る前提になっているからです。

ポーターの競争戦略論は、売り切りモデルが全盛の時代に提唱されたものです。当時は最適な概念でしたが、強いつながりが求められる時代において、売り切りを前提としたバリューチェーンがベースの事業設計では、機能不全に陥ります。つながりを強化すべき段階においては、プロダクトではなく、ユーザーの活動そのものを主軸に置く必要があります。

ユーザーはプロダクトが欲しいわけではなく、ジョブを解決したいのです。ユーザーがどのように活動しているのかを見る視点をもとに、事業設計がなされる必要があります。このことについては、第5章で詳しく述べましょう。

3 購入以降の関係構築へ

ここまで、つながりが弱い企業と強い企業を、①消費トレンド、②ユーザーへの価値提案、③ユーザーの分析視点、④ユーザーへの対応、⑤事業設計の基準、の5つから説明しました。つながりが弱い企業は、①から⑤までの項目すべて「購入前」までしか考えておらず、強い企業は5つのすべてが「購入後」まで見据えていることがわかります。

ここでは、「購入前」、すなわち「買ってもらうまで」に主眼を置くフレームワークと、「購入後」、すなわち「買ってもらった後」まで考えられたマーケティング手法やフレームワークを例に挙げながら、ユーザーとのつながりの強弱について改めて考えてみましょう。

1 広く浸透するAIDAとAIDMA

ユーザーにいかにして購入してもらうか。その代表的なフレームワークの1つに、AIDAモデルがあります。顧客の注意を引き（Attention）、次に商品を訴求し関心を引く（Interest）。そして、プロダクトへの欲求を促し（Desire）、最後に購買行動を起こさせる（Action）。その頭文字を取ってAIDAと呼ばれています。

元はE・K・ストロングによって1920年代に示された概念であり、どうすれば購買につながるのかを、論理的に解明したものです。こうした一連の流れを考えれば、売り手がユーザーに対してとる行動が把握できます。

このモデルは、時代を経て、形を変えて浸透してきました。たとえば、日本の小売流通業では、ユーザーがプロダクトを欲しくなった後に、それを「記憶する（Memory）」を加えたAIDMA[2]として定着しています。

これらの消費者行動モデルは、消費者が初めてプロダクトの存在を知り、購入するまでの意思決定のプロセスを示したものです。各段階に企業が寄り添うことで、購入に至る確率を高められるかが検討されてきました。広告や販売においては、常識として用いられてきた考え方です。

しかし、これらのモデルでは、あくまでも「購入するまで」に焦点が当たっているため、ユーザーとのつながりを強化することはできません。実際にユーザーが購入し、その後にどのようなアクションを取るのかを把握しなければ、より強固なつながりは得られないからです。

2 サービスブループリント（SBP）とカスタマージャーニーマップ（CJM）

ユーザーとのつながりを強化している企業は、自社の行う事業活動を、ユーザーの活動とシンクロさせています。それによって、1つ1つ事業活動の改善点を見つけ、より強固なつながりに結びつけているのです。

そのために用いられているのが、「サービスブループリント（SBP）」です。文字どおり、サービス設計のため

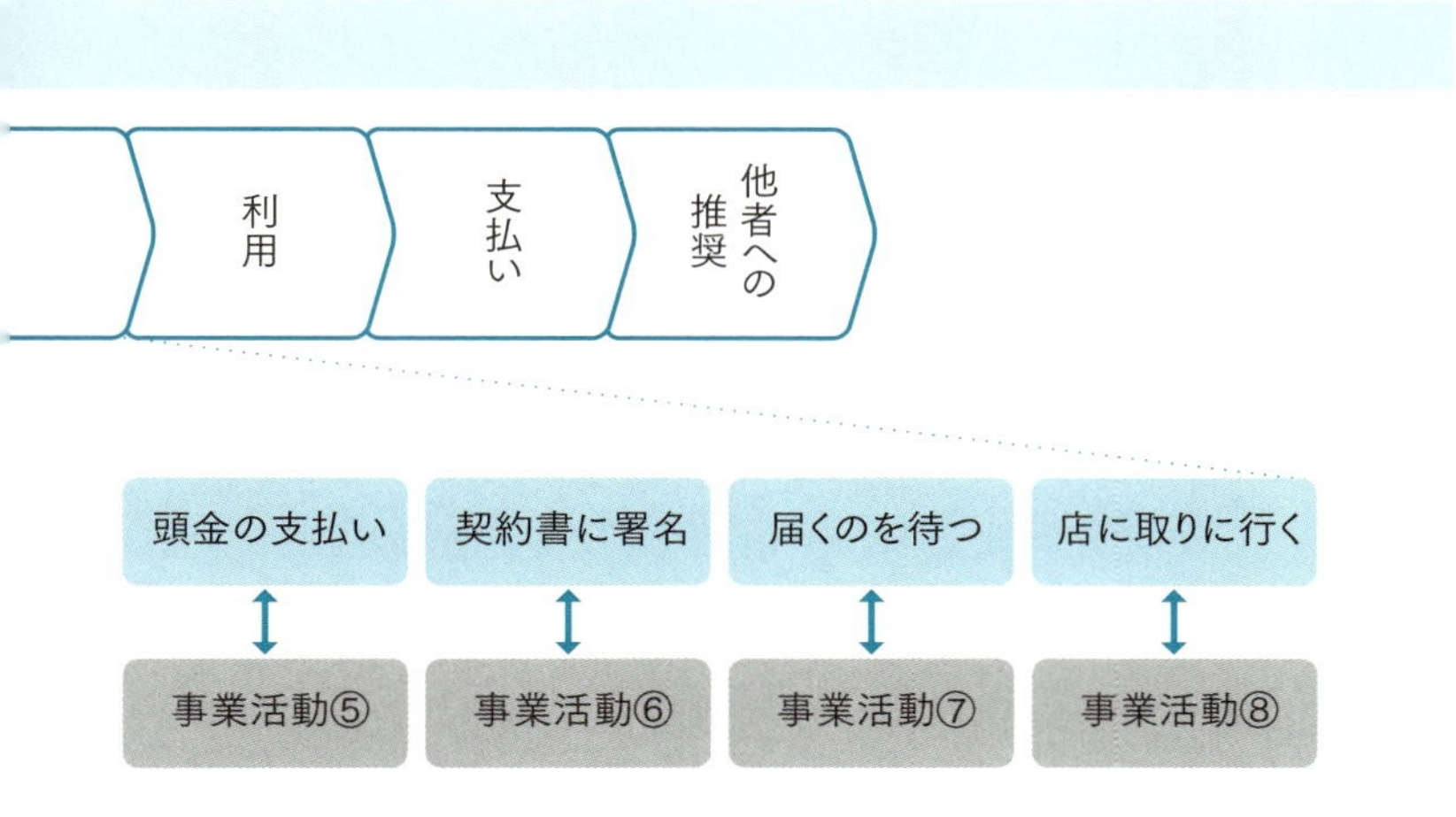

（出所）Kalbach［2016］を加筆修正。

の青写真を可視化したものです。

SBPでは、現在の活動を棚卸しすることで、それがユーザーの役に立てているのかを分析していきます。ユーザーが検討し（購入前）、購入し（購入時）、購入を終える（購入後）一連の流れそれぞれに、自社の活動を分布させるのです。

活動の単位は、細かいところにまで至ります。図表4－5を見てください。購入時だけのSBPを見ても、従業員の接客や挨拶、それに交渉の進め方など、重要なユーザー接点のすべてを洗い出しているのがわかります。これらをチェックしながらサービスの改善を行い、ユーザーとの関係性を強めていくのです。ユーザーがプロダクトを購入して利用するまでの間に、どのような自社の活動が必要で、実際にどのように運用する必要があるのかを分析します。

これに似た概念に、「カスタマージャーニーマップ（CJM）」があります。フォレスターリサーチによれば、CJMは、「顧客のプロセス、ニーズ、そして知覚を、企業

図表4-5　CJMとSBPの関係図

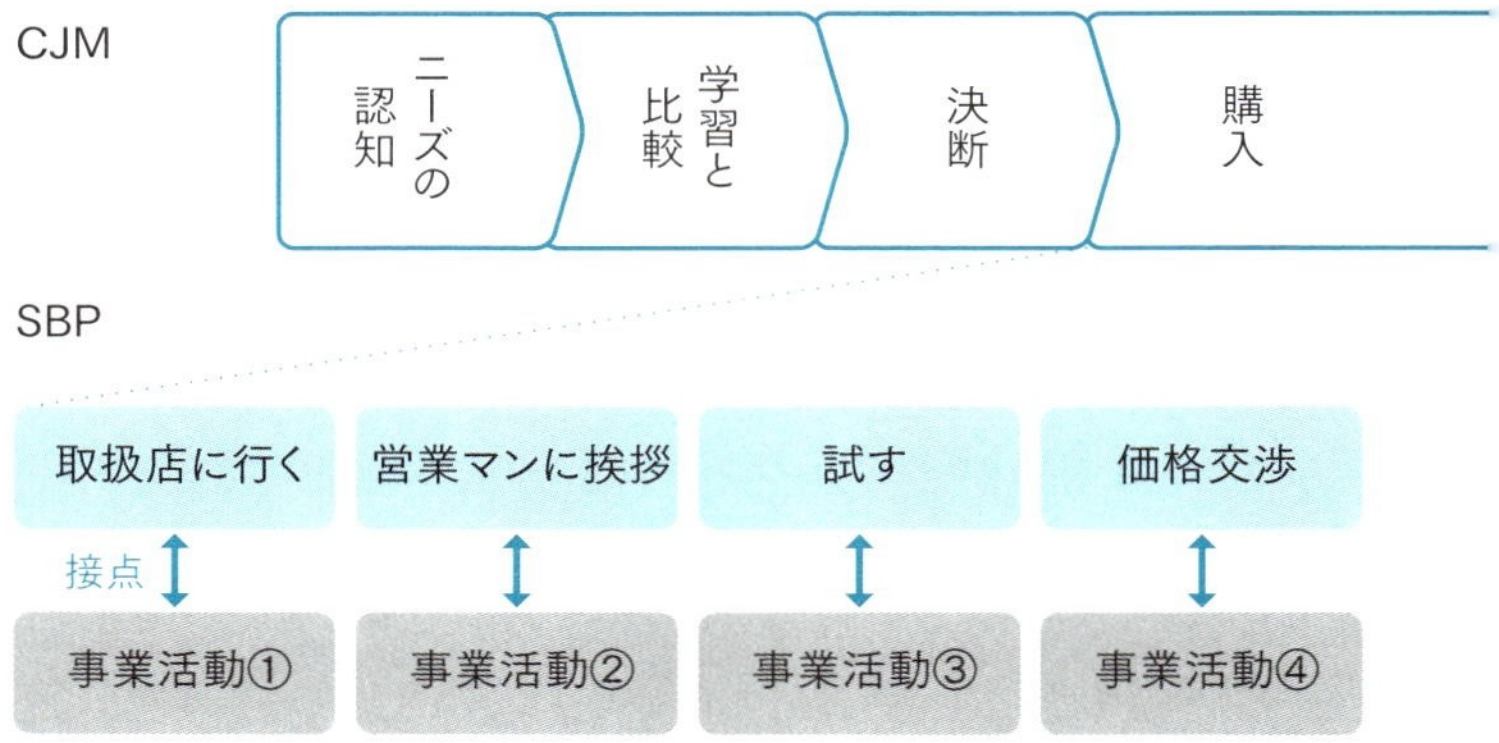

との関係を通して視覚的に示したドキュメント」[3]と定義されています。企業の活動を、まさにユーザーとのつながりで見たものといえます。

ユーザーが企業を評価する重要な時点である「真実の瞬間（moment of truth）」[4]をもとに、企業とユーザーとの接点を捕捉するツールとして、現在も広く活用されています。

ＣＪＭの視点は、ユーザーの活動を中心として、彼らが企業のファンになるプロセスを示しています。その中で、つながりを阻害するポイントを抽出できるため、どこが障害となっているのかが明確になります。

図表４－５は両者の概念的な関係も表しています。ＳＢＰは、ユーザーが接するサービスを中心に、そのプロセスを示しており、ＣＪＭはより包括的にユーザーとのつながりをいかに保つのかという視点で、ニーズを認知してから購入した後、他人に推薦するまでのプロセスが示されています。

ただし両者は、実際のところ、明確に使い分けて使用されているわけではありません。また、ユーザーとのつながりをどこまで明確に示すのかは、作成者に委ねられている傾向があります。そのため、多くのバリエーションが存在しているので、ここでは概念的な関係を示すことにとどめておきます。

3 つながりをより強化するために

SBPやCJMは、自社のプロダクトとユーザーの接点が、どのように運用されているのかを分析するためのものです。すでにユーザーである人物が、いったいどこで不満や不便などのペイン（痛み）を感じるのかを明らかにしたうえで、組織の各担当部門がどのように活動するべきであるのか、どの活動が足りていないのか、などを明らかにしていきます。

これは、現在のプロダクトがユーザーにどのように消費されているのかを見つめ直すためには有効です。SBPやCJMは「組織の提供するサービスに対して、顧客がどれだけなじむのか」[5]を分析することを目的にしているからです。

つまり、SBPやCJMでは、企業自身によって顕在化されたタッチポイントが焦点になります。あくまでも、企業が「現在認識している」タッチポイントしか記述されません。それゆえ、CJMでは認識されないユーザー活動があるのです。

実は、この認識されないユーザー活動こそ、つながりを強化するために不可欠なのです。プロダクトを使いこなして、ジョブを達成する最も重要な活動は、ユーザーが自身で行う活動です。それは、企業とのタッチポイントのないところで実行されることがほとんどなので、企業には見えていないことが多いのです。

既存のＣＪＭは、ユーザー体験（ＵＸ）の向上のため、ユーザーとの関係性を可視化しようと試みますが、それはあくまでも、既存のユーザーを対象に、現在の企業とのタッチポイントを記述し、改善することを目的としています。そのため、プロダクトとユーザーの関係が見えない部分に関しては、記述されないのです。

このように、**ＣＪＭでは、ユーザーの活動をつぶさに捉えようとしたときに、抜け落ちが生じます**。購入以前のタッチポイントは多いのに、購入以降のタッチポイントといえば、その商品を評価し、そして、再び購入する程度です。つまり、ユーザーとのつながりが強い企業へ転身しようとするなら、ＣＪＭでは不十分です。

ユーザーは、プロダクトを購入し、それを利用してジョブを解決するときには、企業の手を借りないことがままあります。一人で悪戦苦闘している可能性があるのです。プロダクト購入時、あるいは購入以降に起こるジョブの解決や、ユーザーの生活をアップデートすることは、企業には見えにくい場所でなされます。

ＣＪＭは、企業やプロダクトありきで、それがいかにユーザーと接しているのかを可視化するツールです。それゆえ、ジャーニーを通じて、企業が事前に捉えられないユーザーの活動があるのです。**ユーザーとのつながりを強化するには、購入から利用、ジョブの達成、さらには次のジョブやアップグレード願望に至るまでを反映した、ユーザー活動のフレームワークが別に必要**となります。

＊　＊　＊

ユーザーに寄り添う積極的な態度をとりながら、ジョブを捉えて、ユーザーの購入後の活動を把握し、アップデートを保証する。これこそがつながりが強化されるポイントです。ユーザーが購入（契約）してから真の付き合いが始まることを十分に認識し、ユーザーの活動を中心にビジネスモデルを設計する必要があります。ここまでして初めて、つながりの強化を仕組みとして取り込むことができ、企業とユーザーの継続する関係性が生まれるのです。

第5章では、つながりを強化するために、ユーザーの活動を可視化するフレームワークと、ユーザーの活動を主軸に据えながら、ビジネスモデルを構築する考え方を紹介します。

第5章

つながりを可視化する

ユーザー視点で考える

エージェント「たかが人間が」

Only human.

ネオ「へえ、お前らはアップグレードしたのか」

Hmph. Upgrades.

――映画『マトリックス リローデッド』

所有から利用へと消費傾向が大きく動くと、
おのずとプロダクト中心の価値提案は通用しなくなり、
ジョブをいかに解決し、
ユーザーの生活をアップデートできるのかが問われるようになります。
今後は、ユーザーとのつながりが弱い、
いわば自社都合でプロダクトを売ろうとする企業は淘汰され、
真にユーザーに寄り添う企業のみが
存続を許されるようになるでしょう。
この章では、つながりを可視化し事業設計に活用できる
「ユーザーの活動チェーン」を紹介します。
ユーザーと企業の強いつながりとは何か、
ユーザー視点で捉える、考えるヒントが見えてくるはずです。

1
つながりを可視化する

つながりが強い企業は、購入後もユーザーと継続的に関係性を築きます。そのため、ユーザーとのつながりを可視化し、分析し、ビジネスモデルを構築する際の基準となるツールやフレームワークがあれば便利です。

私が考案した「ユーザーの活動チェーン」は、実際に新規事業プロジェクトや、事業改革の現場で活用されてきたものです。主に購入前までをフォローする従来のツールとは異なり、購入後のアップグレードの詳細まで視覚化できるのが特徴です。また、業種を問わず、B2CとB2Bを問わずに使えるように、適度に抽象化しています。

ここから、「ユーザーの活動チェーン」の定義と特徴を述べ、実際にそれを活用する際のポイントを示します。

さらに、ユーザーの活動チェーンをもとにした事業設計の方法である「ビジネスモデル・

カバレッジ」について説明します。ユーザーの活動チェーンを基本にビジネスモデルを構築すれば、ユーザー起点のビジネスのあり方が見えてくるでしょう。

なお、ここでツールやフレームワークを紹介する目的は、それに当てはめて思考を統一化させたいからではありません。むしろその逆です。皆さんには自由に考えてほしいのです。ただし、全くのフリーハンドでユーザーの生活やなりたい姿をイメージするのは困難を極めます。そのため、想像力を高め、補完するための補助具として、これらを活用していただくのが、最も望ましい使い方であることを最初に断っておきます。

2 ユーザーの活動に寄り添うフレームワーク

つながりを強くするためには、購入後もユーザーとできるだけ関係を持たなければなりません。

図表5－1の「ユーザーの活動チェーン（User Action Chain）の基本形」を見てください。ユーザーの活動チェーンは、ユーザーが購入するまでの活動がわかるだけでなく、ユーザーがいかに生活をアップデートし、さらにアップグレードしようとしているのか、そのプロセスを詳細に可視化します。カスタマージャーニーが購入以前を詳細に分析するのとは対照的に、ユーザーの活動チェーンでは、購入以降の活動のほうに比重を置いているのです。

この図の［購入以前］までは、他の一般的なツール同様、ユーザーが購入するまでの心理や活動がわかります。注目したいのは、［アップデート］以降です。ユーザーは、プロダクトが欲しいわけではありません。購入（契約）してから本当のユーザーの旅（ジャーニー）がスタートするのです。

プロダクトを「利用」し、「使いこなす」、そして「ジョブ解決」をする。そこで生活の［アップデート］が達成されますが、ユーザーの活動はまだまだ終わりません。ジョブは一度解決して終わりではないのです。何かしらの障害が出て解決しても、新たな障害が出たり、あるいは快適に利用するために新たなジョブが出てくるからです。ジョブは、ユーザーが使いこなしている間は、解決し続けなければならないのです。

ジョブを解決し続けると、今度は［アップグレード］への要求が高まります。消耗品やオプション、あるいは機器の保守管理を行うなど、「メンテナンス」活動が必要になります。そしていずれ、そのプロダクトが一定の役目を終えるときが来るでしょう。ユーザーは摩耗や消耗により使えなくなると判断することもあれば、ジョブを解決するのに、より最適なプロダクトが欲しくなることもあります。それがプロダクトからの「卒業」、つまり廃棄です。

それを経て、ユーザーはさらに上位の生活やパフォーマンスへと進化するようになります。「メンテナンス」から「アップグレード」までの一連の活動は、ユーザーの生活を次のレベルへと進化させるため、総称して「アップグレード」と呼びます。

たとえば、プリンタを購入するときのユーザーの活動チェーンを考えてみましょう。

とあるユーザーがプリンタを自宅に購入したのは、たとえば「家族の写真が入った楽しい年賀状を簡単に、そしてきれいに印刷したい」からです。

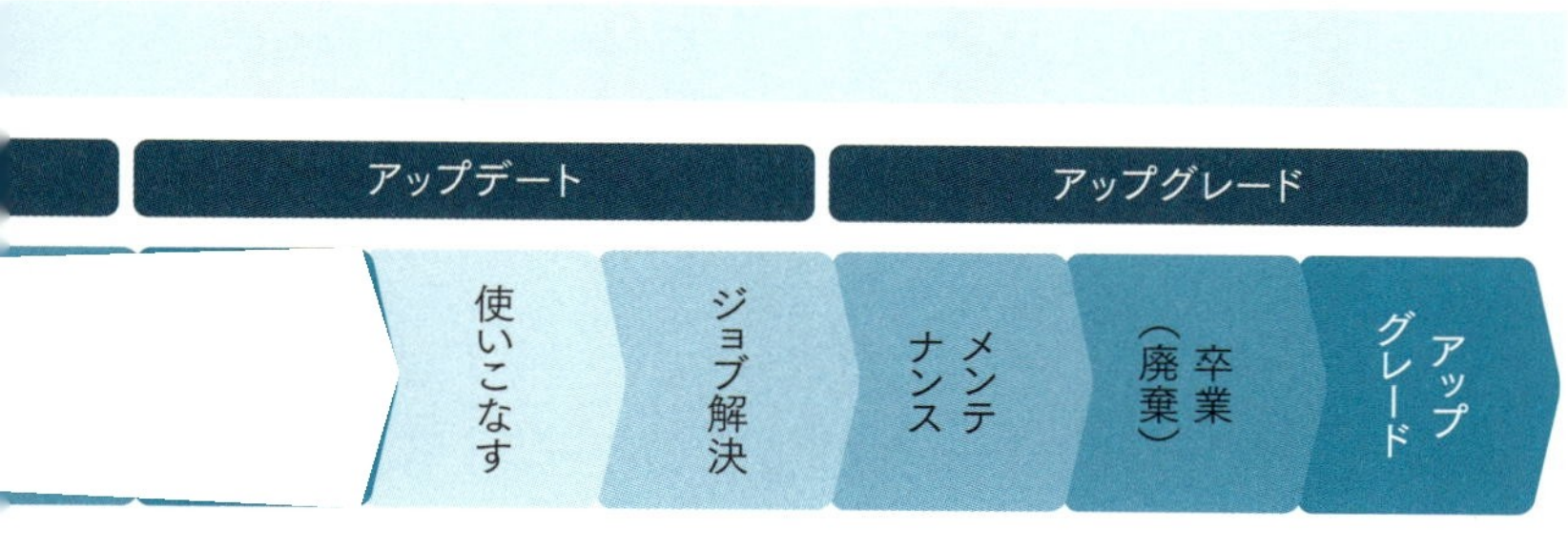

「購入」し、うまく「利用」し、追加機能なども「使いこなす」ことで、それは達成されましたが、使っているうちに他の問題が発生します。ジョブを解決し続けるのに、パーツが消耗したり、思ったよりも早くインクが切れてしまう、といった問題が出てきたのです。

しかし、インクを替えようにも、パーツ代やインク代が高額であることが判明し、ユーザーはできる限り印刷を控えるようになりました。ここでわかるのは、ユーザーにとっては「メンテナンス」に問題が発生しているということです。

さらに使い続けるうち、写真並みのカラー印刷をしたくなり、高度な機能が必要となりました。ユーザーは、今使っているプリンタでは解決できない高度なジョブを認識したのです。この時点で、現在のソリューションを卒業する段階に来ています。

そこで、今あるプリンタを「卒業（廃棄）」して、新たなソリューションに変更します。これが「アップグレード」です。ユーザーが新たなプリンタへと置き換える場合は、メー

図表5-1　ユーザーの活動チェーンの基本形

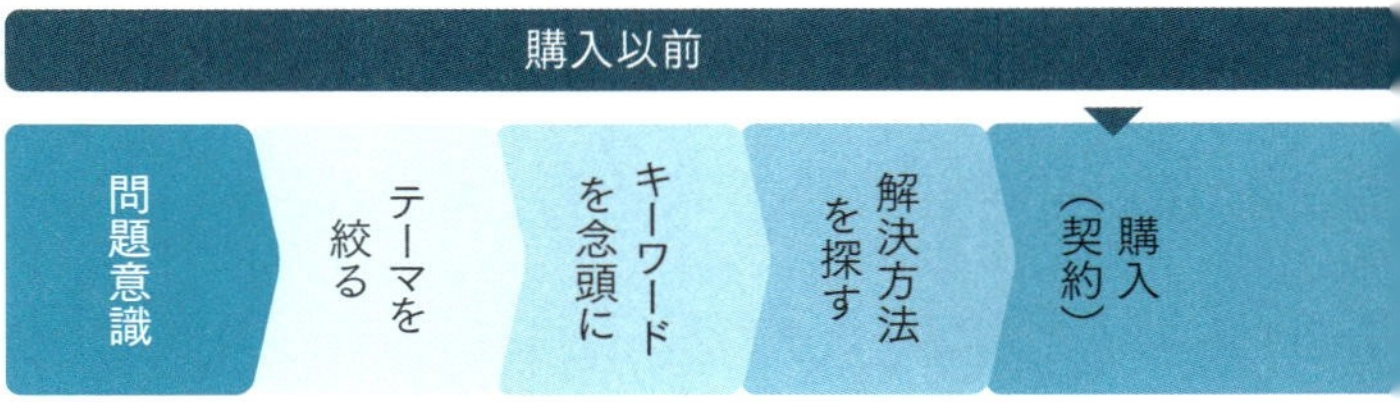

カーがそれにふさわしいプロダクトを準備していれば、ユーザーとの関係がそれ以降も継続できる可能性はあります。

ただし、「アップグレード」は単にプロダクトの置き換えとは限りません。ジョブに見合ったソリューションに転換する可能性があります。そもそもユーザーは「家族の写真が入った楽しい年賀状を簡単にきれいに印刷したい」というジョブを持っていました。それに最適なソリューションとして、以降は自宅にプリンタを所有せず、24時間のオフィスサービスを利用する、あるいは急ぎでなければ、ネットの高画質印刷サービスを利用するかもしれません。

ここまで見てわかるとおり、購入からアップデート、さらにはアップグレードまでの一連の考え方を可視化できるユーザーの活動チェーンは、ユーザーの生活向上を通して、世の中がより良くなるよう、企業に何ができるのかを考えてもらうためのフレームワークです。事業者が想像力を補完し、補強するのに役に立ってくれます。

2 活動チェーンの重心は購入後にある

ユーザーの活動は、購入以前から始まっています。自身の問題を認識しない限り、消費は起きません。

ユーザーは問題を認識し、キーワードを頭に思い浮かべ、解決方法を検索します。専門家やショップ店員に尋ねることもあれば、デジタル化が進んだ今は、スマートフォンで調べる人も多いでしょう。あるいは、辛口批評のバイヤーズガイドのような商品比較雑誌を使う人もいるでしょう。いずれにしてもユーザーは、特定の企業のプロダクトにたどり着き、店頭に出向いたり、インターネット通販を利用するなどして、購入に至ります。

ここまでは、一消費者が購買行動を起こす活動の流れを示しており、購買前行動の体系としてよく利用されるAIDAやAIDMAと考えを同じにします。

もちろん、購入前の活動も、とても大切です。新規ユーザーの獲得なしには、企業の成長はありえないからです。

売り切りモデルでは、新規ユーザーを獲得した時点で企業はゴールを迎え、長らくうまくいっていました。しかし、リカーリングモデルが浸透し始めた今、それでは必ず行き詰まります。購入前だけではなく、購入後のユーザーとの関係を持つこと、すなわち、つながりを強化しなければなりません。

そのためには、購入後の活動を俯瞰することが何より重要です。ユーザーを維持する、あるいはLTVを想定して企業の方向性を考える際には、ユーザーの活動チェーンは最適なツールとなります。

本当にこのプロダクトが、自分の生活を良くしてくれるのか。ユーザーは不安な気持ちを抱えています。このとき、購入後にどのように生活をアップデートできるのかをイメージさせてくれれば、ユーザーは安心します。

だから企業は、**ユーザーの購入後の活動を理解し、そこにどう寄り添うのかを事前にユーザーに伝え、理解してもらう必要があります**。それには、購入後にユーザーがどんな活動をし、そしてどこに不安をいだくのか、事前に把握し、理解しておかなければなりません。

購入後の活動を、いかにして購入前に想定できるか。この状況においても、活動チェーンは効果を最大限に発揮するのです。

3 B2Bでの有効性

ユーザーの活動チェーンは、一見、エンドユーザー相手のB2C企業のユーザーのみに有効だと思うかもしれません。しかし、B2B企業にとってもきわめて有益な視点を提供します。

先述のように、活動チェーンは購入後のユーザーとの関係性、つまり、「アップデート」や「アップグレード」に重心を置いて

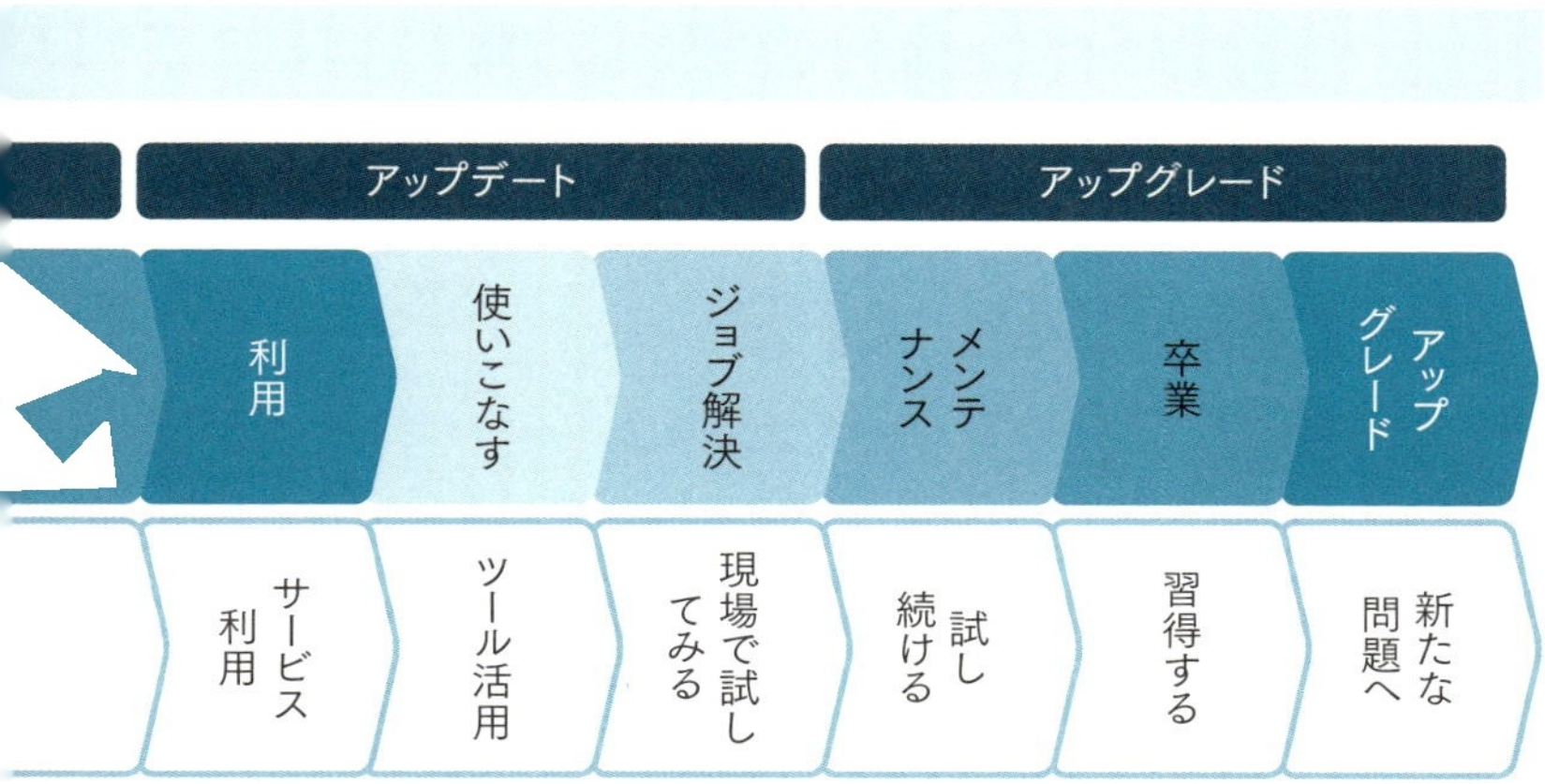

います。
B2Bの場合、ユーザーとなる企業（以降、ユーザー事業者と呼ぶ）は、「アップデート」と「アップグレード」を前提に、業務に利用するソリューションを欲します。実際、筆者もこれまでB2B企業に対して活動チェーンを活用し、事業変革や新規事業提案を行ってきました。

例を挙げて考えてみましょう（図表5－2）。

常に収益性の向上を図りたいユーザー事業者は、何らかのきっかけで問題が表面化したら、それの原因を特定しなければなりません。ファイナンス上の問題か、マーケティング上の問題か、テーマを絞り込みます。

なかでもとりわけ利益、たとえば「サブスクリプション」というキーワードが重要であると認識したとします。次にやることは、「サブスクリプション」を導入するのにふさわしいソリューションとして、いくつかのコンサルティング企業を探すことです。専門家に相談して、研究し、最終的に最もふさわしいプロダクトを見つけ、その企業と契約します。ここまでが「購入以前」のアク

図表5-2　B2Bでのユーザー事業者の活動チェーン

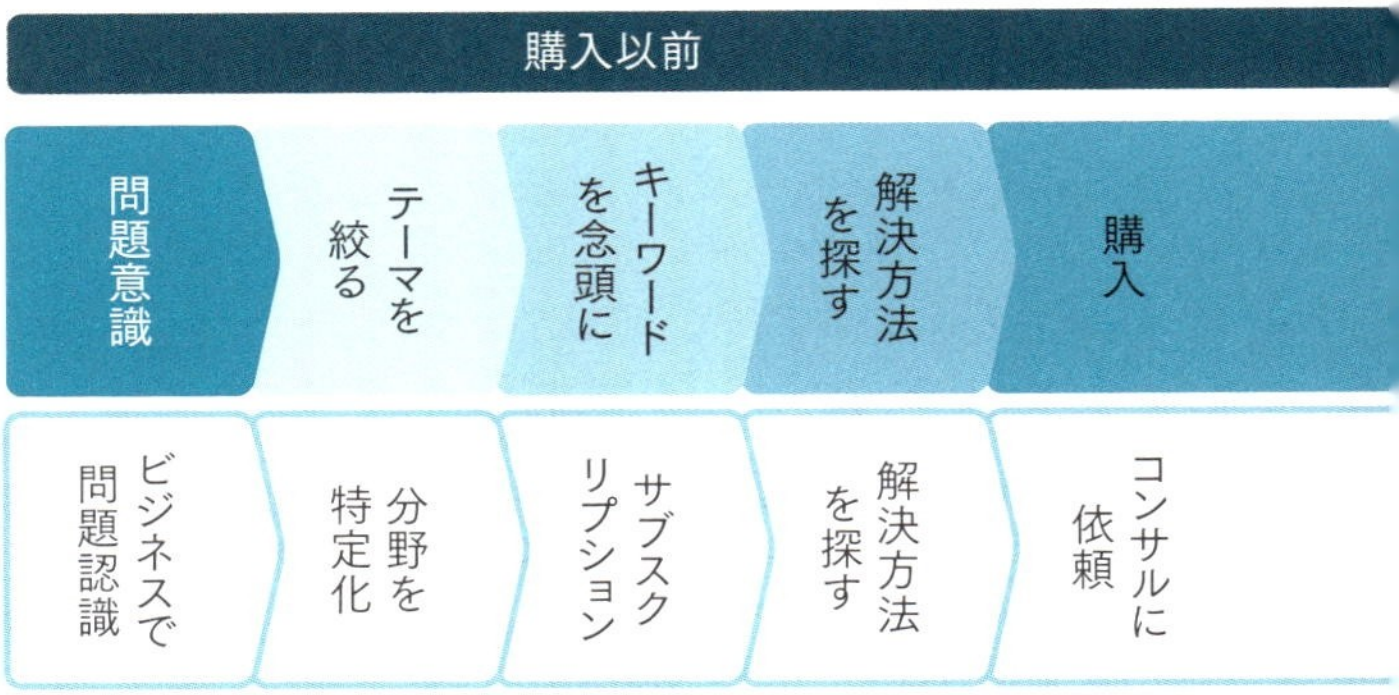

ションです。

企業との本当の関係性は、ユーザー事業者の購入後（契約後）から始まります。ユーザー事業者はコンサルティング企業に問い合わせ、相談しながら、成果を達成するよう努力します。その結果、サブスクリプション化に成功し、収益性が向上します。

つまり、ここで当初のジョブは達成され、ユーザー事業者はビジネスのアップデートに成功します。ただし、ジョブを解決し続けるには、コンサルティング企業に継続的にサポートしてもらう必要があります。特に、その企業の持っているシステムが必要な場合、ユーザー事業者は自力でビジネスを継続するのが難しくなります。そこで、ジョブ解決の継続（メンテナンス）のために、以降もこの企業と付き合うことになります。

コンサルティング企業との関係が継続し、ほどなくしてサブスクリプションビジネスも軌道に乗りました。このとき、事業者がコンサルティング企業から学んだことをもとに、自力でさまざまな事業の微調整や、変革を起こせるようになります。

ここまで来れば、ユーザー事業者が知識とメソッドを習得し、現在の契約からようやく離れることができるのです。つまり、「卒業」です。

ユーザー事業者は、サブスクリプションビジネスの拡大に際して、次の問題（たとえば「ユーザーとの関係性」）が気になります。彼らはアップグレードへと進み、次の問題にたどり着いたのです。このときコンサルティング企業から「卒業」と「アップグレード」のヒントが与えられたり、積極的に教えてもらえたりすれば、ユーザーは企業に感謝するでしょう。

そして、企業との関係性はさらに強くなります。企業がアップグレードに対応するプロダクトを準備していれば、そこでお付き合いが終わらず、新たな契約に結びつくことが十分に考えられます。

この一連のストーリーは、ユーザーのジョブの解決と、ユーザー自身をアップグレードするヒントになります。

注目したいのは、「卒業」です。

これは廃棄や置き換え（リプレイス）を意味するのですが、それを経てアップグレードするときに、企業自身が、首尾良くクライアントの目的にかなうサービスを準備していれば、契約が引き継げます。ユーザーのアップグレードに合わせて、企業も常に自社のサービスをアップデートさせ、アップグレードしていかなければならないのです。

ユーザーの活動チェーンは、より詳細なユーザー事業者の活動と機微を捉える必要のあるB2Bにおいても、効果を発揮してくれます。ユーザーのアップデート要求はB2Cよりも明確です。加えて、企業とユーザー事業者が常に連絡をとりあう関係が構築できていますす。B2Bにおいても、購入後に重心を置いた活動チェーンはユーザーに寄り添う姿勢を想定する際に、多くの気づきを与えてくれます。

3 活動チェーンの本質

1 ジョブから始める

これまでユーザーの活動を［購入以前］から購入後の［アップデート］と［アップグレード］まで可視化できる活動チェーンの概念を見てきましたが、ここからは活動チェーンの具体的なつくり方について紹介します。

購入に至る前までのユーザーの気持ちを推し量るのは困難を極めます。そこでまずは、**購入以降にユーザーに何が起こっているのかを考えれば、取り組みやすくなります。**自社のプロダクトが、どのようにユーザーに役に立っているのかを知ることはできるからです。しかも、ここに重要なジョブが隠されていることが見えてきます。

例を挙げて説明します。

ある出版社が『リカーリング大全』という経営書を出版したとします。その書籍は、ユーザーに購入された後、どのように役に立っていくのか。図表5－3を見ながら考えていきましょう。

ユーザーは、購入した本を所有すること自体が目的ではなく、本を読むことで自分のビジネスに応用できないかヒントを得たり、現場でそれを試してみたいと考えています。

しかし、それでは終わりません。もし現場で本に書いてあることを試して成果が出始めたら、それを継続したいと思うはずです。

そして、いつかはその手法を究めて「卒業」します。

1つのジョブが解決すれば、新たなジョブが出てきます。

企業が継続的にユーザーのジョブの解決に取り組むことで、結果として社会全体が良くなっていくのです。

このように、ユーザーの購入以降で何が問題になるのかを考えるだけでも、企業としては意義深いです。現在のプロダクトを、ユーザーがどのように使っているのかをイメージしやすいからです。それはユーザーにインタビューして意見を聞くことと似た成果を得られるでしょう。実際に、自社プロダクトがユーザーのソリューションとなりえているのかを知るために、インタビューを取る前の仮説づくりに、この活動チェーンを利用している企業もあります。

2 購入以前を「さかのぼる」

ところで、新規ユーザーを獲得するには、購入までのプロセスにおいてユーザーの気持ちを推し量ることも必要です。売り切り企業では、以前からAIDAやAIDMAを利用して、こうした一連のユーザー活動を可視化しています。

もちろん、**活動チェーンのスタートにある「問題認識」から始めてもよいのですが、ビジネスパーソンがそこから着手するのは難しいです**。特にプロダクト思考が浸透した企業は、ユーザー目線に立つことを苦手としています。

そこで、ユーザーの活動チェーンを使って、購入を起点としながらも、**なぜ購入に至ったのかをさかのぼってみる**方法をお勧めします。やり方としては、**購入の「なぜ」を繰り返す**のです。先ほどの経営書の例で見ていくことにしましょう。

図表5－3を見てください。そもそもユーザーがその書

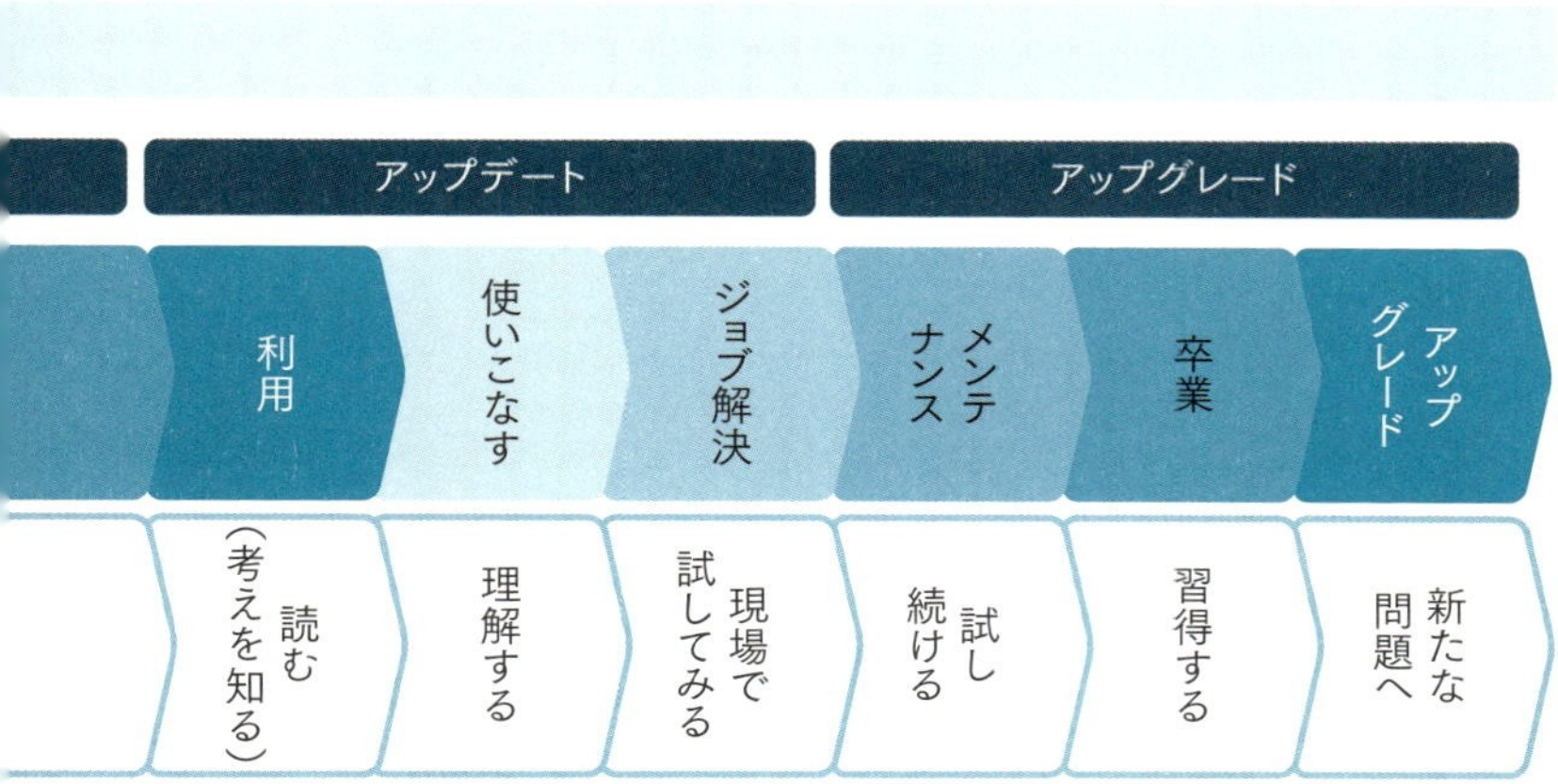

籍を購入したのは、「なぜ」でしょうか。

「購入以前」をさかのぼると、「解決方法を探す」とあります。

仮にユーザーが「リカーリング」について解決方法を探していて、関連書籍がいくつか見つかったとします。あるいは、リカーリングに関する講演会や研修にも出向いたかもしれません。結果的に、本にたどり着き、いくつかある本の中から『リカーリング大全』を選んだのです。

昼間に講演会に行く時間が取れず、隙間時間で勉強したかったのか、そもそも自学したかったのか。本を比較し購入を決めたのは、タイトルのインパクトかもしれないし、「はじめに」を読んで自社にとってピッタリの内容と判断したのかもしれません。

では、「なぜ」ユーザーは、そのプロダクトを見つけることができたのでしょうか。

ここで、「キーワードを念頭に」にさかのぼります。ユーザーはもともと「リカーリング」に関心があったから、検

図表5-3　ビジネス書ユーザーの活動チェーン

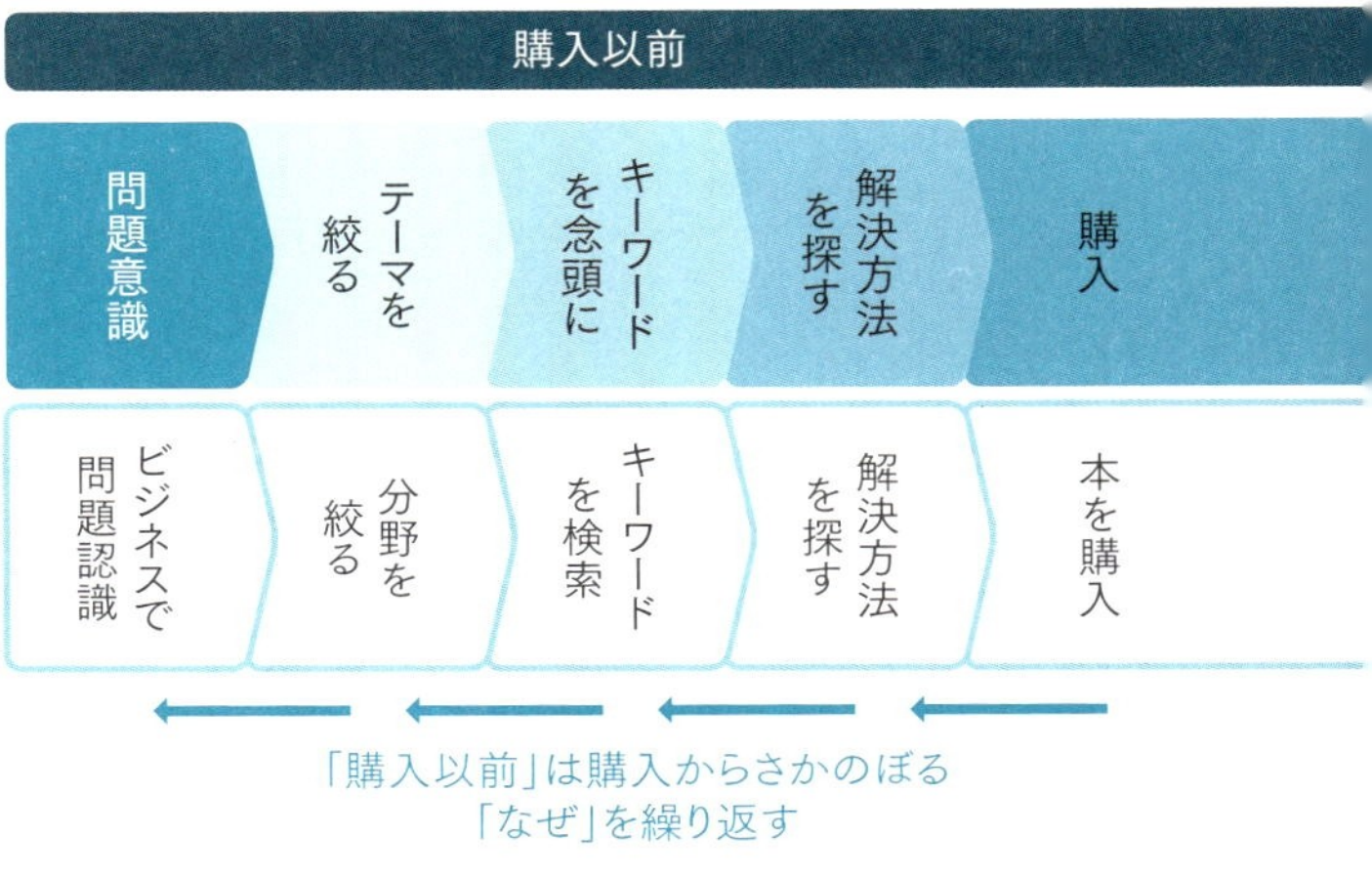

索サイトかあるいはショッピングサイトで「リカーリング」と入力したり、あるいは書店で「リカーリング」と名のつく本を探したのです。「リカーリング」というキーワードが明確にタイトルになっていないソリューションもたくさんあるため、その分野に詳しい誰かに聞いたのかもしれません。

では「なぜ」、ユーザーは「リカーリング」というキーワードに行き着いたのでしょうか。ここで「テーマを絞る」にさかのぼると、当初は、「サブスクリプション」、「フリーミアム」、それに「ストックビジネス」などのキーワードも候補に挙がったはずです。それらのキーワードが候補に挙がったのは、ユーザーが「マネタイズ」というテーマに関心を持っていたから、ということなどが推測できます。

では、「なぜ」ユーザーは、「マネタイズ」というテーマに絞るに至ったのでしょうか。「問題意識」にさかのぼります。

おそらく、経営の現場で何らかの問題に突き当たったはずです。ものづくり企業の低収益化が問題になっていますから、上司から収益改善をしろと言われたのかもしれないし、経営者自らがROEの増大に真正面から立ち向かおうとしたのか、それともライバル社がサブスクリプションを導入したことを気にしているか、あるいはもっと一般的に、「これからはリカーリング」という記事を新聞や雑誌で見たのかもしれません。

このように、購入から1つずつさかのぼり、「なぜ」を繰り返せば、どのような問題認識に至ったのかを解明できます。途中で「なぜ（Why）」という質問で行き詰まれば、「何（What）」や「どのように（How）」という質問に切り替えてもよいでしょう。購入の源流には必ず問題意識があるから、ユーザーの真意を推し量り、汲み取ることができます。

このように見てくると、ユーザーがプロダクトそのものを欲していないことは明らかです。ユーザーは何らかの問題を認識し、解決できずに困っているのです。

3 つながりが強いビジネスモデルをつくる

ユーザー重視のビジネスモデルの構築が難しいのは、最初こそユーザーのことから考え始めるものの、担当者にはイメージが湧かず、次第にユーザー視点で考えることに疲れ、最後には企業目線、自社都合でプロダクトを開発することになるからです。それでは、というていユーザーとのつながりを強化することはできません。

だからこそ、ユーザーの活動チェーンを活用してほしいのです。ユーザーが「生活をアップデート」するため、「ジョブを解決する」と考えれば、購入以降の活動を明示できます。加えて、なぜプロダクトの購入に至ったのか、その深層に踏み込んでいけば、購入以前の活動も見えてきます。それによって、ユーザーが何らかの問題を抱え始めた瞬間に立ち会うことができるのです。

「問題意識」から「アップグレード」までつながった11の活動をもとに、生活のアップデートを望むユーザー像が明らかになれば、企業もそれに対応した価値、プロダクト、キャッチフレーズ、購入後対応、成果への寄り添い方、支払い方法、メンテナンスプログラム、そしてアップグレード施策などの全体像を把握し、しかるべき準備ができるのです。

つまり、ユーザーがどのようにして生活を向上させているのか、その思考を巡らせるうえで、企業の想像力を高めることができます。そして、そこから課金へと結びつける、すべてを体系に落とし込んだビジネスモデルが構築できるようになります。

次節では、そのために必要なタッチポイントと課金ポイントの把握について見ていきましょう。

4 ユーザーの活動を中心としたタッチポイントと課金ポイント

ここからは、活動チェーンとタッチポイントの関係について見ていきましょう。タッチポイントとは、企業が本来手を差し伸べるべきポイントです。

1 ユーザー視点のタッチポイント

ユーザーの活動チェーンを通してユーザーを見れば、ユーザーがプロダクトを購入し、その後、生活のアップデートを試み、そしてアップグレードするまでの活動を見届けることができます。これらユーザーの活動のすべてがタッチポイントになります。

図表5－4を見てください。これは、ユーザーの活動チェーンに、ユーザーとの接点であるタッチポイントをユーザー視点のタッチポイント、企業視点のタッチポイント、アンタッチドポイントの3つのタッチポイントに分けて示したものです。

企業が本来手を差し伸べるべきタッチポイントが、ユーザー視点のタッチポイントです。つながりが強い企業は、本来「問題意識」から「アップグレード」に至る11の活動すべての積極的タッチポイントに寄り添うはずです。

しかし、既存のカスタマージャーニーマップ（CJM）や、いわゆる「タッチポイント」と呼ばれてきたものは、基本的にプロダクトありきで定義されます。CJMでは、ユーザー体験（UX）を分析するために、すでに企業が世に出している販促物や、窓口、プロダクトそのものとユーザーの接点、あるいはカスタマーサポートに対して、ユーザーがどのように感じるかということに主眼を置いています。

具体的には、CMやポスター、ホームページや、アプリ、そしてサービス内容、その他、企業や従業員とのすべてのタッチポイントを表しています。実はこれは、**ユーザーの視点を見ているようで、実際には企業から見るユーザーの動きを示したにすぎません。**本来ユーザーがどのような活動を経てアップデートとアップグレードを果たすのか、といった本来的な視点に立っていないのです。

だから、多くの場合、「利用」「使いこなす」「ジョブ解決」、そして「卒業」の視点が欠落するのです。これは、ユーザーが購入後に企業の助けを借りずに活動し、企業にはタッチポイントとして見えてこないために起こることです。

つまり、企業はユーザーから不具合を指摘されたり、クレームがきて初めてユーザーと接点ができ、対応策を考えることができます。いわば「企業視点のタッチポイント」

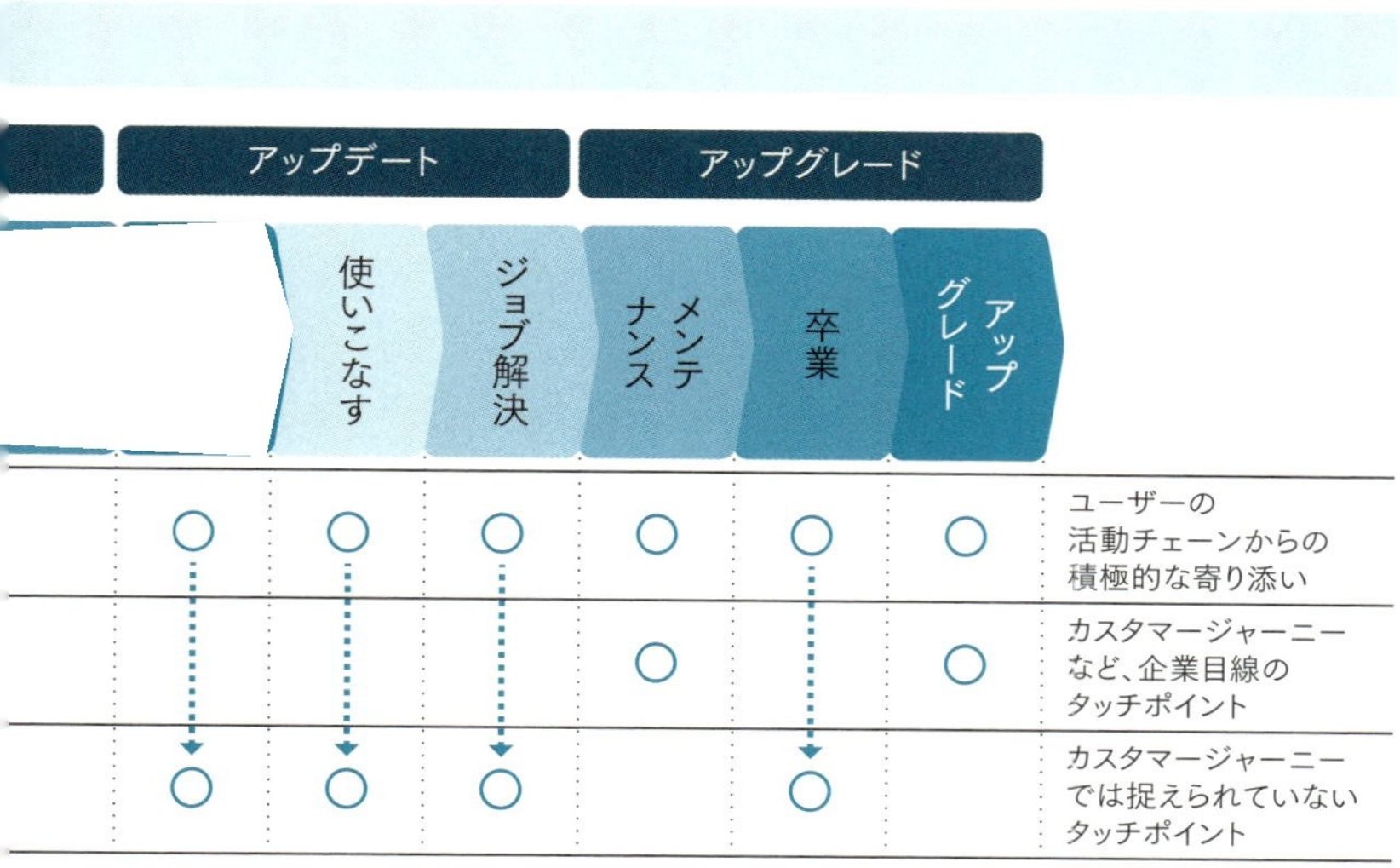

に終始しています。
企業視点のタッチポイントでは、本来あるべきにもかかわらず、触れられていない「アンタッチドポイント（untouched point）」が、どうしても発生してしまうのです。

「ユーザー視点のタッチポイント」の観点から見れば、いまだユーザーに接していないアンタッチドポイントがあることは一目瞭然です。

ユーザーは、企業のプロダクトやサービスを中心にものを考えていません。単に自身の生活や仕事のアップデートを望んでいるのです。それに必要な活動をベースにすれば、**ユーザーがどのような活動をしているのかについて想像力を高め**、どう手を差し伸べるのかを準備することができます。これが本来手を差し伸べるべきタッチポイント、つまり、ユーザー視点のタッチポイントなのです。

ユーザーとのつながりを強化するには、ユーザー視点のタッチポイントを活用することが望まれます。その際には、あえてアンタッチドポイントに注目すれば、よりつながり

図表5-4　ユーザー視点のタッチポイントと企業視点のタッチポイント

	購入以前				
ユーザーの活動	問題意識	テーマを絞る	キーワードを念頭に	解決方法を探す	購入
ユーザー視点のタッチポイント	○	○	○	○	○
企業視点のタッチポイント	○	○	○	○	○
アンタッチドポイント					

を強化しやすくなります。

アンタッチドポイントも含めて、タッチポイントを俯瞰してみてください。ユーザー視点でタッチポイントを確認すれば、おのずとアンタッチドポイントが見えるので、手当てができるようになります。ユーザーのアップデートやアップグレードにかかわるタッチポイントは、アンタッチなことが多いですが、つながりを強化するにはきわめて重要なタッチポイントです。

つながりは、継続するユーザー関係です。ユーザーに寄り添うことで初めて、関係性は継続できるのです。アップデート、できればアップグレードに至るまでを積極的にフォローできれば、それだけ収益機会を増やすことができます。

2 課金ポイント

課金ポイントとは、ユーザーに支払いを要求するポイントです。企業がユーザーから課金する場合には、課金ポイントはタッチポイントのうちのどれか1つ、あるいは複数となります。もちろん、ユーザーから課金しない、広告モデルを含む三者間市場のビジネスモデルの場合には、ユーザーにタッチポイントはあっても、課金ポイントはありません。

「ユーザーの活動チェーン」をベースとして、そこにタッチポイントと課金ポイントを合わせて可視化すると、さまざまなビジネスモデルの特徴が明確になります。

旧来の売り切りモデルの場合、ユーザーにプロダクトを販売して終わるのであれば、課金ポイントは「購入」のたった1点のみです（図表5－5上参照）。売り切りモデルは、課金ポイントが1つしかないため、タッチポイントが少なくても通用します。

活動チェーンから見ても、多くの売り切り企業は、ユーザーの利用シーンにまで寄り添うことはしませんでした。特に、消費財においては、食べ物であれ、洋服であれ、売り切って終わりです。

クルマや家電製品の耐久財であれば、「購入」以降の利用時のトラブルや消耗品のアフターサービスのタッチポイントはありえますが、それでも「購入」から「ジョブ解決」までの「アップデート」止まりです。もともと日本のものづくりは優れており、おいそれと故障しません。それも相まって、売り切りでも手がかからないよう、不良率を極限まで下げることのできる売り切りビジネスを完成させてきました。

もの売り企業であっても、同じことがいえます。一期一会のユーザーを相手に、物販で利益を回収してきました。そのユーザーがプロダクトをどのように利用するのかは特に気にせずとも、大型店舗を構えて人を呼び込めば、販売活動が成り立ってきたのです。

しかし、リカーリングモデルを採用することになれば、これまでの考えのままでは破綻することは目に見えています。リカーリングモデルでは、つながりを強化するため、「購入」

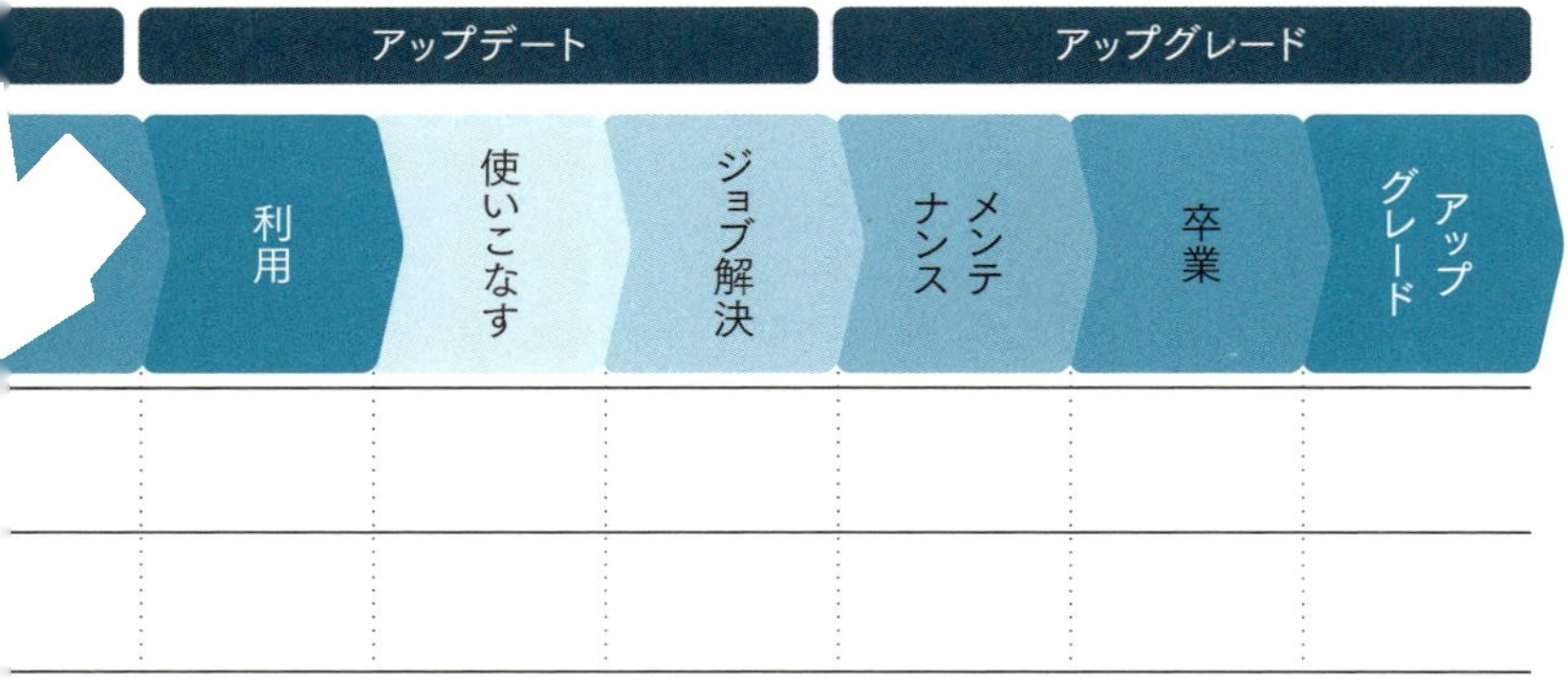
アップデート
アップグレード
利用
使いこなす
ジョブ解決
メンテナンス
卒業
アップグレード

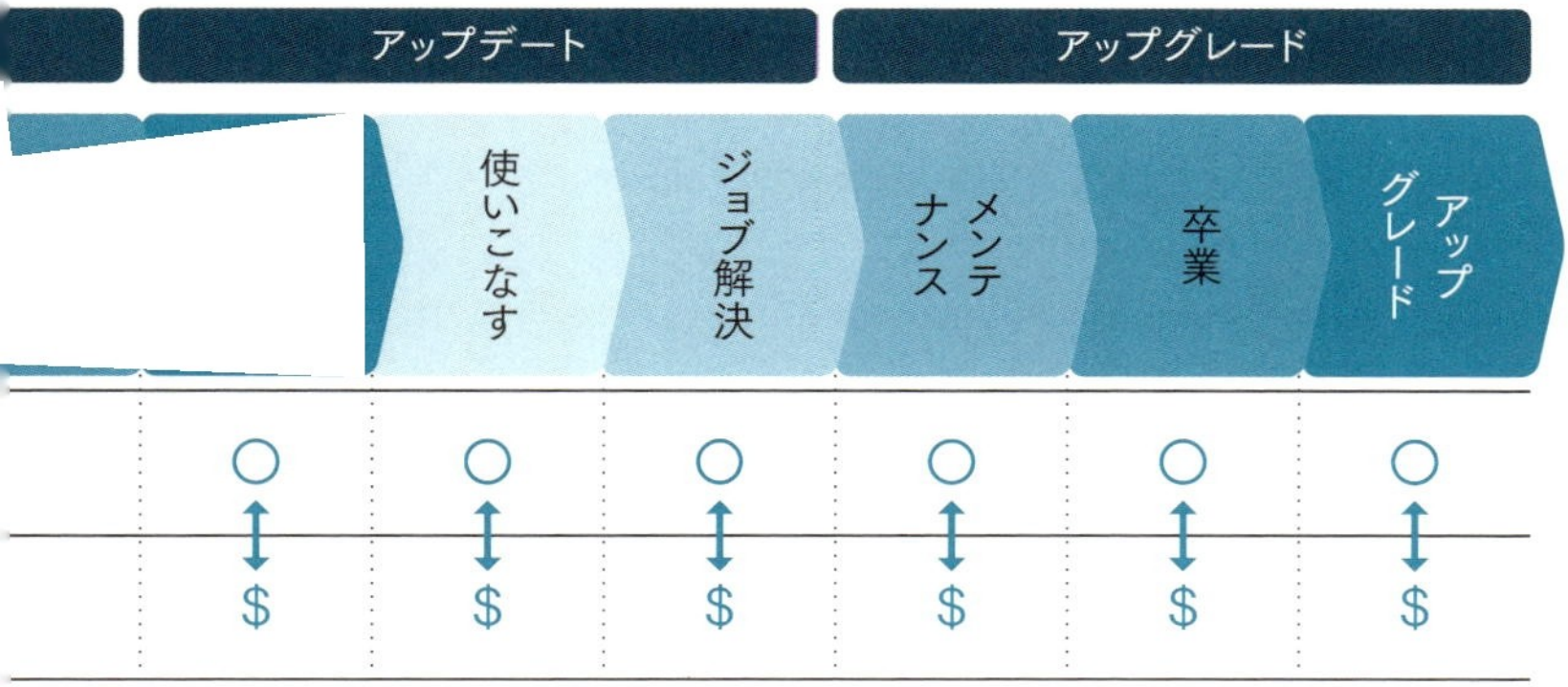
アップデート
アップグレード
使いこなす
ジョブ解決
メンテナンス
卒業
アップグレード

図表5-5　タッチポイントと課金ポイント

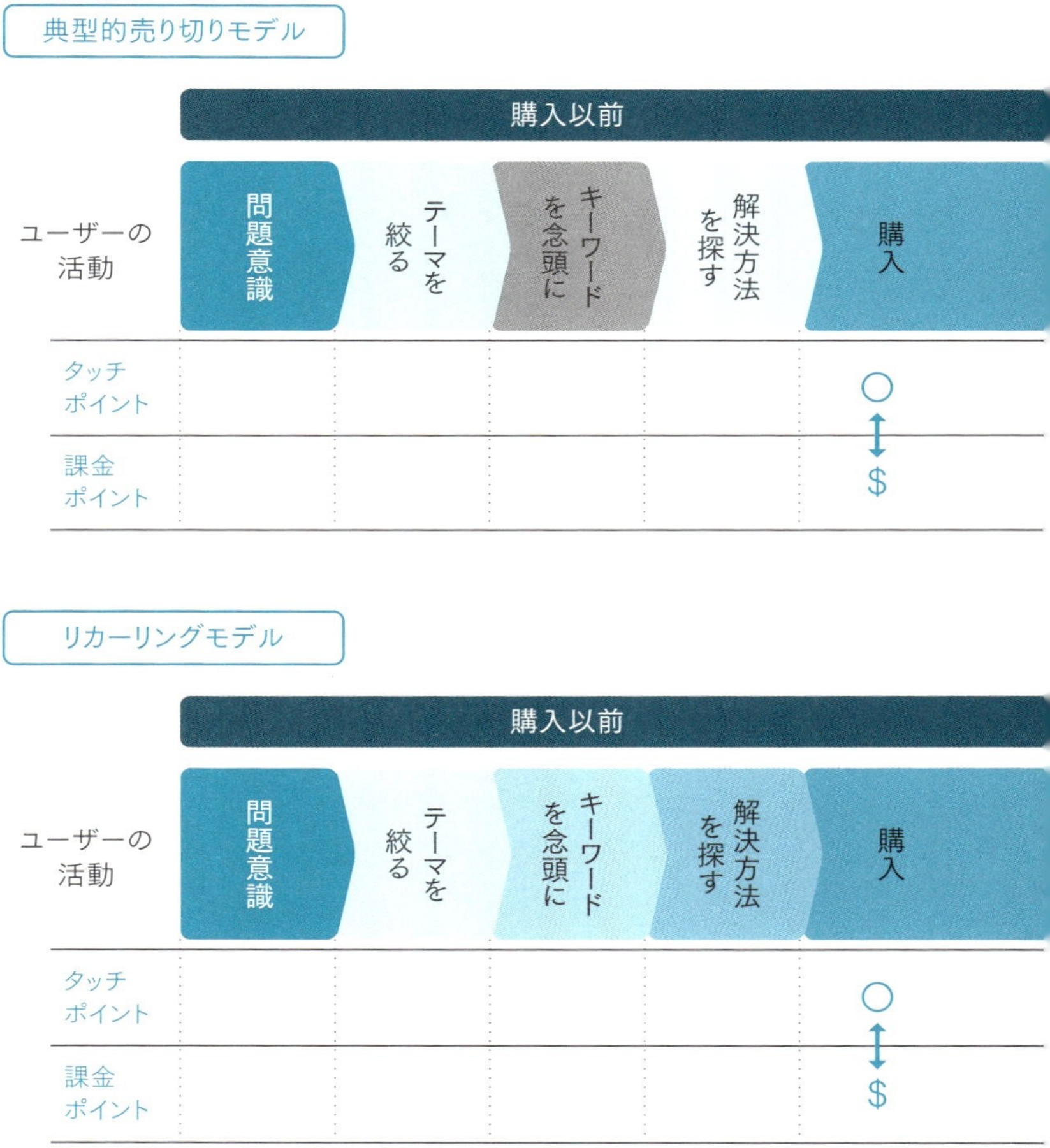

以降のタッチポイントが必然的に多くなるからです。そして、そのいずれかが課金ポイントとなるのです（図表5－5下参照）。

「購入」はもちろんのこと、「利用」し、「使いこなす」、そして「ジョブ解決」を実感してもらう。さらに、ジョブを解決し続けてもらい、「アップグレード」までを見届けます。面倒見を良くすることは、「手離れが悪い」ようにも見えます。しかし、ユーザーに手をかけていることは、課金の可能性を広げていることと同じ意味を持っているのです。すべてのタッチポイントは課金ポイントへと転換できる可能性があります。リカーリングモデルでは、企業はユーザーにまずタッチポイントを用意し、そのどこかで課金するように試みています。

このように見てくると、売り切りモデルの視野がいかに狭いか、両者を比較した図表5－5を通してはっきりと見えてきます。

3　タッチポイントは収益機会を提供する

企業側がタッチポイントを多く取ると、手間もかかりコストもかかります。そのため、タッチポイントはコストの問題と認識されがちです。

タッチポイントが多くなれば、確かに利益を圧迫します。売り切りモデルを徹底させる企業にとっては、「手離れが悪い」と否定的に捉えるかもしれません。しかし、「つながりを強化する」という視点で見れば、タッチポイントを広く取ることは、2つの意味で企業に収益増大のチャンスをもたらします。

1つ目は、成熟化が激しい業界や、同質化した業界において、その企業独自の差別化要因を見出せることです。成熟化が進んだ業界では、プロダクトそのものでの差別化は困難を極めます。他方で、ユーザーのアップデートやアップグレード支援に目を移せば、プロダクト、すなわち、購入以外の活動に何らかの補助をして寄り添うことで、ビジネスモデルに価値を付加できます。

その補助活動を無料でサービスすれば、飽和状態の中にあっても差別化が可能となるのです。もちろん、その際には、そのコストを単純にプロダクトの価格に上乗せして利益回収をするか、あるいは、価格はそのままでもスケールを拡大することで、利益獲得をするというやり方をとる必要があります。

これは、B2Bにおいてよく見られるやり方です。

たとえば会計事務所では、税務業務や記帳代行によって課金してきました。しかし、同業者も多くサービスが同質化し、フィンテックが劇的な進化を遂げることでさらに同質化が進み、価格低下が止まらなくなります。

その中でも、高額の顧問料を取ってもうまくいっている事務所があります。彼らは、記帳代行で課金をするものの、実際には簡単な経営コンサルティングまでしていることが多いのです。税金などのコスト節約しか提案しない会計事務所が多い中で、売上を増大するアドバイスをすることで、経営者の支持を得ているのです。

別途コンサルタントに頼めば課金されるところを、記帳代行プラスアルファの料金で提供すれば、他の事務所より支払いが高くついても、差別化要因となります。それによって、良質な顧問先が確保でき、しかも、料金を上げても拡大するというやり方です。

2つ目は、ビジネスチャンスが拡大することです。広く取ったタッチポイントに寄り添うことは、ユーザーにとって有益なプロダクトになる可能性が高いのです。つまり、数あるタッチポイントのうち、どこかを新たに課金ポイントとして収益を獲得します。それは、「ユーザーの未解決を解決する」という新たなビジネスにつながります。

先ほどの会計事務所の事例でいえば、最初からコンサルティング活動で課金し、ビジネスとして展開していくやり方です。それによって、当該会計事務所はグループ化し、その中には既存のクライアントとコンサルティング業のクライアントが存在することになり、それぞれで独立採算を取ることになります。

これは新たな課金ポイントになるだけにとどまらず、新規事業を生むことにもなります。ジョブ達成を支援する周辺事業の拡大や、関連型多角化となるのです。

ただし、それで課金をするには、甘えは一切許されません。研究開発費を投じて、業務レベルを高める必要があります。

4 タッチポイントは課金できるレベルまで高める

ユーザー視点のタッチポイントを見渡し、タッチポイントを広く取る方法を考えれば、将来の課金ポイントも多岐にわたります。ただし、「そのタッチポイントを課金ポイントにするかどうか」は、大きな分かれ道になります。課金をしなくても既存事業のイノベーション要素になるし、課金をすれば、課金ポイントが増えるだけではなく、うまくすれば新規事業にまで発展する可能性を秘めています。

重要なことは、課金するにせよ、しないにせよ、タッチポイントはすべて手を抜いてはいけないということです。課金しないからといって、そのタッチポイントで手を抜いてしまうと、ユーザーはそのような企業の姿勢を感じ取ってしまいます。

ユーザーは、一番優れたタッチポイントではなく、一番劣ったタッチポイントで企業を評価します。

たとえば、ハイエンドのジュエリーブランドの店舗では、プロダクトを見に来た顧客（ユーザー）をゆったりとしたスペースに座らせて接客します。座って飲み物を提供しながら、プロダクトの試着や説明などをします。もちろん、それに料金はかかりません。

こうした接客スペースや飲み物を提供する行為は、企業にとってはコスト要因です。しかし、ブランドがここで安物のソファでインスタントコーヒーを提供したらどうなるでしょうか。ユーザーはがっかりし、そのブランド自体の評価を下げてしまうでしょう。いくら課金をしないからといっても、タッチポイントで手を抜いてはいけないのです。それはブランドの価値自体を下げてしまう行為であり、ユーザーは企業との「つながり」を感じられなくなるでしょう。

逆に、カフェとして開放したらどうでしょうか。クリスチャン・ディオールやブルガリといったブランドは、独立したカフェを持っています。そうしたカフェでは高級なしつらえの店内で、高額なコーヒーが用意されています。これは従来のサービスの付加価値ではなく、独立採算の新規事業だから絶対に手を抜けないでしょう。むしろ、高い金額を課すために、それ以上に満足度の高いサービスを提供する方法を模索するはずです。

このように、課金ポイントかどうかにかかわらず、企業はタッチポイントを丁寧に、そして、慎重にマネジメントしなければなりません。課金するか否かは企業の勝手であり、サービスの受け手には関係ないのです。

5 タッチポイントへの寄り添い方

強いつながりを維持するには、ユーザーの生活のアップデートやアップグレードに寄り添う姿勢を持たなければなりません。

それを全員に、平等に実施するのは困難を極めます。真正面から寄り添うには、人材をはじめとする多くのリソースが必要となり、膨大なコストがかかるからです。あるいは、サービスの規模を拡大しようとして、とたんにターゲットを見失うこともあります。

しかし、真にユーザーに寄り添おうとする企業は、デジタルやテクノロジーを駆使して、できるだけ多くのユーザーに抜かりなく対応しようとします。その方法について見てみましょう。

図表5－6は、ユーザーへの寄り添い方を階層化したものです。主に、デジタル企業がユーザーとのつながりを考える際に使うものです[1]。ユーザーとの関係性の質は、ユー

ザーの数とユーザーにもたらされる価値によって定義されます。上からそれぞれ「ハイタッチ」「ロータッチ」、そして「テックタッチ」と階層化されており、上に行くほどユーザー価値が高く、他方で下に行くほど多くのユーザーを対象にできます。

ユーザーのジョブを達成させ、アップグレードさせるには、対象とするユーザーによって、これらを使い分ける必要があります。一企業が、特定の層、たとえば、ハイタッチのみを対象とした関係構築をする場合もあれば、複数の層を対象としてさまざまなユーザーに寄り添うやり方もあります。

まずは、ピラミッドの頂点にあるハイタッチを見てください。最も手厚いサービスを提供しますが、その数は限られます。ハイエンドのユーザー価値が得られるのは、全体からするとわずかな数にとどまります。

ハイタッチは、個別に丁寧に行われるものです。すべての情報のやり取りが、ユーザー個人の情報に基づいて行わ

図表5-6　ユーザーの階層とタッチポイント

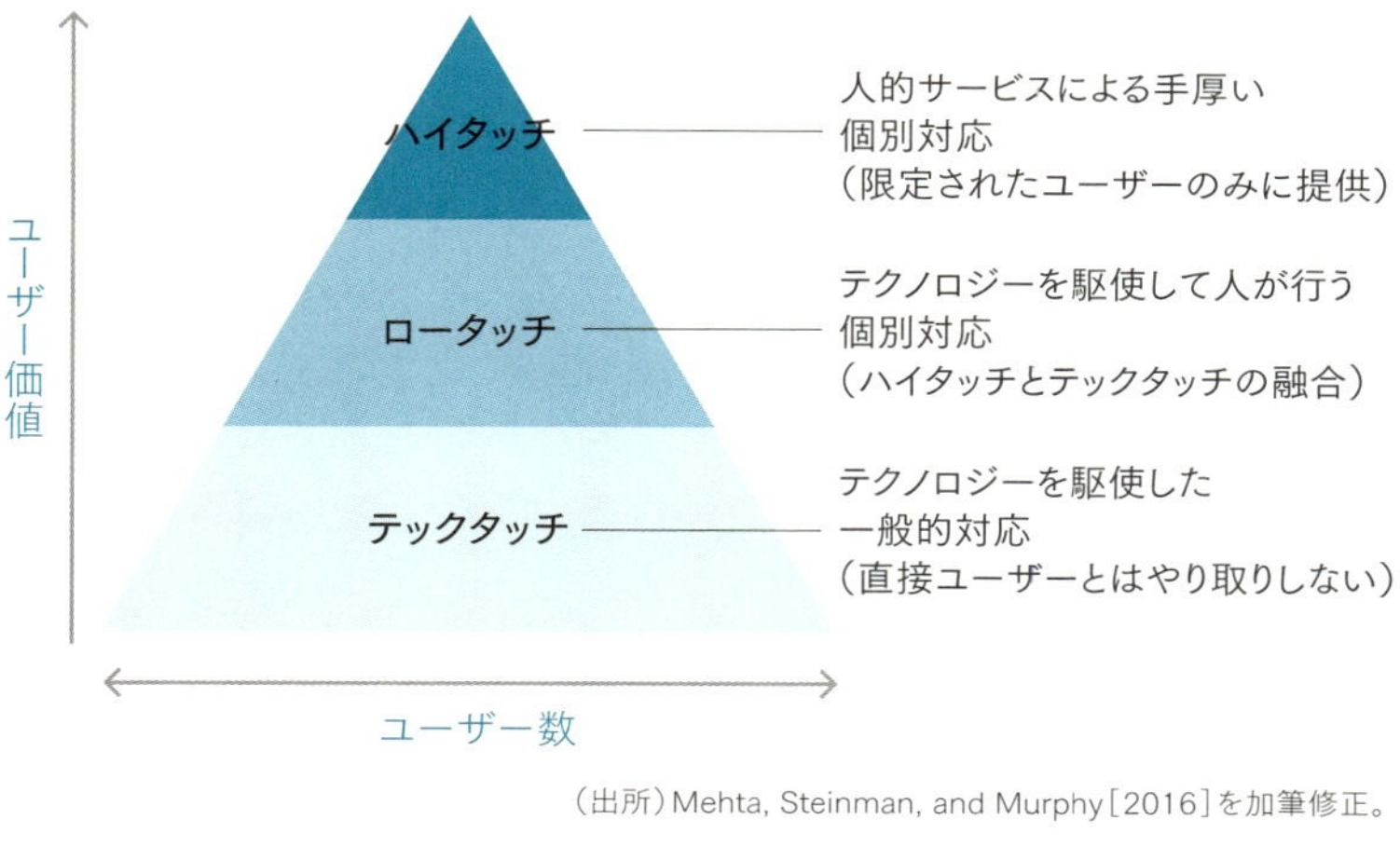

（出所）Mehta, Steinman, and Murphy［2016］を加筆修正。

れます。最も人材を必要とし、労働集約的になるため、この恩恵にあずかれるのは、いわゆるロイヤルカスタマーとなります。

ロイヤルカスタマーは、すでに企業に対して、多額のお金を支払っていたり、かなりの取引契約をしているユーザーです。ここには、その企業にとってイメージアップにつながるような影響力のある、いわゆる「インフルエンサー」になる人物や企業も含まれます。そうしたユーザーは、十分に企業に貢献しています。言い換えれば、彼らはサービスのコストを自己負担しているのです。収益的には自己完結しているといえます。

特にB2Bでは、コンサルタントを派遣するなどして、実際に現場対応にあたることもあります。それにより、さらに満足度が高まり、口コミなどによって評判がますます高まるでしょう。結果的に解約が少なくなり、さらに追加的に購入してくれることまであります。

ハイタッチは、デジタルを積極的に導入してこなかった企業にとっても、イメージしやすいといえます。日本のサービス業でも、デパートの「外商」や、老舗ホテルの「おもてなし」は、ロイヤルカスタマーに対するハイタッチを得意としてきました。

ここにデジタルが加わると、ハイタッチは活性化します。ユーザー情報を入力しておけば、とっさのときにユーザーとの間で情報が共有されたり、あるいは、伝達手段としてメールを使うことで、特に役に立ちます。

反対に、最も規模が大きいユーザー層にアプローチできるのが、底辺の「テックタッチ」

です。

すべてのユーザーとのタッチポイントが、テクノロジー主導で行われます。大規模なユーザー数を想定して、ホームページによる動画や記事などでユーザーがジョブを自己達成できるよう、1対n（多数）の対応をします。

いずれにしてもテックタッチは、大規模なユーザーに対して、大規模なジョブの達成を実現するために利用されます。テックタッチだからといって、満足度が低いわけではありません。ジョブが単純なユーザーにとっては安価に提供される手当てなので、最適なタッチポイントとなるのです。

最後に真ん中の「ロータッチ」です。ロータッチは、テックタッチでは不可能だった、個別のユーザーへの対応を行います。基本的にテクノロジーを使いますが、そこに一定程度は人の手が介在するので、ロータッチと呼ばれます。コールセンターでの電話対応や、メールでの対応が主になりますが、ある程度事前にジョブを想定したユーザーに対して、標準化された手当てを行います。また、ユーザー同士のコミュニティをつくったり、さらにはカスタマーサミットなどのイベントを開催することもあります。

既存企業の多くは、サービスの質を気にしすぎる傾向があります。一見、人がすべての事案に対応するのが最も手厚いサービスであるようにも思えるでしょう。ただしそれが奏功するユーザー数には限りがあるということを、この図表5－6は物語っているのです。

そのため、ある程度のユーザーはそこで関係性を持ち続けるとしても、何らかの形で、ロータッチなサービスやテックタッチなサービスをつくり出すことも視野に入れれば、効果的なつながりの強化は可能です。

そして、ハイタッチを有効活用するために、テクノロジーがいかに役立ってくれるのかが、理解いただけるでしょう。

6 ユーザーに寄り添うビジネスモデル・カバレッジ

1 ユーザーの活動に寄り添う

ここまでで、ユーザーの活動をもとにしてタッチポイントと課金ポイントが把握できれば、企業がユーザーの問題をどれだけカバーし、どこを課金ポイントとしているのかを可視化できることがわかりました。

ただし、ユーザーは特定のプロダクトのみでジョブを解決しているわけではありません。プロダクトを掛け合わせて、生活のアップデートを図っている可能性があります。

そこで、さらに俯瞰することで、自社プロダクトの立ち位置を確認することができるのが、活動チェーンを発展させた「ビジネスモデル・カバレッジ（Business Model Coverage）」です。

ビジネスモデル・カバレッジに、さまざまなビジネスを分布することで、思いもよらないものがライバルとなっていたり、補完関係にあったりすることが見えてきます。また、ユーザーの特定の活動を、どの企業もカバーしていない真空状態、つまり事業機会が見つかることもあります。

リカーリングモデルを実現し、つながりを強化しようと思うなら、タッチポイントに飛び地があってはいけません。プロダクトを自己評価して、きちんとユーザーの購買以降の活動に寄り添えているのか、課金に値するほどのサービス水準かを再確認する必要があります。

2 ビジネスモデルを俯瞰できるビジネスモデル・カバレッジ

ビジネスモデル・カバレッジは、ユーザー活動をベースに、ビジネスモデルを俯瞰するツールです。カバレッジとは、カバーしている範囲や割合、カバー率を意味します。

既存プロダクトのそれぞれが、どのようなビジネスモデルでユーザーの生活に寄り添っているのかを把握できます。それをもとに、自社が今後どこまでの範囲のビジネスをカバーするのか、その意思決定のための気づきをもたらしてくれます。図表5－7をもとに説明しましょう。

図表5－7は、ビジネス書を購入するユーザーを想定して作成したビジネスモデル・カバレッジです。横に連なっているのは、これまで伝えてきたユーザーの活動チェーンです。ビジネス書を購入するユーザーは、本が欲しいわけではなく、自身が認識した問題をビジネスの現場で試して習得したいと思っています。そのような自身のアップデートからアップグレードにわたる活動の連鎖が、ユーザーの活動チェーンとして示されています。

さて、ビジネス書を購入するユーザーは、ビジネス書を購入するという選択肢以外にどうやってジョブを解決する可能性があるのか考えてみましょう。そのビジネスに関する講演会かもしれないし、あるいはコンサルタントに事業改善を頼もうかと考えているかもしれない。それら可能性があるプロダクトやサービスを並べたものが縦のマス目です。

各プロダクトやサービスの「○」と、塗りつぶされた「●」を見てください。

まず、タッチポイントは、○で表現されます。これは、ユーザー活動に対して企業から

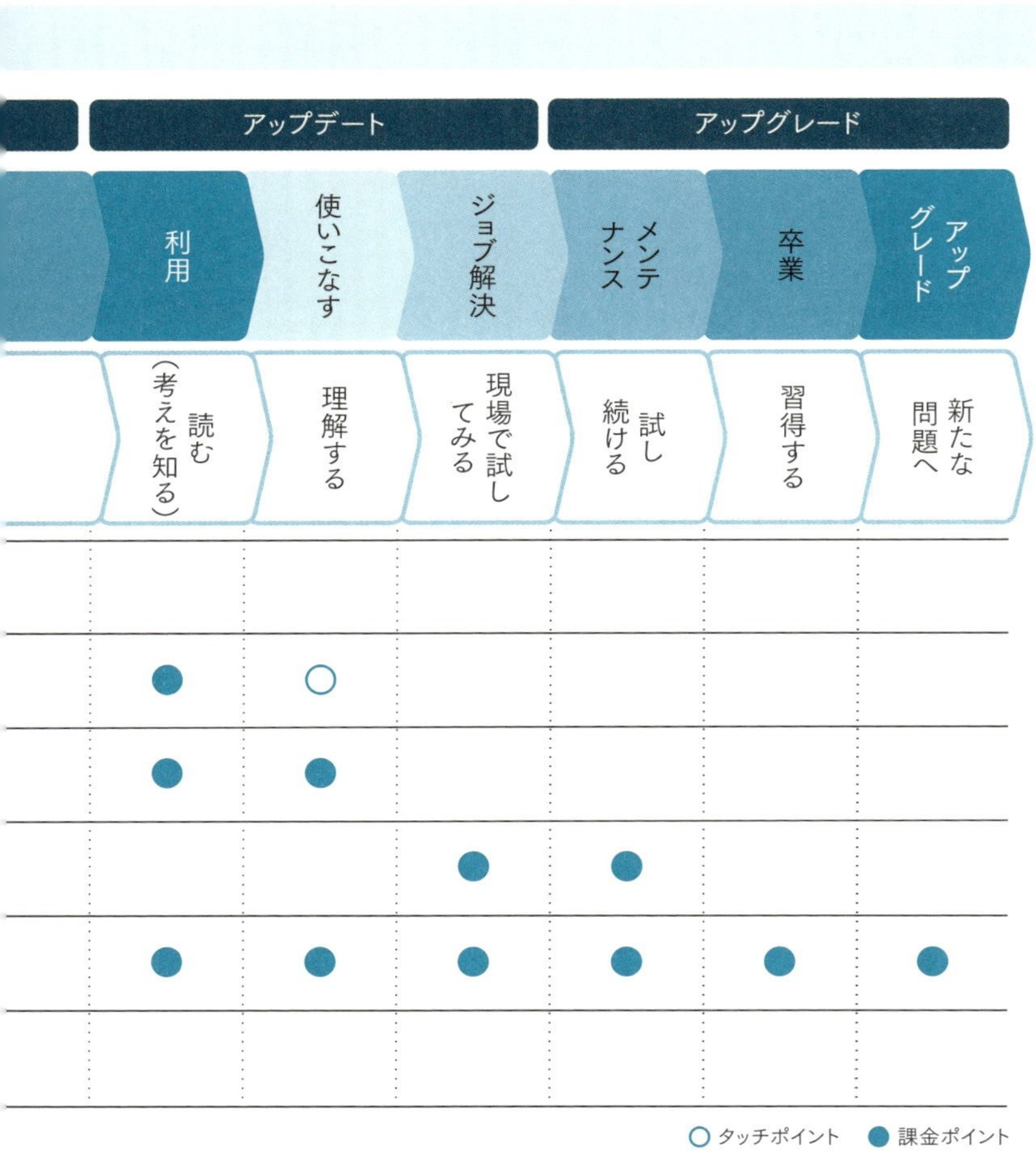
アップデート
アップグレード
利用
使いこなす
ジョブ解決
メンテナンス
卒業
アップグレード
読む（考えを知る）
理解する
現場で試してみる
試し続ける
習得する
新たな問題へ
タッチポイント
課金ポイント

図表5-7　ビジネス書ユーザーを想定したビジネスモデル・カバレッジ

	購入以前				
	問題意識	テーマを絞る	キーワードを念頭に	解決方法を探す	購入
	ビジネスで問題認識	テーマを絞る	キーワードを検索	解決方法を探す	本を購入
ビジネス書					●
講演会					
研修					
コンサルティング					
ビジネススクール					
キュレーション	○	○	○	●	

提示するタッチポイントです。そして、○が●へと塗りつぶされているのは、それが課金ポイントであることを意味しています。タッチポイントのうちのどこかが、課金ポイントとなっていることを示しています。つまり、ビジネスモデル・カバレッジを見れば、そのプロダクトやサービスのビジネスモデルが簡潔に見えるようになります。

改めてビジネスモデル・カバレッジを見るだけでも、多くのことがわかります。

「ビジネス書」を見ると、「●」がついているのは「購入」のみです。出版社は書籍を出版するというタッチポイントを提供し、同時にそこで課金して必要利益を回収しています。

ユーザーは「ビジネス書」を読む代わりに、その内容に関する「講演会」に行くかもしれないし、あるいはもっと内容の濃い「研修」を受けるかもしれません。講演会は、考え方を知るためにありますが、主催者は理解するところまでは責任を負いません。そのため、講演そのものは無料であったり、安価であることが多いのです。書籍の補完サービスとして提供されることもあります。

一方、研修は講演よりも格段に高い料金を課します。ワークショップなどを通じて、理解するところまでフォローするからです。ユーザーが理解することに課金しているのです。

また、ビジネス上の問題を直接解決したい場合は、「コンサルティング」の依頼をして、そのツール自体を導入することもあるでしょう。この場合、すべてをコンサルタントが進めるため、かなり高額となります。

あるいは「ビジネススクール（ＭＢＡ）」に通うという選択肢もあります。これは、ほぼすべての活動を自分で努力してやるということです。この場合は、書籍を買うだけでなく、大学院に通って学習し、教員に指導をしてもらい、自分の力にするのです。

そのため、他のプロダクトやサービスに比べて、この選択肢が最も裾野が長く、また、課金の根拠が広範囲にわたり、ユーザーとの深い関係性を構築していることがわかります。これは、ユーザーが自分自身をアップデートし、アップグレードするのに最適な選択肢ですが、授業料は高額で日本なら最低２年通わなければならないため、仕事をしながらであれば、時間のやり繰りが厳しくなります。そのため、途中で断念するユーザーも多いソリューションです。

こうしてプロダクトをカバレッジ上に並べてみると、ビジネスモデルがユーザーの活動をカバーしている範囲が異なることがわかります。「ビジネス書を購入する」ことと競合するプロダクトもあれば、相互補完的なプロダクトもあります。

ユーザーはこれだけ広範囲の活動をしていますが、ビジネス書の出版社が提供しているタッチポイントと課金ポイントはたった１つ「購入」のみです。これが売り切りモデルの本質です。

しかし、「購入」が目的化するほど企業にとっては良くない状況になります。本を買ってもらおうと必死で、それ以外の活動が視界に入らなくなるからです。

ユーザーが現場でその理論を試したり、理解できたかどうかまで無関心なのは、ユーザーの状況を想定していないからです。ユーザーがアップグレードまでたどり着かないので、たとえ上級書を提案しても、ユーザーには刺さらず、購買につながらないのです。

出版社はタッチポイントから見ても、課金ポイントから見ても、余白が多いのです。

ビジネス書の需要が少なくなっても、ビジネスの問題は増え続けています。経済活動がある限り、枯渇することはありません。余白でいかに活動をするのかが、出版社の腕の見せ所です。具体的には、ビジネス書の販売を行うと同時に、講演会や研修、あるいはビジネススクールの補助としてのテキストや、コンサルティングの販促媒体として利用できないかを考える必要があります。

現在、ビジネス書を扱う出版社の多くは、各種講演会や研修を事業として持っており、書籍を中心に据えながらもカバレッジを拡大しています。この事実が、カバレッジの説明力を高めています。

ところで、ビジネス書からビジネススクールまでは、購入以降をカバーしていますが、購入以前に関してはほとんどアプローチされてこなかった点にも留意してください。

購入以前はインターネット上の記事やメディアがその役割を担い、いま何が問題なのか、「問題意識」自体を教えてくれるようになりました。それが「キュレーション」であり、NewsPicksなどはまさにそれをビジネスとしています。さまざまな解決方法を記事として探すところで、月額で課金を実現しているのです。近年、NewsPicksでは、キュレーションメディアという枠を越えて、書籍を出版し、講演をするという活動にまでカバレッジを拡大しています。より深く、ユーザーと寄り添うビジネスモデルを展開しています。

このように、従来のプロダクトがある特定の活動に偏っている場合は、余白が多い分野で新たなソリューションと課金が起きるのです。

7 屈強のリカーリングモデルのために

ユーザーの活動チェーンを中心にすれば、自社のビジネスモデルの価値を可視化できます。それを実現するのが、ビジネスモデル・カバレッジです。その前提として、ユーザーを単なるプロダクトの買い手ではなく、生活のアップデートのために、ジョブを解決しようとする人として見なければなりません。

ユーザーの活動を明らかにしたのちには、自社プロダクトがどの程度タッチポイントを持てているのかを詳細にチェックする必要があります。

その際、同業他社と全く同じであることがわかれば、それは業界慣行を表している可能性があります。業界の中で差別化できずに苦しんでいる結果が可視化されたのかもしれません。

残念ながら、そこにハマっている限りはイノベーションの余白は小さいといえます。特に、売り切りモデルにありがちな傾向ですが、売り切りから脱するには、より積極的に購入以降にタッチポイントを広げることが重要です。

同業他社と同じ土俵で戦うのではなく、消耗戦に突入したら、未充足のユーザー活動に視野を拡大し、他社が放置している余白にタッチポイントを提供することにチャレンジしてください。そうすれば、成熟した業界においてもイノベーションは可能です。

最後に課金ポイントです。

どこで課金し、どこで課金しないのか。この意思決定こそが、ビジネスモデルを尖らせます。スタートアップであれば、ユーザーが最も困っているところでは課金しないという選択肢をとることが多いです。それによって、一時的に市場を拡大することができるからです。

ただし、それでは事業は続かないので、何を課金ポイントとするのかは準備しておく必要があります。タッチポイントと課金ポイントのつながりを調整することで、ビジネスモデルをブラッシュアップするのです。こうした事柄は、すべてビジネスモデル・カバレッジ上で検討できます。

＊　＊　＊

「ユーザー視点で考える」とはどういうことなのか。それを本章ではユーザーの活動チェーンやビジネスモデル・カバレッジといったフレームワークを用いて述べてきました。

実際には企業視点なのに、ユーザー視点であると錯覚している人は少なくありません。それはプロダクトを中心とした考え方であり、ユーザーに寄り添っていることとは全く違うのです。

真のユーザー視点なしに企業は存続できないことを肝に銘じ、第6章では、これらフレームワークを使いながら、実際につながりを強化し、屈強のビジネスモデルを生み出すのに有効な概念について、述べていきましょう。

第6章

メンバーシップが強いつながりを生む

成果を共有する共同体へ

「君が僕を完全にする」

You complete me.

―― 映画『ザ・エージェント』

つながりの強い企業は、
購入後もユーザーと継続的な関係を築いています。
それを可視化するために、
ユーザーの活動チェーンを紹介しました。
ユーザーが自身のジョブを解決し、
生活をアップグレードするために、
どのような活動を続けているのかを明らかにしました。
また、ビジネスモデル・カバレッジによって、
イノベーションの余白の探り方もわかりました。
この章では、つながりをより強化する概念である
「メンバーシップ」について、詳しく説明します。

1 つながりを強くする

ユーザーが生活のアップデートやアップグレードを実現するためには、特に購入後の活動に寄り添うことが重要です。

そのため、活動チェーンの中で、「購入」以降の「利用」「使いこなす」「ジョブ解決」をはじめとする各活動において、「○」のつかないアンタッチドポイントがある企業は、その部分を埋めようと努力し、何ができるか頭を悩ませ、なんとか取り組む方法を考えるはずです。

このときに気をつけたいのが、ユーザーがプロダクトを購入するとき、自身の生活や環境をアップデート、あるいはアップグレードしたいという願望を持っていることです。その実現のために、企業は長期にわたってユーザーと継続的な関係を構築する必要があります。

ということは、企業はユーザーを単にプロダクトを使う「利用者」と捉えるのではなく、成果を共有する「共同体」と捉えたほうがより関係性を継続しやすくなります。それができれば、企業としても取組み姿勢が変わり、ユーザーも企業との関係が心地良いものとなります。

次節で詳しく述べるように、メンバーシップは、その実現手段として最適です。企業にとってユーザーの活動に寄り添い、伴走しやすくなるからです。**ユーザーをメンバーと見なして関係性を継続する「メンバーシップ」という概念こそが、つながりを強化します。**

この章では、企業とユーザーのつながりを強化する「メンバーシップ」について説明しましょう。

2 メンバーシップとは

1　メンバーシップの定義

まず最初に、「メンバーシップ」を定義しましょう。

メンバーシップとは、メンバーが自身の成果を出すために結ばれる企業との互恵関係

本来、人が組織や集団と関係を持つときには、何らかの目的を持っています[1]。たとえば、学校であれば、学業を修めて社会で活躍すること、部活動やサークルであれば、運動能力や技能を向上させて実力を発揮できるようにすること、などです。企業であれば、ユーザーはアップデートやアップグレードを望んで関係を持ちます。

それを、継続的に叶える仕組みがメンバーシップです。

メンバーは「より便利な生活がしたい」「自身を高めたい」など、何らかの目的を持っており、それを企業がプロダクトを通じて叶える関係です。

ゆえにメンバーシップは、メンバーが企業のプロダクトやサービスを、「単に利用している」だけでは成立しません。企業とメンバーの継続的な関係が確認できて、初めて成立するのです。

その意味でも、「ポイント会員」や「スタンプ会員」「アプリ会員」、あるいは「パスポー

ト会員」などとは違います。いわゆる「会員制」と同義であるために勘違いされやすいのですが、ここでいうメンバーシップは、小手先の顧客維持プログラムなどの「仕掛け」ではなく、「長期的なつながり」を重視した「仕組み」です。

図表6－1は、購入以降のユーザーの活動チェーンと、メンバーシップのタッチポイントを示したものです。メンバーシップでは「購入」から「アップグレード」に至るまで、すべてに○がつきます。ユーザー、すなわち、メンバーのアップデートやアップグレードに至るまで、すべて抜かりなく対応することを意味するのです。

つまり、ユーザーと継続的な関係を築き、寄り添い、伴走している状態です。継続的に関係を続ける以上は、メンバーにとってメリットがあり続けなければなりません。それができないメンバーシップは、メンバーシップとはいえません。

2 メンバーシップに必要な情報

メンバーシップでは、原則的にメンバー個別の情報が必要となるた

図表6-1 メンバーシップとは

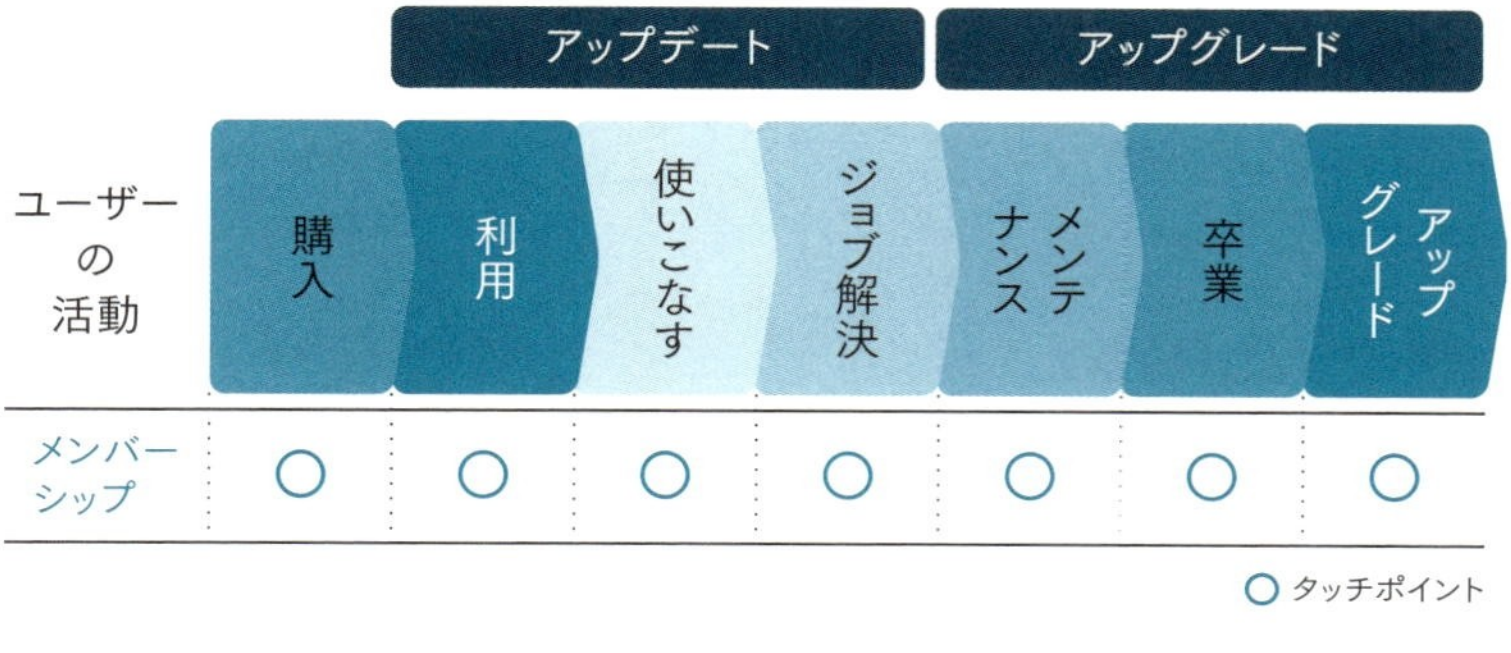

め、メンバーとなる個人や法人に登録をしてもらう個別契約が必要です。その後企業は、メンバーシップの証を意味する会員証や、登録ナンバーや、アカウントＩＤを発行します。そして、次のような情報が手に入ることで、メンバーに対して、個別の事情を勘案して対応できるようになります。

①ユーザーの属性情報
②ユーザーの活動の履歴
③ユーザーとの取引関係
④ユーザーとの間で起きた問題

いずれも、メンバーとして機能させるために取得しなければならない情報です。

①はユーザーの氏名、年齢、住所、電話などのデモグラフィックな属性情報で、登録時に入手するものです。そして、②や③、さらに④については、そのユーザーがメンバーとしてどのような活動をしたのかについての履歴です。

さらに、①～④の情報を把握する企業は、「これから、ユーザーがどういう活動に出るか」を予測できるようになり、先手を打った対策を行うなどしてメンバーシップをさらに強固にできます。

これらは、デジタルを導入している先駆者的企業でなければできないように見えますが、そんなことはありません。確かに、取得できる情報はデジタル化の度合いによって異なりますが、次節で紹介する、でんかのヤマグチの事例のように、手動で管理する顧客台帳のようなものでも、それをフル活用することで、メンバーシップとして十分に機能している企業もあるのです。

正常に機能している限り、メンバーシップはメンバーにとっても、企業にとっても魅力的なものとなります。メンバーが企業とつながっている（connected）間は、メンバーは自分のことを知ってくれているという認知ゆえの安心感や、常時利用できる利便性、そして一期一会とは異なる何らかの特別感を得ることができます。

メンバーシップは、メンバーに成果をもたらす関係として、仕組み化されています。そのため、長い時を経て存在しているメンバーシップ組織は、人々に成功と成長を与えてきました。

たとえば、意図的に期間を区切ったメンバーシップをとる組織では、「学校」が最もわかりやすいでしょう。

特に高等教育からは、ユーザーの意思でその組織のメンバーになるかどうかを決定しています。「学業を修めて、能力をつけたい」というユーザーのめざす姿を達成するのに、学校が協力します。教育環境の利用の権利があるのはもちろん、教師を通じて成功を補助し、能力をつけさせて卒業させます。さらには進学先を用意していることもあり、その場合にはアップグレードさせて、さらにケアをするのです。

私立学校の場合は、長い場合には、幼稚園から大学、さらには大学院まであります。卒業しても、アップグレード先を用意しています。もっといえば、学校自体を卒業しても、同窓会組織にそのまま入ることができ、そこで恩恵を受けられます。そこに所属することで、アルムナイ（同窓生や元職員などで形成される組織）として人的ネットワークを利用できるなど、大きな恩恵がもたらされるため、人々はメンバーになり続けるのです。

3 メンバーシップの条件

ここで、組織がユーザーにとってメンバーシップたりえるための最低条件を確認しておきましょう。以下の5つです。

①メンバーの情報（Personal information）……メンバーの情報は加入時から有しており、定期的に更新している

②手続き（Registration）……メンバーになることを意識するための明確な「手続き」がある

③双方向性（Interaction）……メンバーの加入後、成果達成のため、組織とメンバーが相互に協力する
④アップデート（Update）……加入し続けることで、メンバーが自身の生活をアップデートしていることが認識できる何かがある
⑤優越感（Superiority）……メンバーしか味わえない、価格以外の排他的なサービスがある

これらは、最低条件なので、このうちの1つでも満たしていなければ、メンバーシップではありません。ここからも「ポイント会員」や「アプリ会員」などの単なる優待プログラムとは異なることがわかるでしょう。

以上を満たしている組織とメンバーシップ関係にあるメンバーは、真に寄り添ってもらっているため、心地良さを感じます。解約や脱退は減り、メンバーシップの頑健性はさらに高まります。

このように見てくると、実はGAFA（グーグル、アマゾン、フェイスブック、アップル）はもちろん、以下で説明するテスラや、ネットフリックス、アドビシステムズなど、現在注目を浴びている欧米のビジネスのほとんどが、メンバーシップ企業であることがわかります。

逆に、日本では、メンバーシップが成立している企業はあまりにも少ないといえます。ものづくり企業だけでなくサービス業であっても、あるいは、メンバーシップと呼ぶ組織を運営していようと、ほとんどがこの条件を満たしていないのです。

プラットフォーム化や、サブスクリプション、それをはじめとするリカーリングモデルや、サービス分野の拡大などが叫ばれていますが、何はさて置き、まずはユーザーとの向き合い方を見直すところにこそ、日本企業の飛躍のカギが隠されているのです。

4 メンバー同士の交流があると、メンバーシップはさらに強固になる

メンバーシップでは、メンバー同士で交流を持つこともあります。

メンバー同士の交流はメンバーシップにとって必須の条件ではありませんが、そこまで展開できれば、メンバーシップは、さらに強力なつながりをもたらしてくれます。学校や会社、サークルなどでは、まさにそうしたコミュニティがメンバーであることの帰属感や優越感をユーザーにもたらします。そして、帰属意識を高めることで、メンバーシップからの解約や離脱をなくすのです。

メンバー同士のつながりは、メンバーシップへの所属意欲を高めるため、ぜひとも強化したいものです。

しかし、人的資源を使ったメンバーシップでは、企業対メンバー間のつながりを維持するだけでも精一杯なので、とてもそこまで手が回りません。おまけに、それを管理するには大がかりになり、コストも膨大になります。メンバー同士のつながりは、せいぜい年に数回のイベントを開催して終わる程度なので、あまり効果は期待できません。

そこで、デジタルを積極的に使います。そうすれば、メンバー同士のつながりも、コストをかけずにつくり出せます。SNSは1つの成功体系です。そのエッセンスをふまえて、オンライン上のコミュニティをつくり出して、メンバー同士でつながりを持ってもらうことができます。SNSならば、メンバー同士のコミュニケーションは簡単にできます。企業は、これらのつながりを一定程度のルールを課して管理すればよいのです。

3 売り切りで成果をあげるメンバーシップ企業——でんかのヤマグチ

ここで、企業とユーザーの強固なメンバーシップを実現している企業を紹介します。それが、町の小さな電器店「でんかのヤマグチ」です[2]。

売り切り型企業でも、メンバーシップを強化することで、大手を上回る屈強のビジネスモデルがつくれる好例です。

1 家電量販店激戦区での個店の戦い

東京都町田市にあるでんかのヤマグチは、山口勉氏が1965年に設立した、いわゆるパナソニックの販売店（当時はナショナルショップ）です。店舗は町田駅から4・5キロもあり、タクシーでも15分ほどかかるような立地にあります。

驚くべきは、商品価格の高さです。基本的に希望小売価格（かつての定価）での販売をしており、乖離がある場合には価格比較サイトの2倍の値段となります。

ヤマグチでは一切の値引きはしません。それでも、安定的な収益をあげているのです。約9億円の売上を計上し、なおかつ粗利益は4億円、率にして43%を達成しています。430平米の売り場面積で、この金額を叩き出すのは異例です。

しかも、家電量販店の激戦区。町田駅周辺には6店舗の家電量販店があり、その包囲網の中にあります。きわめて不利な環境の中で、この数字を達成しているのです。

その秘訣が、「メンバーシップ」にあります。

2　ユーザーは電化製品が欲しいわけではない

でんかのヤマグチが岐路に立ったのは、1995〜96年のこと。商圏を家電量販店に取り囲まれてしまった頃です。このときの売上高は16億程度、粗利率は25%、粗利高は4億程度と、「町のでんき屋さん」としては相当なレベルの成果を達成していました。

しかし山口社長は、このような競争環境にさらされてしまえば、間もなく行き詰まってしまうと感じました。そのため、売上ではなく、「粗利を稼がないと生き残れない」との認識に至り、粗利重視の戦略へと舵を切ったのです。まさに必要利益の概念そのものです。

このとき、ユーザーの活動にとことん向き合いました。プロダクトを販売するだけではなく、ユーザーが達成できずに困っていることは何か、を考えたのです。その思考に至った理由は

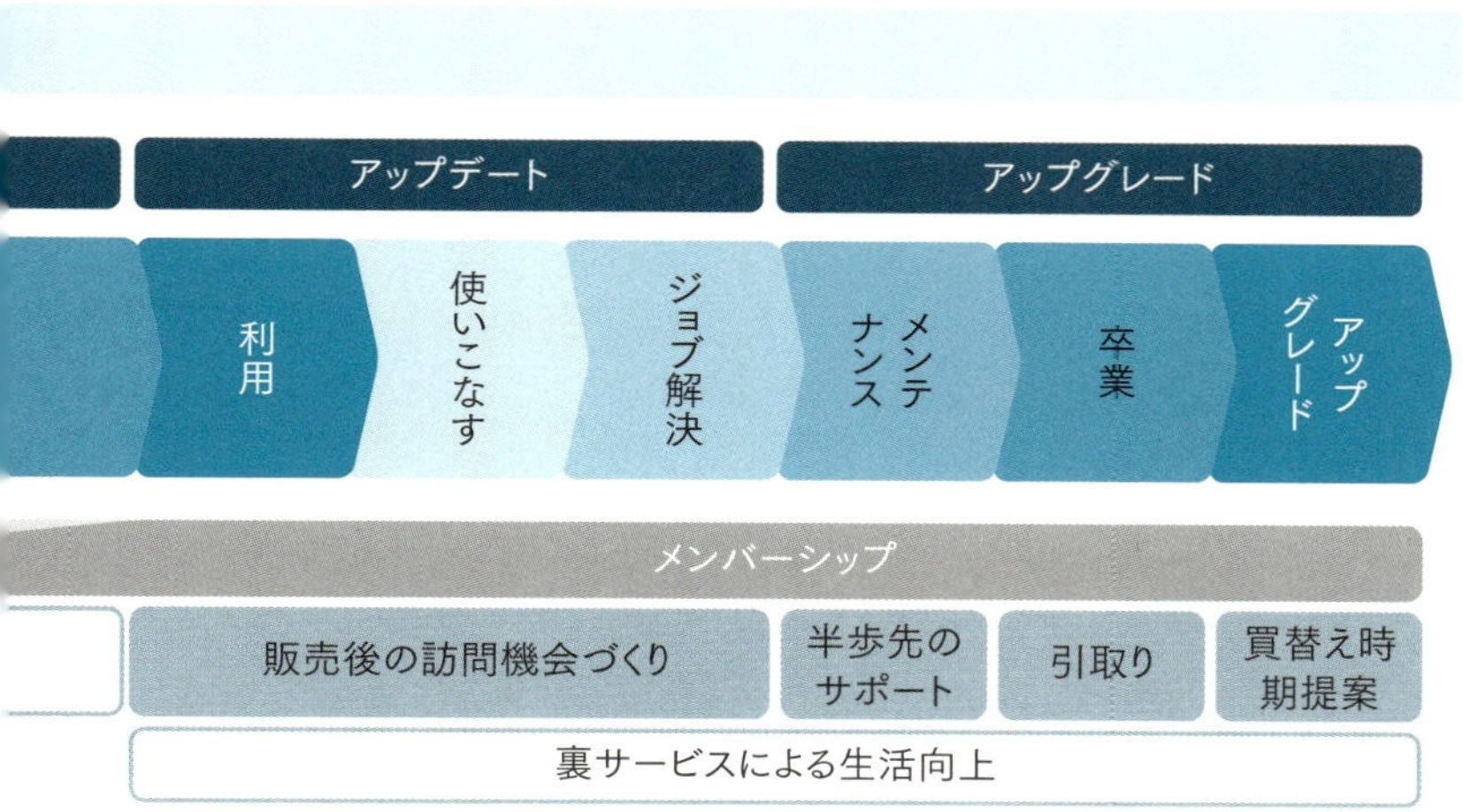

大きく次の2つです。

①地域密着型の店舗として、ユーザーと近い関係にあったため、ユーザーが抱える問題を質問できる関係性にあった。

②山口社長自身が訪問修理を生業としていたため、購入した後にユーザーがどのようなことで不便を感じているのかを読み取ることができた。

特に、②は山口社長の職歴に関係します。もともと修理が得意で電機メーカーに勤めた後、独立しました。しばらくは、クルマ一台と工具で一軒一軒家を回り、家電の訪問修理をしていました。そのため、直るまで徹底的に修理するというサービス精神が培われたのです。

修理に訪問するうち、「新しいテレビが欲しい」とか「エアコンを買い替えたい」などの声を聞き、それに応えて店舗を持つようになり、現在のヤマグチになりました。

当時の顧客は、そもそもどこかのメーカーのプロダクトを

図表6-2　でんかのヤマグチのユーザー活動

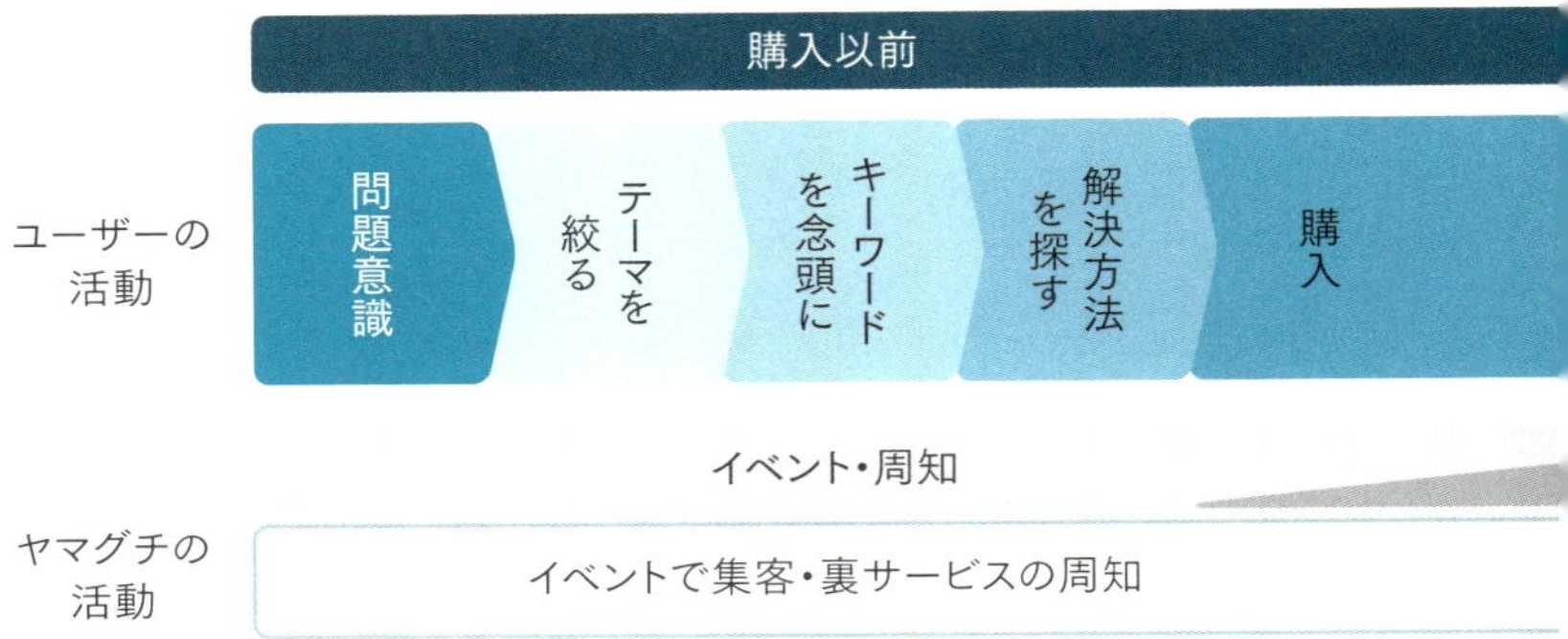

買ったユーザーです。そのユーザーの、購入後の困り事を毎日、目の当たりにしてきました。

つまり、購入後のユーザーとのつながりが、いかに重要であるのかを認識していたのです。

現在も、「とにかくお客さんとの接点を増やす」ことを主眼に置いています。そのため、営業マンには頻繁に顧客と会って、積極的に雑談もしながら、顔なじみになることを指示しています。

しかしヤマグチの顧客は、接点が多いからという理由だけで希望小売価格で買ってくれるわけではありません。つながりをさらに強化するための強力なサービス展開をしているのです。

通常の「町のでんき屋さん」が、電球の取り替えをしたり、あるいはそれをきっかけにエアコンを販売するなどのサービスをしているのはよく聞く話です。しかし、ヤマグチのサービスはその程度にとどまりません。いわゆる「裏サービス」と呼ばれる御用聞きまで行っているのです。

家具を動かしたり、模様替えを手伝ったり、旅行中の植木の水やりをしたり……と、その内容は「町のでんき屋さん」が行うサービスの範疇をはるかに超えています。

あるいは、こんなリクエストもありました。高齢の顧客から「急に入院することになり、不用心なので、1日泊まってほしい」とお願いされたのです。「頼まれたことは、法令違反のものを除いて、ほぼすべてにおいて、ノーを言わずに対応する」と山口社長は言います。ヤマグチの営業マンは、これらの要望に、原則的にリクエストがあったその日のうちに対応するのです。

この御用聞きサービスこそが、ヤマグチにとっての「営業活動」です。御用聞きで訪問したときに、家の状況を知ることができます。以前に購入した家電はいつのものかをチェックしたり、ユーザーから生活についてのさまざまな悩み事を聞くこともあります。これらはすべて営業マンの台帳に記録され、今後の提案に活用されています。

3 メンバーシップとしてのヤマグチ

ここまで見てきたでんかのヤマグチの取組みを、メンバーシップの観点からひもといてみましょう。

御用聞きサービスは、ヤマグチの会員になった顧客のみに与えられるメンバーシップ特典です。ただし加入条件は3つあります。

1つは、会員登録をすること。2つ目は、ヤマグチで正規価格で家電を買うこと。そして、3つ目は、町田市と相模原市の一部に限定された商圏内に住む個人であること。この要件を満たさない限りは、たとえ代金を支払うからと申し出ても、御用聞きサービスを受けつけていません。それぞれについて見ていきましょう。

会員登録をする

メンバーシップには、個人の登録が必須です。ヤマグチのメンバーになる場合は、パナソニックが発行するクレジットカードに加入することになります。パナソニックの店舗には、全国1万9000店舗で発行されるオリジナルのクレジットカードがあります。それに加入することで、個人の特定が可能になります。カード自体の年会費は無料であり、ヤマグチではこれをメンバーシップの「会員証」にしているのです。

このカードは、裏サービスを受けられるという点、高くても買うということを周囲に示せる点で、メンバーにヤマグチの会員であることの優越感をもたらしています。実際に周辺で聞き取りをしてみても、ヤマグチで購入する人は経済的に豊かであるイメージがあるという声がありました。いわば、ヤマグチのメンバーであることは、デパートの外商会員であるようなステータスがあるのです。

クレジットカードに登録してもらうことは、ヤマグチにとっても2つの大きなメリットをもたらします。

1つは、顧客の購入のハードルが低くなること。訪問時に配線コードなどの付属品を勧めても、ユーザーはテンポよく購入できます。

2つ目は、キャッシュサイクルの圧倒的な改善です。これまで、「町のでんき屋さん」にとって諸刃の剣であったのが、「掛売り」でした。地域の顧客にテンポ良く買い物をしてもらうには、プロダクトを先に納品してツケを回すという商習慣があったため、数カ月のキャッシュが不足するという事態が多く発生していました。

しかしクレジットカードなら、月末締めで翌月数日内には売上が回収できます。パナソニックへの仕入れ代金の支払いに間に合うため、キャッシュサイクルが正常化する効果もありました。ヤマグチでは、売上の70％以上がクレジットカードによる支払いです。これは同系列の店舗と比較して驚異的な数値です。

正規価格で買い物をする

会員になるためには、ヤマグチが提示する価格で購入する必要があります。ヤマグチでは、ユーザーからの値引きに応じません。あくまでも必要粗利率40％を達成するためのメンバーシップです。ユーザーが支払ってくれる正規価格のうちの必要粗利が、裏サービスを実施するための原資となるのです。

ヤマグチは、これだけ手厚いサービスをするメンバーシップを提供しながらも、会費を徴収しません。自身が電気屋であるという認識を強く持っているので、課金ポイントはプロダクトの代金のみです。すなわち、完全な売り切りモデルを貫いているのです。

ただし、販売後のサービスはきわめて粘着性が高いため、つながりの強い売り切りモデルを成立させました。

また、メンバーの多くが高齢者です。特に家にいる時間が長い高齢者にとって、テレビやレコーダーなどの家電は、重要なプロダクトです。それらの家電をヤマグチが設定した価格で購入してもらうことで、御用聞きのメンバーシップを成功させているのです。

ユーザーを限定する

これは、ヤマグチのメンバーシップを支えるうえで、最も重要な要素となります。

まず商圏を狭く設定しているのは、営業マンが1日で訪問先を回り切れる数と、距離を設定しているからです。さらに、プロダクトの故障だけでなく、裏サービスでは病気や入院など、急な事情で「留守番をお願いしたい」などとオーダーが入ることもあります。

そこで、ヤマグチでは、ユーザーを2つの軸でセグメント分けして、優先順位をつけて対応しています（図表6－3）。

図表6-3　メンバーの9セグメント

	1 （1年未満）	2 （1年以上 3年未満）	3 （3年以上 4年未満）
A（100万円〜）	A1	A2	A3
B（30万円〜 99.9万円）	B1	B2	B3
C（30万円〜）	C1	C2	C3

1つは累計購入金額です。100万円超え（A）、30万円以上100万円未満（B）、30万円未満（C）に3段階で分類します。2つ目は、購入時期です。これは最後の購入が1年未満（1）、1年以上3年未満（2）、3年以上4年未満（3）の3段階で分類しています。ちなみに、最後の購入から5年を過ぎたユーザーは、顧客リストから外れます。

これらにより、A1からC3までの9つのカテゴリーでメンバーを分けています。そして、最重要メンバーをA1として、御用聞きサービスも優先的に行っています。

メンバーは御用聞きサービスがあまりにも快適であるため、できるだけ頻繁にヤマグチで購入し、ランクを上げたいと考えています。どうせ他所で購入するのならば、自分たちをよく知ってくれて気にかけてくれるヤマグチを利用しようと思うのです。

メンバーシップにおいて、「優先性」は重要な特典です。たとえば、航空会社のマイレージ特典によるクラス分けや、リゾート会社の施設の優先利用制度などの優越感は、メンバーがその企業に積極的に関与することを促します。これにより、メンバーと企業の間で互恵関係が生まれるのです。

4　メンバーシップで家電販売の新たなビジネスモデルをつくる

メンバーシップを支えているのは、ユーザーがしてほしいことを半歩先に提案する活動力です。ヤマグチでは、それが「顧客台帳」によって支えられています。これは山口社長が50年前からオリジナルで獲得したノウハウでした。その昔は紙と鉛筆でつけられており、必要な項目を足したり引いたりしながら、たどり着きました。

現在は、そのノウハウをデジタル化したものを、すべての営業マンが活用しています。ヤマグチでは、パナソニックの系列店が使う標準システム（Vシステム）は利用していません。それはシステムが劣っているからではなく、ヤマグチのビジネスモデルが単純なもの売りではないことが理由です。サービス部分が必然的に多くなるため、独自に開発したシステムで運用されているのです。

ヤマグチのような裏サービスから営業に結びつけるスタイルでは、製品の購入時期ごとにユーザーを検索表示させることが必須であり、その精度が物を言うのです。具体的には10年前に冷蔵庫を購入したユーザーを瞬時に割り出し、翌日の訪問計画を立てる、といったことです。

それ以外にも、情報として顧客の趣味や、その配偶者の趣味を記入するなどしていて、適宜そのような情報が表示されます。テンポ良く会話したり、ひいてはそこから商談へとつなげるためには、こうした情報をタイムリーに表示させることが不可欠です。

これはサービス業にとっては当然のことかもしれませんが、もの売り企業にとって、ここまでの情報を活用しているのは稀です。ましてや「町のでんき屋」で、そうした情報が記録され、蓄積され、閲覧されることはいまだにほとんどないでしょう。ヤマグチは、メンバーシップの展開が不可欠だといち早く気づき、自社システムを開発してきたのです。

こうした情報蓄積の重要性が認識され、ヤマグチのシステムの一部がパナソニックの系列店全店で利用されることになりました。厳密には、山口社長がパナソニックのVシステムの新バージョンの監修にあたることになったのです。2019年以降は、全店で導入される予定です。その際には、ヤマグチもこのシステムを活用することになっています。

5 規模の限界も織り込んで成立させる

ヤマグチでは、「裏サービス」を家電を買ってくれるおまけ程度とは考えていません。既存の「御用聞き屋」がやる以上のレベルで、サービスすることが重要とわかっているのです。

ヤマグチの「御用聞き以上」に関して、このような例があります。病気で入院することになった得意客から、ペットの餌やりを留守中に毎日してほしいと営業マンが頼まれました。営業マンは、得意客が退院するまでの1カ月間、約束を守りました。その結果、得意客は大喜びし、以降亡くなるまでの間、数百万円分の家電を買い続けてくれました。

メンバーシップでは、ユーザーが成果を得られることが重要です。そうでないメンバーシップは崩壊します。「無料だからこれくらいでよいだろう」というのは企業側のエゴにすぎません。「無料だから」とひとたび手を抜いてしまえば、かえってユーザーの不満を募らせることもあるのです。

企業は、ユーザーがジョブを解決できているかを確認し、想像力を働かせて積極的にアクションを起こす必要があります。そのためには、ユーザーの活動を把握する機会をつくることも重要なのです。

ヤマグチは、その努力も欠かしません。家電は家の中で使うため、企業としてはタッチポイントが取れません。だからヤマグチは、ユーザーの状況を知るために、ヤマグチで購入してもらったテレビとエアコンのリモコンの電池は、いつでも無料で取り替えることにしています。そうすれば、ユーザーは喜んで家に入れてくれるからです。そこまでして、ユーザーの活動状況を汲み取ろうとすることこそが、メンバーシップのあるべき姿といえます。

ただし、このやり方は規模を大きくしようとすると限界があります。システムは顧客情報をデータ化しているものの、実働は営業マンが出張して現場で対応します。そのことについて山口社長は次のように語ってくれました。

「一度は6店舗にまで拡大してみたけれど、うまくいきませんでした。このやり方は、この規模でやるしかありません。これが、営業マンが懇切丁寧にお客様と接することができる限界です。このやり方は、規模は大きくできませんが、どんな店舗でも売上高10

億、粗利4億、従業員50人の規模までは伸ばせます」[3]

規模をあらかじめ限定したビジネスは、言い換えれば、メンバー全員に対して懇切丁寧なビジネスをすることです。素晴らしい取組みであると同時に、労働集約的なのです。それを視野に入れてビジネス規模を確定し、やらざることを決めている山口社長の潔さが、このビジネスを成功させています。

ここまで泥臭いことを正々堂々とやり切る姿から、メンバーシップの本質が見えてきます。これほど深くメンバーと向き合うことで、単なる御用聞きサービスの枠を越えて、ユーザーとのつながりは揺るぎないものになるのです。

4 メンバーシップはなぜ最強なのか

1 売り切りモデルとサービス化

売り切りモデルでは、特にユーザーとつながることは必須の条件とされていません。そのため、いまだにつながりが弱いままの企業が多く存在しています。その傾向は、ものづくり企業やもの売り企業に多く見られます。

プロダクトを販売したら、その後はユーザーが自発的に活動を続ける。自身で利用し、使いこなし、ジョブを解決しようとする。それがうまくいかないこともありますが、企業に助けを求めようとはしません。

その間は、タッチポイントが途切れる真空地帯となります。そのため、再度ユーザーがその企業から何かを買いたくなるかは、運を天に任せるようなものです。そんなやり方では、リピート確率がきわめて低くなるのは目に見えています。

特にB2B分野では、工業用の機械メーカーや情報システムを販売する企業などで「サービス化（サービタイゼーション：Servitization）」の議論がなされています。

サービス化は、ユーザー事業者がプロダクトをうまく使いこなすことに寄り添うビジネスのやり方で、主に「プロダクトにサービスまでを組み込んで販売すること」を意味しています。具体的には、プロダクトに付属する説明書をわかりやすくするなどの初歩的な取組み（SSP：Services Supporting Products）から始まり、実際にプロダクトを利活用して成果を出すためにコンサルタントを派遣するなどのサービス（SSC：Services Supporting Clients' actions）までを指します。

サービス化は、ユーザーの購入後活動に寄り添っているコンセプトに見えますが、実際には多くの場合において、ユーザーの活動をフォローし切れていません。ユーザーに販売してから、プロダクトの利用促進などは行いますが、実際にジョブの達成までを行うのはユーザー自身です。

企業が実際に動くのは、メンテナンスと、アップグレードの機会です。なぜなら、そこが次のプロダクトを購入する重要なタッチポイントであり、課金ポイントに変わることが多いからです。購入後のユーザー活動をフォローしようとしますが、売り切りモデルをベースとしている以上、販売後サービスへの対応はいまだ十分とはいえません。

ここで、弱い売り切りモデルとサービス化を、ビジネスモデル・カバレッジで表現すると、図表6－4のようになります。

売り切りモデルは、購入時のタッチポイントで課金しきります。他方、サービス化は購入以降に、利用についての補助的な活動をします。メンテナンスでは補修をしながら修理費や消耗品費などの対価を受け取り、買い替えのタイミングで上位機種へのアップセルをねらっています。

売り切りモデルに比べれば、「サービス」としての寄り添う姿勢を見せるのですが、活動チェーンから見れば、いまだ対応できていないアンタッチドポイントが複数あり、残念ながらユーザーに寄り添っているとはとてもいえない状況です。

2 メンバーシップがアンタッチドポイントをなくす

B2B分野のものづくり企業や、もの売り企業に関して

図表6-4　弱い売り切り、サービス化、売り切り型メンバーシップ

		アップデート			アップグレード		
ユーザーの活動	購入	利用	使いこなす	ジョブ解決	メンテナンス	卒業	アップグレード
弱い売り切り	●						
サービス化	●	○			●		●
売り切り型メンバーシップ	●	○	○	○	●	○	●

○ タッチポイント　● 課金ポイント

は、サービス化によって、販売時の課金以降でマネタイズし、サービスを充実化するビジネスモデルの構築をめざしてきました。

しかし、つながりの観点から見れば、それが不十分であることは明らかです。ユーザーのアップデートやアップグレードにかかわる重要な部分が、放置されたままになっているからです。つまり、アンタッチドポイントが発生しているのです。

ユーザー活動は、アンタッチドポイントが発生しないように連携させていく必要があります。それに有効なのが、メンバーシップです。

前述のようにメンバーシップは、ユーザーの目的達成に対して、企業が関与する協力的かつ互恵的な関係です。ここでは、ヤマグチのように、プロダクトの購入によってメンバーシップに入会できる「売り切り型メンバーシップ」を想定してみましょう。

再び図表6－4を見てください。つながりが弱い売り切りモデルでは、購入時でタッチポイント（◯）は終了し、同時にそこで課金（●）します。そのため、「購入」のみに印がついた状態となります。プロダクトの購入は、企業が販売したときに終了します。

サービス化は、それよりもタッチポイントと課金ポイントは増えますが、いまだ飛び地状態です。

これに対してメンバーシップは、「利用」から「ジョブ解決」はもちろん、「メンテナンス」から「アップグレード」に至るまでの活動に企業が寄り添うため、◯がつきます。

この場合は、プロダクトを購入することでそのメンバーシップに入る権利を得ることが多いので、購入に●がついているのです。メンバーシップは購入してからがスタートであり、メンバーがやめない限り、あるいは組織がそれをやめない限り、関係は半永久的に続きます。

メンバーシップは、つながりの弱い売り切りモデルや、サービス化とは全く異なっています。**メンバーシップは、成果を見届けることを目的とする関係性を構築するものであり、プロダクトありきでタッチポイントや課金ポイントを増やそうとするサービス化の考えとは一線を画する**からです。

プロダクトではなく、ユーザーとのつながりを最優先で考えることが、正しいメンバーシップのあり方です。そもそもメンバーに成功体験をもたらすことが重要なのです。

このように見てくると、**メンバーシップはプロダクトを通じた企業とユーザーとの関係ではなく、ユーザーの成果を達成するために、企業が継続的にユーザーに寄り添う関係性を意味している**のです。

それが日常的に認識できる状態でなければ、ユーザーはメンバーとしての恩恵を感じなくなり、メンバーシップが崩壊してしまいます。

5 世界的に活躍するメンバーシップ企業

ここでは、メンバーシップの成功企業として、テスラ、ネットフリックス、アドビシステムズを紹介しましょう。いずれも、一見デジタル化が進んだ企業ですが、その本質は強固なメンバーシップをつくり上げた企業です。ともすれば、デジタルの側面が注目されがちですが、デジタルはメンバーシップの活性化のために使われているのです。

1 つながる体験を提供するテスラ

電気自動車（EV）の新たな未来を開いたテスラは、同社のプロダクトを購入したオーナーに対して、メンバーシップを展開しています。

1つは、コネクテッドカーの観点から見たメンバーシップです。4ドアセダンのモデル

SやSUVのモデルXは、インターネットに接続しており、車両自体がアップデートされます。その様子は、まさにスマートフォンのアプリのようです。これにより、納車後に自動運転の精度を向上させたり、諸設備を最新機能へとアップデートすることが可能になりました。そのため、小規模な変更であれば、車両を買い替えずとも、対応できるのです。

顕著な例では、容量をアップデートや課金によって拡張できるようにしました。容量の大きい75kWhのバッテリーを最初から積んでいるものの、プログラムで制御して稼働しないように60kWhに制限して、75kWhバージョンよりも安価に販売しました。そして購入後、ユーザーが走行距離を延ばしたいと思えば、追加課金で制御を解除できるようにしたのです。その他にも、自動運転機能も追加課金で対応しました。

これらはすべてストアや整備工場に出向かずにできてしまいます。テスラ車内の17インチ液晶モニターでの操作ひとつで、瞬時にアップデートができるのです。

加えて、メンテナンスについても、不具合の多くがオンラインアップデートによって修復できます。そもそもEVはガソリン車に比べて部品が少なく、そのため機械的なトラブルが圧倒的に少ないのです。問題はほぼソフトウェアで対応できるので、テスラ車のモニターからホットラインに無料で電話をつなげば、車両の状態を見ながら、メンテナンスをしてくれます。

もう1つのメンバーシップは、メンバーだからこそ優越感を味わえる排他的なサービス

です。テスラ車には専用の駐車スペースがあります。高級リゾート地やホテルでは、入り口から近い場所にテスラ車しか駐車できないスペースがあり、どれだけ混んでいても、あるいはどれだけ一般駐車料金が高額であっても、テスラ車だけは無料でストレスなく駐車でき、その場で充電もできるのです。

2 半歩先に価値を提案するネットフリックス

動画配信企業のネットフリックスは、メンバーシップ企業です。月額定額で見放題のプランを展開しているサブスクリプション企業であると見られがちですが、ネットフリックスは、「すべてのユーザーの孤独をなくす」という価値をメンバーに提案し、そのため、ユーザーに徹底的に寄り添っています。

ネットフリックスとメンバーのつながりは、契約後に始まります。メンバーがそれを利用し、4Kテレビやスピーカーシステムを揃えて使いこなせば、映画館と同様、場合によってはそれ以上の迫力が得られるよう、サービスが設計されています。

おかげでユーザーはたくさんの映画やドラマ作品に触れられるようになりますが、実は数が多すぎて選択できないという問題が起こるのです。見たい映画を探すのが面倒になり、それがそのまま解約理由になってしまうこともあります。

それを回避するため、ネットフリックスは「メンテナンス」にうまく対応して、メンバーシップを発揮します。すなわち、特定の映画を見てジョブを解決したメンバーに対して、きわめてスマートなリコメンドをするのです。

配信されるタイトルの1つ1つはタグ付けされ、世界中の視聴者一人ひとりがどのタイトルをどんなシチュエーションで見たかについての膨大なデータと相互参照されます。エピソード数本を一気に見たのか、早送りをした場面はあるか、戻してもう一度見た場面はあるか、途中で見るのをやめたか、見終わってから次に何をクリックしたか、といった実に膨大なデータを活用します。

これは、他のメンバーが蓄積したデータが活用されているという意味で、メンバーシップの1つの形です。メンバーが、他のメンバーと直接かかわることはないものの、同じ趣味嗜好を持つ映画がリコメンドされることで、自分の興味関心に合致した、新たな映画や動画との出会いが生まれるからです。

ただし、サービス自体に飽きがくる可能性もありえます。ネットフリックスは、それを見越して他のサービスが配信するものだけではなく、オリジナル映画やオリジナルのドラマシリーズをつくり、さらに、クオリティの高いプロダクトを提供しています。

ちなみに、2019年のアカデミー賞の最多ノミネート作品（10部門）は、ネットフリックスのオリジナル作品『ローマ』でした。結果、アカデミー賞では監督賞をはじめとする

3部門を獲得するに至りました。既存の映画作品の枠を越えて、ネットフリックスらしい作品を提供し、目の肥えたメンバーをさらに喜ばせる取組みをしています。

3 クリエイターを刺激するアドビシステムズ

近年で最も成功したビジネスモデル変革事例が、アドビシステムズのSaaS化と、それに伴うサブスクリプション化です。2013年に行われたこの転換は、さまざまなメディアでも取り上げられ、既述のとおり、ハーバード・ビジネススクールのケースにもなりました。この事例は、サブスクリプションブームの火付け役となり、多くの企業に定額課金への関心をもたらしました。

実は、アドビシステムズのビジネスモデル転換の本質も、メンバーシップにあります。アドビは2003年にデザインやドキュメントのツールを統合した、パッケージ版のソフトウェアであるクリエイティブ・スイート（CS）を発売します。主にデザインのプロにとっては必携のソフトウェアでしたが、デザイン好きの一般ユーザーにも好まれていました。およそ12カ月から18カ月ごとに新しいバージョンがリリースされ、多くのユーザーに愛されてきました。

アドビが過去最高売上を記録したまさにその年、2013年からパッケージ版を廃止し、ネット上でのサブスクリプションでメンバー化するクリエイティブ・クラウド（CC）に完全移行することを発表しました。クラウドへの完全移行です。パッケージ版では、2600ドルほどしていたものが、個人で50ドル、法人で70ドル程度の月額料金で利用できるようになりました。

しかも、すべての機能が使い放題で、常時最新版にアップデートされます。18カ月ごとにアップデートしていた熱心なユーザーであれば、かなり割安に利用できることになり、彼らの支持を得たのです。

CCの月額料金は、パッケージ版に比べてきわめて安価であることから、移行当初は低収益に苦しんだものの、爆発的にユーザー数を伸ばしました。

これまで高額で手が届かなかったユーザーが使い始めたのです。多くのユーザーにとって「イラストレーター」や「フォトショップ」は身近なものとなりました。それにより、導入当初の2013年の第1四半期終了時には約48万人に、そして早くも第3四半期終了時には100万人を超えました。2016年の第4四半期には、メンバーが600万人を超えています。

アドビのビジネスモデルの転身は、デジタル化やSaaS化、あるいはサブスクリプション化ばかりがクローズアップされますが、本質はメンバーシップにあります。

パッケージ販売は、いわば売り切りモデルでした。高額ゆえに、18カ月後のバージョンアップ版を購入し続けるユーザーはわずかで、海賊版も多く出回り、品質のコントロールが効かない状況になっていました。

しかも、そもそもユーザーが望むのは、自身のデザインスキルをアップデートすることです。ソフトウェアの機能は日々進化し、ユーザーから企業への要求水準も高い。18カ月もインターバルのあるアップデートでは、そのような状況に応えられません。

だから、アドビは常にユーザーの進化に寄り添うために、ソフトウェアの更新ができる方法、すなわちクラウド化を選びました。これにより、企業とユーザーのメンバーシップ化に結びつき、すべてのメンバーのデザインスキルを高め続ける仕組みが実現したのです。

加えて、Adobe Stock（1億以上の画像のストックサイト）や、ＡＩを実装したAdobe Senseiによる画像解析や検索の高度化など、常にアップグレードを提案しながら、メンバーにデジタルリテラシーを提供し、刺激を与えています。

また、メンバー同士が交流するコミュニティもうまく活用しています。

アドビは、クリエイター向けＳＮＳのBehanceも運営しており、その会員数は２０１７年中に１０００万人を超えています。

こうして、ユーザーはアドビのメンバーになることで、自身のアップデートとアップグレードを常に実感し、そこに属することの特別感を得ているのです。

4 メンバーシップ企業として

これら3つの企業の本質は、メンバーシップでユーザーとつながっていることにあります。

注目すべきは、すべてのユーザー活動に対応する企業活動を用意していることです。図表6-5を見てください。活動チェーンが○か●ですべてつながっていることからも、確認できます。ユーザーのアップデートやアップグレードの要求に応えながら、メンバーと良好な関係を継続させているのです。

これらの企業は、デジタルネイティブな企業であるため、デジタルを駆使しながらメンバーシップを実現しています。

メンバーシップの成功の秘訣は、メンバーのタッチポイントに抜かりなく寄り添う体制にあります。売り切り型メンバーシップを採用するか、サブスクリプションを採用するかで課金ポイントは異なるものの、すべてのユーザー活動に寄り添っているのです。

図表6-5 3つのメンバーシップを可視化する

		アップデート			アップグレード		
ユーザーの活動	購入	利用	使いこなす	ジョブ解決	メンテナンス	卒業	アップグレード
ネットフリックス	○	◉	○	○	○	○	●
テスラ	●	○	○	○	●	○	●
アドビCC	○	◉	○	○	○	○	●

○ タッチポイント　● 課金ポイント　◉ 繰り返し

5　成功するサブスクリプション企業は、メンバーシップ企業

以上のケースのうち、ネットフリックスとアドビシステムズは、サブスクリプションを導入して大きな成功を収めています。成功するサブスクリプション企業は、マネタイズが成功している面ばかりが強調されがちですが、実際のところはメンバーシップを成功させているのです。マネタイズよりも先にメンバーシップ化を構築できているか、あるいは同時に事を進めています。

売り切り型メンバーシップと、サブスクリプションを比較すると、図表6－6のようになります。

売り切り型メンバーシップは、「購入」で課金以降、メンバーの活動に寄り添って企業活動が連なります。課金のタイミングは、「メンテナンス」や「アップグレード」のときです。

前節で紹介したテスラがこのモデルを採用しています。メンバーとの関係は、車両の購入をきっかけに始まりますが、機能の追加課金（メンテナンス）などは、車両を通してIoTで実施されています。また、市場投入からしばらくの間は、新モデルへの買い替えにも配慮し、4～5年後の買取保証がつけられたローンプログラムを提供していました。まさに卒業（廃棄）やアップグレードへの配慮により、ユーザーの支持を得ました。

一方でサブスクリプションは、「所有から利用へ」の流れの中で急拡大したモデルです。メンバーの活動に当てはめると、「購入（契約）」ではなく「利用」に対して、繰り返し支払います。前節のネットフリックスやアドビシステムズのクリエイティブ・クラウドがこれに当てはまります。ちなみに、サブスクリプションではメンテナンス代金を課金しないのが通例です。継続する利用対価には、購入だけでなく、将来のメンテナンス代金までが含まれるからです。

ただし、アップグレードは見込めます。そのサービスが気に入れば、より良いサービスへとプランを変更することは当然にあるのです。

このように見てくると、**サブスクリプションはマネタイズの問題であるように見えて、実はメンバーシップが確立できているかどうかの問題**なのです。つながりが弱かったり（弱い売り切り）、飛び地がある限り（サービス化）成立しません。

図表6-6　成功するサブスクリプション企業はメンバーシップ企業

		アップデート			アップグレード		
ユーザーの活動	購入	利用	使いこなす	ジョブ解決	メンテナンス	卒業	アップグレード
メンバーシップ	●	○	○	○	●	○	●
サブスクリプション	○	◎	○	○	○	○	●

○ タッチポイント　● 課金ポイント　◎ 繰り返し

6 メンバーシップとデジタルの発展した企業――セールスフォース・ドットコム

前述の3つのケースは、世界的にもスケールが大きいメンバーシップ企業です。これらはメンバーシップをデジタルで運用することで爆発的な成功を収めたという共通点があります。実は、デジタルによるメンバーシップの取組みをいち早く導入した先駆的存在が、セールスフォース・ドットコムです。同社の事例をもとに、デジタル化によってメンバーシップを拡張する方法を説明しましょう。

1 セールスフォース・ドットコムという企業

セールスフォース・ドットコム（salesforce.com）社は、1999年にサンフランシスコで設立された、B2B向けSaaS（Software as a Service）企業です。CRM（顧客関係マネジメント）システムを提供し、そのユーザーは事業者（企業）です。創業後7年で売上高は約5億ドルと、急激な成長を遂げました。

２０１８年1月期は通期で約１０５億ドルと、設立20年足らずにして１００億ドル（約1・1兆円）を超えています。それでも勢いは止まらず、２０１９年1月期は約１３３億ドルを計上し、昨対比25％以上で成長しています。その成長を支えるキーワードが、クラウドコンピューティング（デジタル）、サブスクリプション（リカーリングモデル）、そしてユーザーの成功（メンバーシップ）です。

事業者に対して、エンドユーザーのマネジメントを行うツールを、ソフトウェアの販売・導入ではなく、クラウドコンピューティングと呼ぶ形態で提供することにいち早く着手しました。つまり、史上最も早く成功したＳａａＳ企業です。

サブスクリプションでマネタイズし、利用人数や期間に応じて課金する。事業者にとっては、導入コストが少なくて済み、利用料や期間に応じて支払うので、ソフトウェアを高額で売り切るモデルと比べても、合理的なサービスとなります。

データを蓄積する器やセキュリティを管理しているのは、セールスフォース社です。ユーザー事業者とは常にデジタルでつながり、利用状況や活用状況がわかるばかりか、問題があることも事前に察知して、ユーザー事業者の目標達成のために伴走できる体制を整えています。

なぜなら、セールスフォース社は、ユーザー事業者がジョブを達成しない限りは、自社の繁栄もありえないことを知っているからです。ユーザーのアップデート（目標達成）やアップグレード（さらなる高みへの挑戦）を支えることが、そのまま自社の評判と成長につながるのです。

B2Bでは、ユーザー事業者の成功状態を明確に定義できます。それも、購入以前（プリセールス）の段階でユーザーとの相互理解を得ることができるから、ユーザー企業のジョブをあらかじめ設定できます。あとは、そこへ向けてプロダクトを提供し、成果を出す取組みに寄り添いながら、ユーザーを成功へと導いていきます。

セールスフォース社では、企業活動をサポートするさまざまなプロダクトを扱っていますが、そのすべてにおいて、ユーザーを成功状態へと近づけるための取組みを行っています。

2 すべてのユーザー活動が「見える」と「対応できる」

セールスフォース社はユーザーの活動に寄り添っています。さらにいえば、寄り添えるのです。SaaSというデジタル化されたビジネスモデルによる恩恵を受けているのです。

クラウドコンピューティングは、パッケージソフトと異なり、アプリケーションの利用状態がすべて把握できます。契約した後には、インストールやアクティベーション（初期設定）したかどうかもわかります。週に何回、いや日に何回ログインしたのかもわかります。さらに、実装されているのにも使われていない機能も特定できるのです。

これらは今やSaaS企業であれば当たり前のように把握していることですが、セールスフォース社がサービスを始めた黎明期には、非常に革新的でした。

そうしたデジタルの特性を使えば、実にさまざまなユーザーとの関係性が分析できるため、セールスフォース社側からメールや電話で積極的に働きかけます。ときには、専門家を派遣して、実際の使い方を教えに行くこともあれば、イベントに誘い、他のユーザーと一緒にセミナーを受講してもらいます。

こうしたユーザーへの手厚い対応が可能なのは、ユーザーの活動をデジタルで可視化しているからです。クレームが入る前に、積極的にユーザーに働きかけることができるようになりました。これは、デジタルを駆使するSaaS企業ならではの利点です。

ただし、そこには問題点も潜んでいます。ユーザーの未解決のジョブや、ユーザーにかかわっていないアンタッチドポイントが見えたところで、はたしてどのように寄り添うのかわからないのです。人が寄り添うには、多大なコストや時間や手間がかかることになるからです。

3 契約以降の「つながり」を特に重視する

セールスフォース社は、自社を以下のように定義づけています。

「最新のテクノロジーを通して、**お客様の『成功』を実現する**ことを価値とする企業」[4]

ここから、何よりもユーザー企業のジョブの達成を念頭に置いていることがわかります。それは、今やリカーリングモデルを採用する企業として当然のことです。ユーザーが成功し続ければ、セールスフォース社との関係は続きます。つまり、収益は続くのです。反対に、ユーザーがなかなか成功できず、ツールに意義を感じなくなったら、近い将来に解約されることになります。ユーザーを成功させるためには、契約以降（ポストセールス）の強固な関係性が必須なのです。

ユーザーの活動をつぶさに追いかけ、積極的にフォローをする体制を敷いて、ユーザーの成功を見届ける。これら一連の活動は、「カスタマーサクセス」と呼ばれています。同社のいうカスタマーサクセスとは「ユーザーの成功状態」であり「そこへ向かうプロセス」までを含んでいます[5]。そして、専門部隊が形成されており、カスタマーサクセス部門が、それに対応するのです。

一般的な企業の営業と同じく、セールス部門がユーザーの購入以前の活動を担当し、契約へと結びつけます。ただし、そのときもカスタマーサクセスの視点は欠かしません。

営業部門は、当初からプロダクトの売り込みをすることはありません。ユーザー事業者の一般情報などをもとに、同社がめざす姿をまとめ、それを商談時点ですり合わせるのです。いわば、ユーザーのなりたい姿を視覚化して見せます。

これをセールスフォース社では「ビジョンセリング（vision selling）」と呼んでいます。このセールス段階でもカスタマーサクセス部門が合流し、めざす姿を一緒に構築していくのです。その後、契約に至れば、以降はサクセス部門がユーザーの活動に対応していきます。これを、ユーザーの活動チェーンに当てはめたものが図表6－7です。

セールスフォース社ではユーザーを成功させる

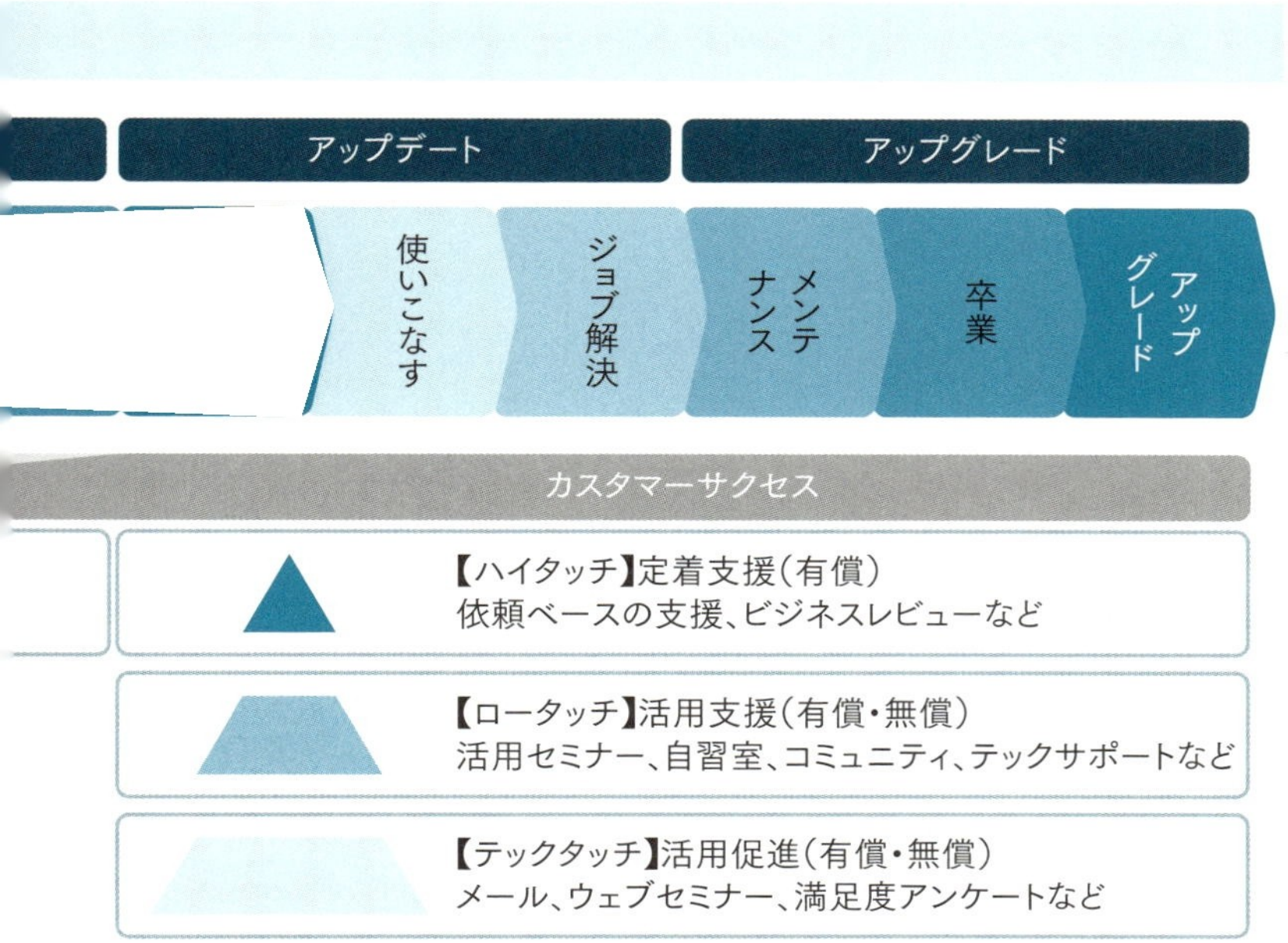

ために、さまざまな活動で寄り添っているのがわかります。その寄り添い方は、デジタルを駆使して行われます。

基本的には、メールやウェブセミナーなどを通じた「テックタッチ」な対応がベースとなりますが、導入や初期化を終えたものの、活用が進んでいないユーザーには、スタッフが工数をかけて手厚く支援する「ハイタッチ」な対応も用意されています。

また、テックタッチとハイタッチの中間に当たる、テクノロジーを使いながら人的要素の関与を最低限にして、スタッフが必要十分な対応をする「ロータッチ」な対応もあります。

旧態依然のサービス業のように、やみくもにハイタッチな取組みをするのでもなく、また、デジタル企業だからといってメールだけに頼るわけでもありません。ユーザー企業の状況をセグメント

図表6-7　ユーザーの活動とセールスフォースの活動

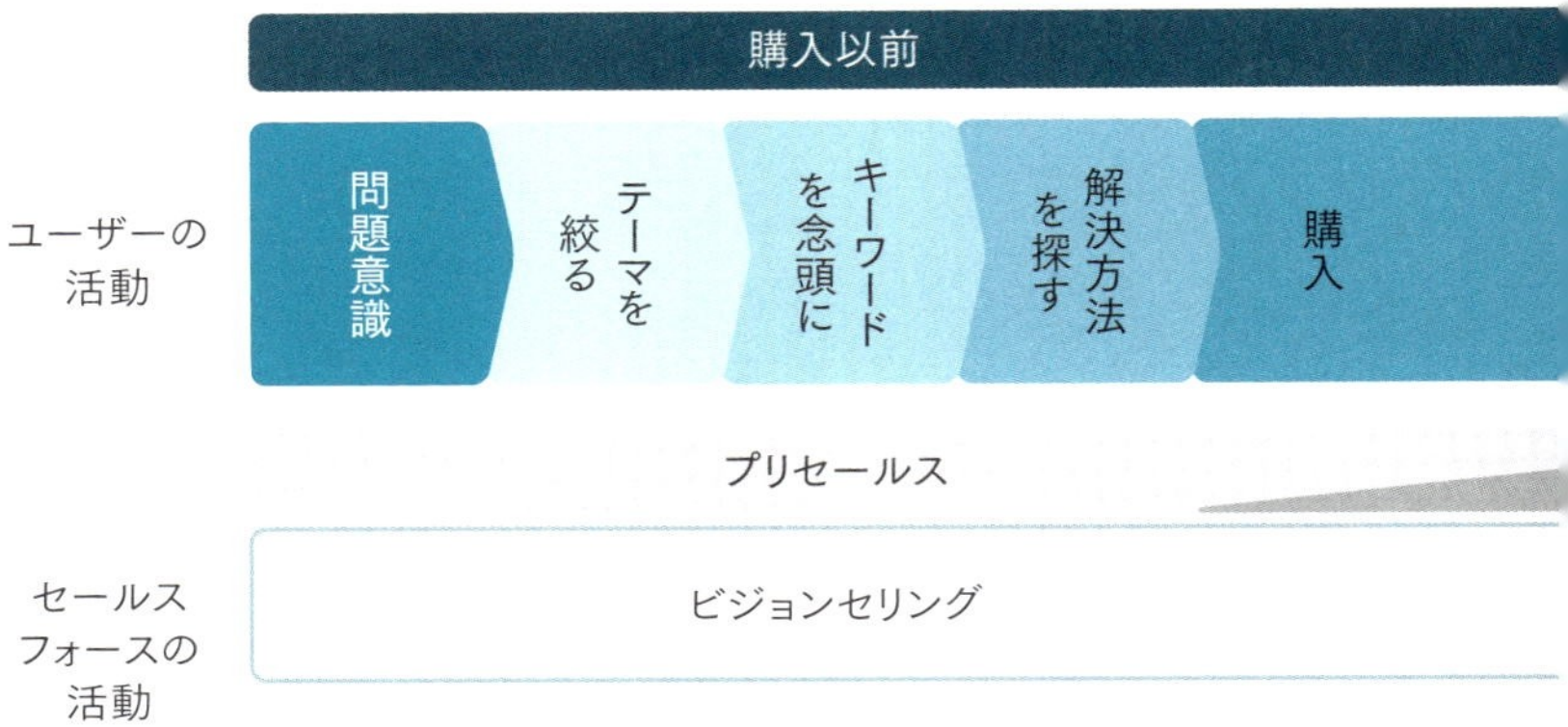

しながら、最適な対応を実現しているのです。

ここで注目してほしいのが、ロータッチな対応です。

たとえば、コミュニティを見てみましょう。セールスフォース社では、ユーザーのみに開放されているメンバーサイトがあり、そこでユーザー同士がやり取りできるコミュニティが形成されています。異業種の企業同士が、プロダクトである「Salesforce」について教え合うなどの情報交換ができます。

また、リアルなコミュニティの場として「自習室」を設置しているのもユニークです。これは、特定の日時に、セールスフォース本社にユーザーが訪問することができる場所で、そこに持ち寄った問題意識を、担当者がアドバイスして解決してくれます。実際、セールスフォース社はメンバー同士の交流が活発です。

その他、ユニークな取組みも行われています。「トレイルブレイザー（その企業における先駆者）」の仕組みを導入しているのです。ユーザー企業のSalesforce担当者は、セールスフォース社から「トレイルブレイザー」と呼ばれています。トレイルブレイザーは、自社内でSalesforceのシステムの使い方などを教え、広める啓蒙活動を行いますが、彼らはセールスフォース社にとっても重要な伝道者（エバンジェリスト）であり、パートナーと考えられています。

Salesforceのシステムを使って、最も革新的な取組みをしたトレイルブレイザーは表彰され、世界トップになれば、CEOで創業者のマーク・ベニオフとドリームフォース（セールスフォース社の世界的イベント）に登壇でき、「Salesfoce MVP」の称号を与えられるのです。

ユーザーをファミリーとして迎え入れ、ユーザー同士の交流を深める場を提供し、時には競わせ、時にはファミリー〔6〕のように迎え入れているのです。

4 セールスフォース・ドットコムの成功要因

セールスフォース社の急激かつ劇的な成長は、SaaSというビジネスモデル、サブスクリプションというマネタイズが背景にあることは事実です。

しかし、SaaSやサブスクリプションを導入したからといって、同じことが再現できるわけではありません。事実、そうした要素を持っている上場企業でも、長らく赤字を抜け出すことができない企業はたくさんあります。

セールスフォース社の最大の強みは、ユーザーの成功をいかに実現するか、その寄り添い方が徹底していることです。単にユーザーと取引を繰り返すだけではなく、ユーザーの活動をすべて可視化し、それを履歴として残し、効率的に対応する。そこにデジタルの力を最大限に注いでいるのです。そして、購入以前からユーザーのジョブを明確に意識したうえで、購入後に寄り添うことを約束しているのです。

そのため、ユーザーとは継続的な互恵関係を結んでいます。つまり、デジタルを活用しながらメンバーシップを高度につくり上げました。技術やテクノロジーは模倣がしやすいですが、ユーザーとの強力なつながりであるメンバーシップは、真に模倣しにくい屈強の強みとなります。

セールスフォース社は、ただのSaaS企業でもなく、サブスクリプション企業でもなく、ユーザー満足度の高い企業でもない。メンバーシップ企業なのです。

7 デジタル化によってメンバーシップは加速する

企業がメンバーシップに取り組むには、ユーザーに対する丁寧なリサーチと、対応が必要です。たとえば、ユーザーの個別の事情によってジョブの重要度は異なるので、それを勘案してサービスを設定しなければなりません。

また、各タッチポイントへの対応は、ユーザーからの要求があって事後的に行うよりは、企業から積極的にユーザーに働きかけるほうが望ましいといえます。

ただし、だからといって、あまりにも一方的に企業から働きかければ、押し売りのように受け取られユーザーに嫌がられます。他方、一度アクションがあったユーザーには、その案件が解決するまでは、むしろ積極さが必要になるなど、ユーザーの状況によっても期待する対応はまちまちとなります。現場が困るのも無理ありません。

かつては、これらタッチポイントの設定と対応は、すべて人間の感覚で行われてきました。現に今でもサービス業は、目に見えるすべてのサービスを人間がこなしています。それに応えるための十分な気配りや、融通の利いたサービスを実現するために、従業員がトレーニングされてきました。おもてなしを重視する日本において、ユーザー配慮が十分にできるスタッフはエース級人材として貴重がられるほどです。

そこで、拡張性を高めるために一役買うのが、デジタル化であることは、セールスフォース・ドットコムの事例からも明らかです。今やデジタル化の話題の中心は、業務そのものがITとなるデジタルトランスフォーメーション（DX）です。DXはビジネスモデルを根底から変え、そして、メンバーシップの問題も同時に解決できる概念として期待されています。

ＤＸによって、企業のＸａａＳ化やＩｏＸ化（Ｘは「すべて」を指す）が劇的に進展します。つまり現在では、既存のものづくり企業やもの売り企業をはじめ、どのような企業においても、メンバーシップが効率的かつ効果的に構築できるようになっているのです。

＊　＊　＊

本章では、つながりを強力に後押しするメンバーシップという概念を明らかにしました。メンバーシップはリカーリングモデルを支えるだけでなく、売り切りモデルをも強化するほどのインパクトを持っています。

つまり、今後のビジネスモデルの構築や改革において、メンバーシップは必要不可欠であることがおわかりいただけたと思います。メンバーシップの概念を活用して、ユーザーの支持を得た真の収益化（マネタイズ）を実現してください。

ここまでで十分に語り尽くした感はありますが、実はつながりに関しては、さらに深く洞察することができます。その際のテーマが資産化（アセタイズ）です。終章では、この点について述べていきましょう。

終 章

マネタイズを実現するアセタイズ

つながりはコストではなく資産だ

「楽しいパーティーをやりながら、
11時でお開きにするのか？」

It's like you're throwing the greatest party on campus and someone's saying it's gotta be over by 11.

—— 映画『ソーシャル・ネットワーク』

1 リカーリングモデルはつながりを「消耗」する

リカーリングモデルは、繰り返し収益を生む。それはつながりが存在してこそ実現しますが、実は、つながりを「消耗」する側面があります。ここでは、まず収益化（マネタイズ）と資産の一般的な関係性を述べたうえで、リカーリングモデルとのつながりについて確認しましょう。

1 マネタイズは資産を「消耗」する

マネタイズは、資産を消耗する。それは収益化の本質を突く考えであり、どのような資産（アセット）にとっても事実です。問題は、消耗することを知らずにマネタイズを繰り返してしまうことです。

資産には、株式や債券などの金融商品（カネ）はもちろん、土地建物といった実物資産（モノ）、企業に収益をもたらす有能な従業員（ヒト）、そして、企業が持つ特許、商標、ブランド、さらにはノウハウ（情報）などが該当します。企業は、収益を得るために資産を構築しますが、マネタイズした時点で資産を消耗しているのです。

繰り返しマネタイズすれば、資産はいつか枯渇してなくなります。マネタイズするなら、それなりの資産を蓄積しておきたいものです。もし収益の根拠となる資産がわずかなら、マネタイズはすぐに行き詰まってしまいます。

創業間もない企業が、蓄積なくマネタイズを急げば、すべてが無に帰すおそれがあります。どのような状態であれ、企業はマネタイズを急ぐ傾向にありますが、それにはどれくらいの資産が構築されているのかを関連づけて考える習慣が必要です。

いくつかの一般的な事例で見てみましょう。

たとえば、不動産はどうでしょうか。建物という資産を一定の状態としてマネタイズを続ければ、老朽化が起きます。年数を経るほど、使用に伴う資産価値の低下は避けられません。そのままにしておけば、借り手が逃げていくか、家賃の低下が起きます。いくら立派な建物を建てても、利用によって資産が消耗していくことは免れません。会計的には減価償却がその概念をうまく捉えています。

コンサルタントはどうでしょうか。現在持っている知識や情報、ネットワークなどの資産がどんなに良くても、それだけを使い続けていたらマンネリ化が起こります。知識や情報は、一度耳に入れば鮮度を失います。同じ情報を使い回せば、情報の資産の価値は著しく低下します。ましてや、それが周知の事実となれば、コモディティ化して、いつか資産価値はゼロになり、その情報でマネタイズすることは叶わなくなります。

あるいは、アニメの制作企業は多くのキャラクターを資産として持っており、それがマネタイズの根拠となっています。しかし、同じキャラクターばかりを何度も登場させてマネタイズすれば、早期にユーザーに飽きられてしまうでしょう。

図表終－1は、マネタイズと資産の関係を示したものです。これを見ればわかるように、何らかの資産を消耗する行為がマネタイズです。どのようなマネタイズの形をとるにせよ、どのような資産の裏づけで実現されているにせよ、マネタイズした時点で資産は目減りしていくのです。

図表 終-1　マネタイズと資産（アセット）の関係

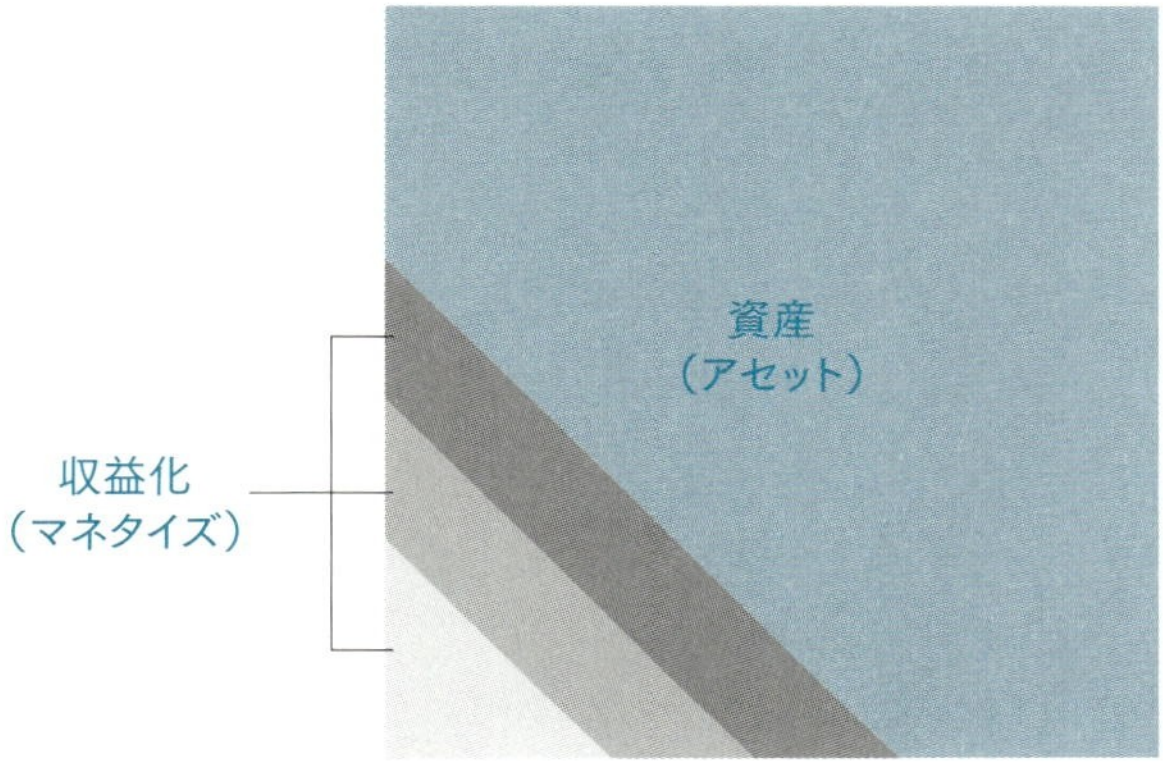

2

リカーリングモデルはつながりを「消耗」する

リカーリングモデルは、繰り返しマネタイズします。「マネタイズは資産を消耗する」という角度から改めて見ても、リカーリングモデルは資産を繰り返し消耗することがわかります。**定額制のサブスクリプションに至っては、月々定期的にマネタイズするため、かなり速いスピードで資産の価値が消耗されていく**のです。

リカーリングモデルは、さまざまな資産を使って実現されますが、なかでも最重要の資産が、本書で述べてきた「つながり」です。リカーリングモデルは、強いつながりがあってこそ成立します。

定額制のサブスクリプションは、毎月マネタイズすることで企業に収益が入ってくる仕組みです。それは収益を増やして、最終的に現預金を増やしますが、同時に毎月つながりを消耗していくことを意味します。つまり、つながりを現金に変えているのです。

これまで本書では、「なぜ、リカーリングモデルを導入するときは強いつながりが必要なのか」、その理由とロジックについて述べてきましたが、「マネタイズは資産を消耗する」という観点からも、明確に説明できます。サブスクリプションを筆頭に、リカーリングモデルは繰り返しマネタイズすることでつながりを消耗するので、弱いつながりではすぐに枯渇してしまうからです。

ということは、繰り返し消耗してもすり減ってなくならないほどの強いつながりを蓄積しておくか、すり減ることを予見して新たにつながりを増強することが必要なのです。

つながりのアセタイズ

2

1 アセタイズとは

マネタイズによる資産（アセット）の枯渇を食い止めるにはどうすればよいでしょうか。結論からいえば、資産を増強すればよいのです。これを資産化、すなわち「アセタイズ（Assetize）」と呼びます。

家賃でマネタイズする貸しビル業は、ビルという資産の消費分をメンテナンスにより増強するアセタイズが必要となります。

月額で相談に乗るコンサルタントは、常に学び続けて、知識や情報をアップデートしなければなりません。

アニメの制作会社もそうです。同じキャラクターを使い続けていては未来がありません。ディズニーは今でも積極的に新しい映画を公開し、キャラクターを増やし続けています。マーベル・スタジオやルーカスフィルムを買収しているのは、資産を増強しているからです。

リカーリングモデルは、つながりを消耗します。そのため、いくら強いつながりがあるとしても、つながりに何も手を加えることなくマネタイズを続ければ、池の水を使い続けるかのごとく、いつかは枯渇してしまいます。継続的にマネタイズするのだから、マネタイズの根拠となるつながりを常にアップデートし続けなければ持ちません。マネタイズに追いつかれないほどのアセタイズが必要なのです。

最も強力なアセタイズの取組みが、第6章で述べたメンバーシップです。**メンバーシップを構築して、つながりのアップデートを図ることが資産の増強になり、アセタイズするのです**（図

図表 終-2　マネタイズに追いつかれないよう、アセタイズが必要

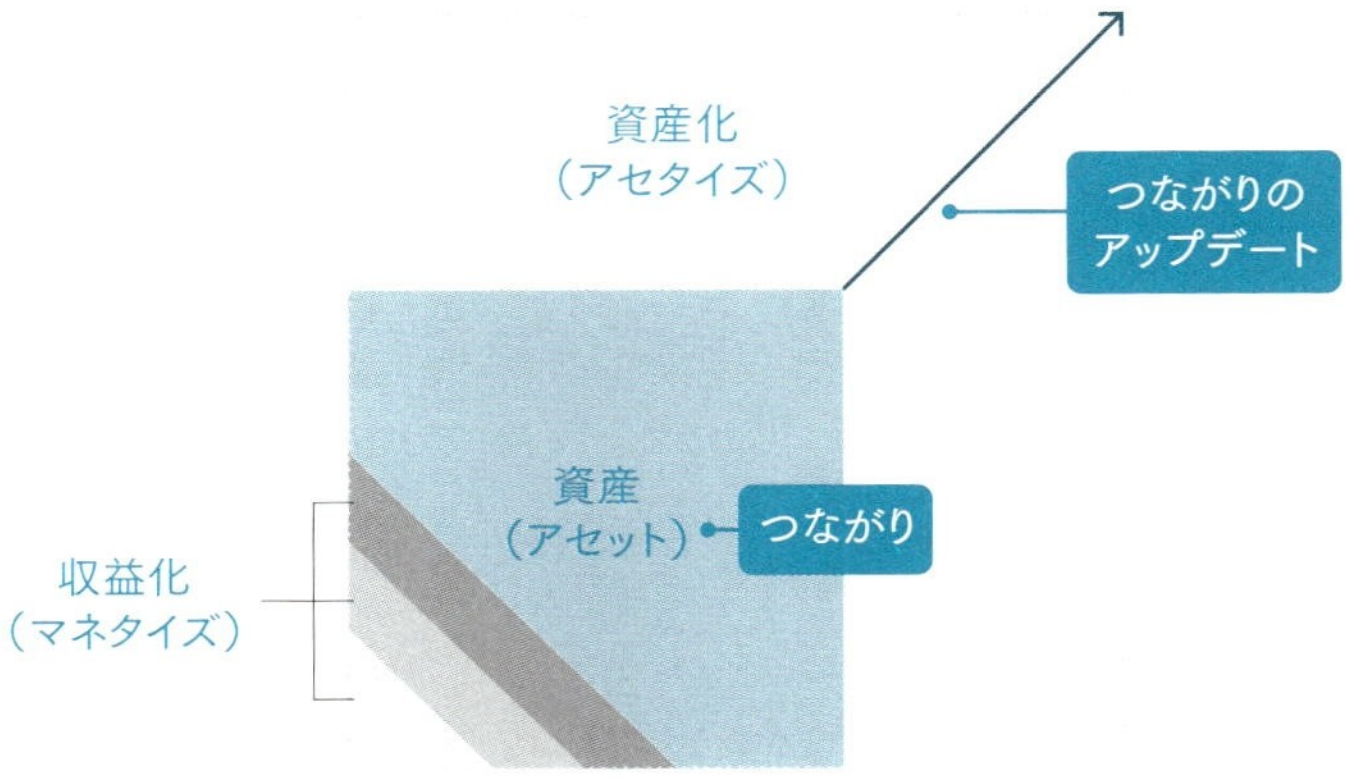

表終7−2)。

2 印象に残るタッチポイントは資産になる

メンバーシップは、コストもかかり、しかも、見えにくいため、継続には信念が必要になりますが、確実にアセタイズしています。単なるタッチポイントにコストを掛けているわけではなく、ユーザーとの間に資産を構築しているのです。**タッチポイントを充実させることは、コストとしてその場限りで費消する活動ではなく、資産として将来の収益の源泉を蓄積する行為**につながるのです。

ただし、タッチポイントの充実を中途半端にやってはいけません。たとえ課金をしなくても、ユーザーの印象に残るほど十二分にそのタッチポイントに気持ちを尽くすことが重要です。例で示しましょう。

たとえば、美味しいと評判のパン屋が、それを店内で食べるユーザーのためにコーヒーを無料で振る舞うとします。このとき、無料だからといって手を抜いて、そこそこの味のコーヒーを出してしまうかもしれません。

しかし、そんなものをユーザーは評価しません。ユーザーの印象に残らず、記憶に残るはずもありません。**記憶に残らないということは、資産として蓄積しない**ということです。

そこに多少のお金をかけても、単なるコストとして費消するのみです。

それどころか、ユーザーは本業であるパン屋そのものの評価を下げてしまいます。せっかく「美味しい」パンを提供しても、「そこそこ」のコーヒーが、全体的な評価を「そこそこ」に下げてしまうことになります。

反対に、もし喫茶店以上に格別に美味しいコーヒーを手間ひまかけてつくり込み、それを丁寧にユーザーに提供したとしたら、どうでしょうか。

ユーザーは思いもよらなかったことに感動し、いつまでもそのことを覚えているでしょう。ユーザーにとっての良い記憶として蓄積され、企業にとって資産となります。それこそが「タッチポイントのアセタイズ」です。

加えて、「美味しい」パンは、「格別に美味しい」コーヒーによって、パン屋そのものの評価も、「格別に美味しい」に変わることもあるでしょう。

それが、コストで終わるかアセタイズにまで昇華できるかの分かれ道です。課金するかどうかにかかわらず、タッチポイントを充実させることが必要なのです。企業の姿勢次第で、タッチポイントは資産になるのです。

そうして積み重ねられたユーザーからの信頼は、企業に屈強の強みをもたらし、将来のマネタイズに貢献します。枯渇しないリカーリングモデルは、こうして実現するのです。

3 アセタイズがマネタイズを安定させる

リカーリングモデルでは、つながりの強化、特にメンバーシップがアセタイズのための取組みになるのは、これまで述べたとおりです。

ただし、つながりの弱い企業がこれからメンバーシップに取り組もうと思っても、ゼロからアセタイズするようなものです。というのも、つながりの弱い企業は、たとえば購入前までの活動でブランド資産を構築してきたことでしょうが、実際につながりが強化するのは、購入後の活動だからです。メンバーシップに投資を続け、アセタイズしなくてはならないため、長く険しい、気の遠くなるような取組みに思えるでしょう。図表終-3は、まさにこのことを表し

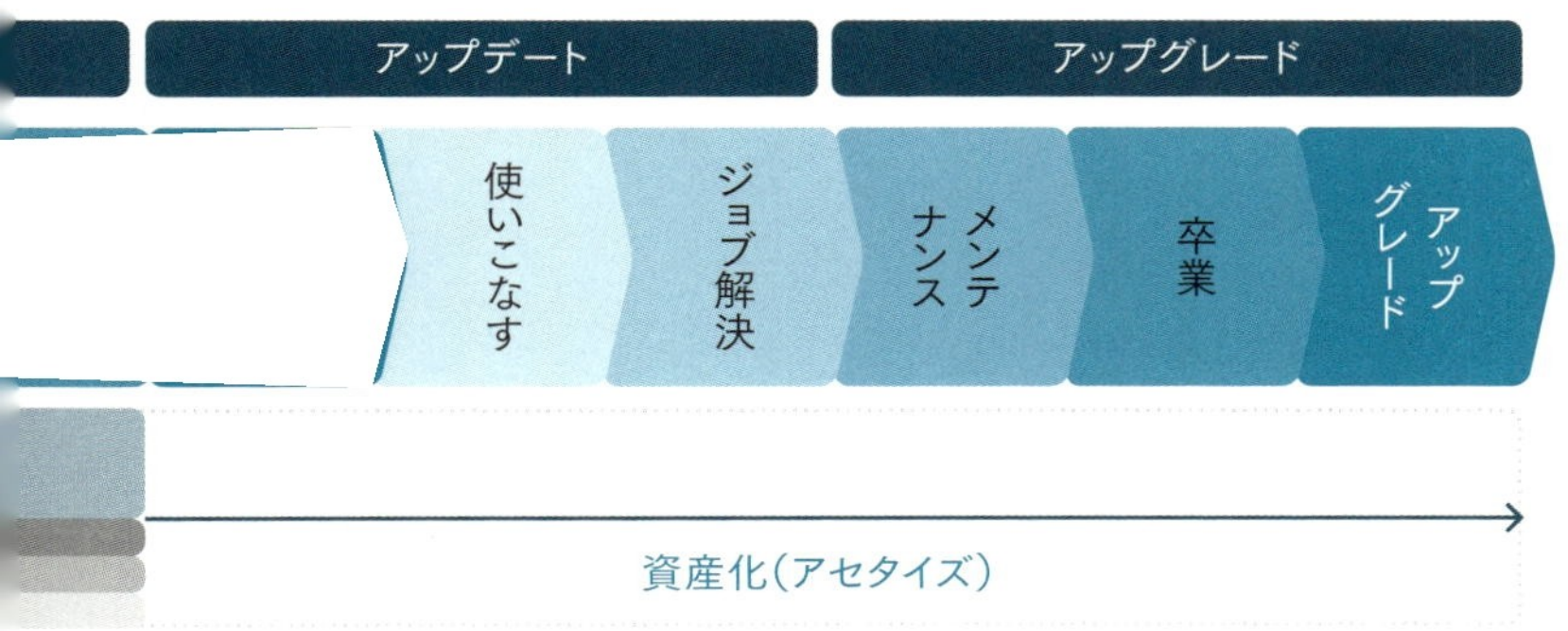

ています。

しかし、結論から言えばつながりの弱い企業も、メンバーシップによるつながりのアセタイズは必須です。必要利益を回収できるレベルになるには、繰り返すマネタイズの波に追いつかれないほど、強固なアセタイズが必要ですが、やる価値はあります。

コストがかかっても、必要利益の回収にかなりの時間がかかっても、関係性の構築に労力がかかっても、覚悟を持ってやるべきです。ユーザーのことを第一に考えて構築したメンバーシップは、リカーリングモデルによって繰り返しマネタイズされようとも、揺るぎない何よりの資産になるからです。

マーク・ザッカーバーグが、フェイスブックの立ち上げ期において、アセタイズを優先し、かたくなにマネタイズを遅らせようとしたのは有名な話です。「早期にマネタイズすることは、SNSとしてのクールさを欠く。ユーザーからの信頼やビジネス自体の価値を損ねてしまう」と、広告の導入を遅らせました。

その結果、フェイスブックは財務的に逼迫しましたが、代わりにベンチャーキャピタルからの出資を受けることに成功し、積み上げ

図表 終-3　メンバーシップには購入後活動でのアセタイズが必要

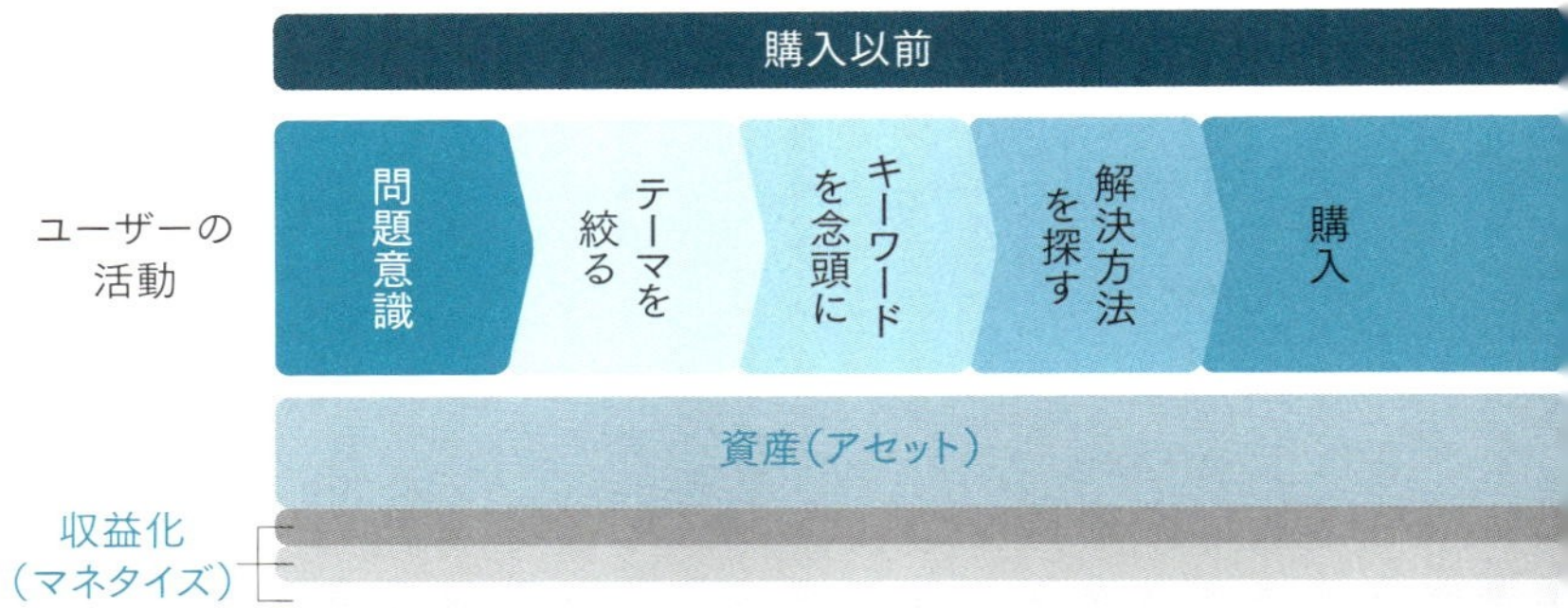

てきたユーザーとのつながりの価値を守ることに成功しました。フェイスブック誕生のエピソードを描いた、映画『ソーシャル・ネットワーク』でも、そのことが克明に描かれています。その結果、フェイスブックが莫大なマネタイズに成功していることは、今や誰もが知るところです。

SaaS企業は設立初期、ほとんどが赤字です。ある程度のユーザーを獲得しても、赤字が続きます。多くの場合が、アセタイズにコストがかかり、単年度では欠損を出す結果となっているのです。アドビシステムズほどのメガベンチャーでも同様です。クリエイティブ・クラウドによるメンバーシップ移行時には、営業利益を以前の水準に戻すのに3年の月日がかかりました。

しかし、それほどの時間やコストをかけても、メンバーシップによるユーザーとの関係性の構築は取り組む価値があります。

先にキャッシュアウトしますが、どうか安心してください。ユーザーの活動を意識して、メンバーシップに踏み出せば、時間はかかっても着実に資産として蓄積していきます。SaaS企業が上場して、高い株価を形成しているのは、アセタイズが成功したあかつきには、一気に収益を回収することが期待されているからです。

これからリカーリング企業へ転身を図りたい企業は、これまでのコストカット視点を今こそ見直し、アセタイズ視点に変えるべきです。特に、安定的なマネタイズのために、メンバーシップの構築を合理化するには、アセタイズを意識していただきたいと思います。

4 本書のストーリー

最後に、図表終−4を見てください。これは、マネタイズとアセタイズの関係を含め、本書で述べてきたストーリーのすべてを表しています。

サブスクリプションをはじめとするリカーリングモデルへと移行したいと思う売り切り企業は多く存在しますが、マネタイズは利益の取り方を大きく変えるだけでなく、背後にあるビジネスモデルの転換を意味します。売り切り企業が、リカーリングモデルに転身して成功する条件はただ1つ、ユーザーとのつながりを強化することです。

つながりが弱い売り切りは存続の危機にあります。だからといって、つながりが弱いままでマネタイズのみをリカーリングモデル（つながりの弱いリカーリング）に移行させようとしても、成功は望めません。一時的にメディアやユーザーの注目を引くことはあっても、繰り返し利用するのに耐えられないのです。それをユーザーに見透かされてしまうのです。

逆に、**つながりが強ければ、売り切り企業（つながりの強い売り切り）であっても、十分に成長は見込める**でしょう。あるいは、そのつながりの強さを武器に、リカーリングモデルに転向してもユーザーが受け入れてくれる可能性はあります。

それだけユーザーの生活に密着した必要不可欠なもので、なおかつその重要性をユーザーが理解している状況にあれば、仮に途中からサービスが有償化されたとしても、値上げされたとしても、継続の意思を示すはずです。メンバーシップがそれを実

図表 終-4　マネタイズを強化するつながりのアセタイズ

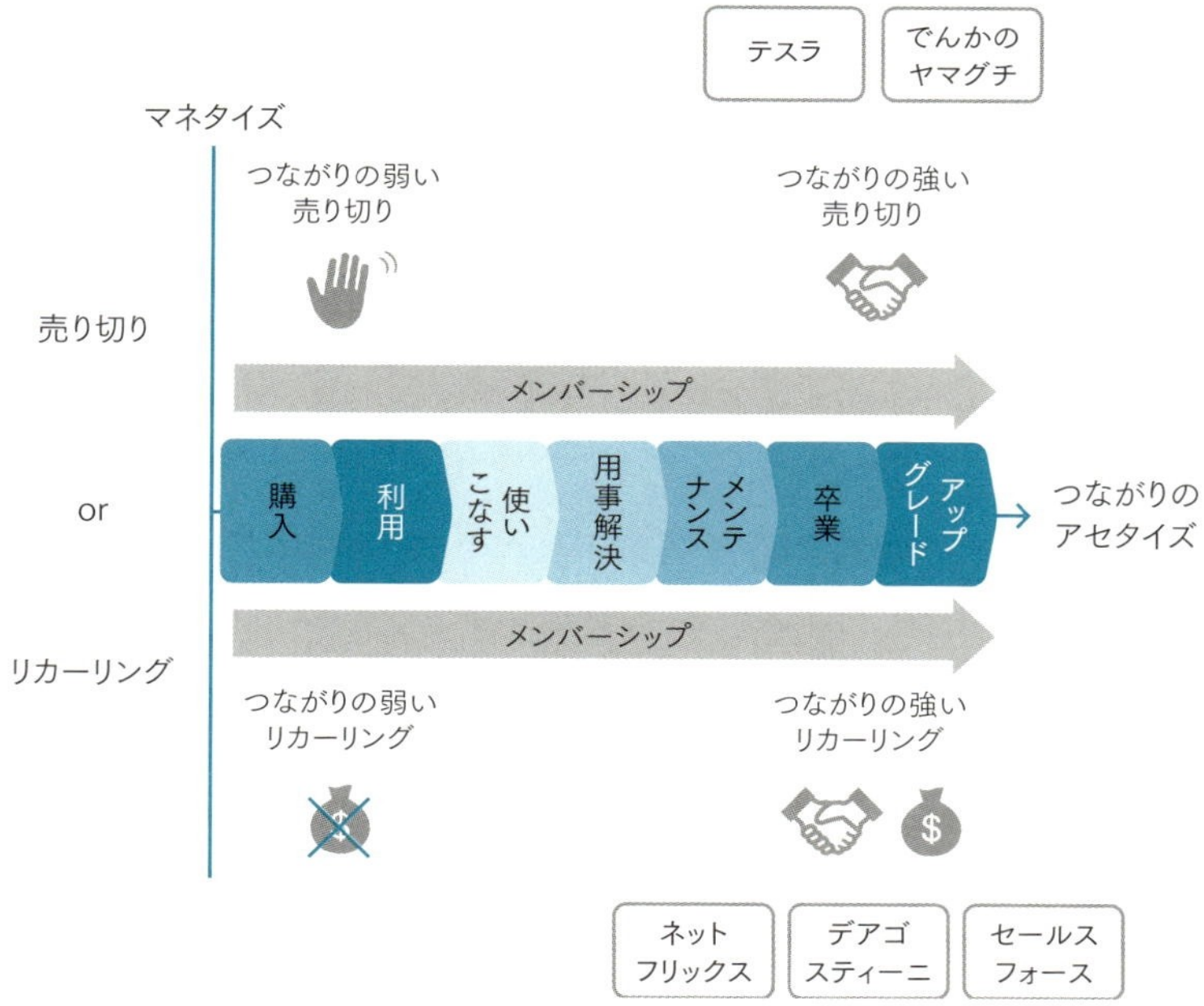

現するのです。

2019年、アマゾンプライムが1000円の年会費の値上げを日本で発表しましたが、すでにユーザーとの間に強いつながりがあり、また、日々つながりのアセタイズをしているので、解約への影響は最小限でしょう。

リカーリングモデルは、「マネタイズ」の問題と見せかけて、実は「つながり」の問題です。つながりをマネタイズする以上、その原資となるつながりも継続的に強化し、アセタイズしなければなりません。いかにしてユーザーと確固たる関係性を築くのか、その切り口を何にするのか、他社以上にユーザーが自社と関係を持ちたがる根拠は何であるのか、を念頭に置いてください。

ユーザーの好みは、とにかく移り気です。特にB2Cでは顕著です。ユーザーとのつながりをどのように担保できるのかは、いつの時代においても最重要課題なのです。

おわりに

寄り添いがコモディティ化した時代の経営学を

「ユーザーへの価値提案とマネタイズを複眼的に捉えれば、イノベーションの余白はまだまだある」

ビジネスモデル、とりわけマネタイズの研究者として、この点を著書や論文で、繰り返し述べてきました。それに適した考え方の体系も示してきました。

しかし、ここ2〜3年で、以下のように言い改めなければならなくなりました。

「ユーザーへの価値提案とマネタイズを複眼的に捉えなければ、どんなビジネスも成立しえない」

そうです。あることを契機に、ビジネスの前提条件は、根底から書き換えられてしまいました。その契機こそが「サブスクリプション」の浸透と拡大です。

サブスクリプションの拡大は、単純にサブスクリプションモデルのビジネスが増えることを意味しているのではありません。この本でも書いたとおり、サブスクリプションモデルではユーザーとのつながりが不可欠です。ユーザーに寄り添えない企業は、解約され、存在できなくなります。ゆえに、サブスクリプション企業は、徹底的にユーザーの生活を良くしようと試みます。

その結果、どうなるでしょうか。

サブスクリプション企業であれ、売り切り企業であれ、少なくとも、同じ程度に寄り添えなければ、ユーザーから見限られてしまいます。

ここに認識のズレが生じます。

売り切りを代表するこれまでのものづくり企業やもの売り企業は、ほんの少しでもユーザーに寄り添う姿勢を見せれば、褒められてきました。それができていれば、差別化が利いたホスピタリティ抜群の企業として評価されてきましたが、サブスクリプション企業にとってはそれが当たり前です。こうしてサブスクリプション企業が拡大するほど、従来型の企業の「寄り添い」はコモディティ化してしまったのです。

そうなれば、見せかけの顧客満足や、号令だけのお客様第一は、すぐに見透かされ、たちまちビジネスが成り立たなくなるのです。皆さんの企業ではいかがでしょうか。

これまで以上にユーザーの目が厳しいと感じることはないでしょうか。

これまで以上に利益を獲得することが難しくなっていないでしょうか。

私が本書を書くに至った理由は、まさにこうした点にあります。「売り切り」に最適化された経営学をアップデートする必要があると感じたからです。皆さんがフレームワークとして活用するマイケル・ポーターの競争戦略論（バリューチェーン）も、フィリップ・コトラーのマーケティング論（STPやマーケティングミックスなどの体系）も、消費者行動論（AIDAやAIDMA）も、すべては売り切り型企業が支配的であった時代のものです。あるいは、一見ユーザーに寄り添った概念である「カスタマージャーニー」ですら、プロダクトを前提とした考え方です。

これらは、ユーザーの購入以前までに重点が置かれたフレームワークです。不景気とデジタルの相乗効果で最高潮を迎える、サブスクリプション時代に十分に対応したものではないのです。前提としてのユーザーとの向き合い方が変化している中、過去のフレームワークや分析ツールに、現実を無理やり押し込めようとすると、大きく判断を誤ります。

これからは、サブスクリプションをはじめとするリカーリングモデルが拡大する時代に対応する、経営のあり方を示す必要があるのです。

本書の執筆にあたっては、陰に陽にさまざまな方々のご協力を頂戴しました。編集者である三浦たまみさんのお力なしには、本書は完成にこぎつけられませんでした。読者に寄り添うことの重要性を常に示し、叱咤激励をいただきましたことに謝意を表します。出版事情の厳しい時勢にお声がけくださった東洋経済新報社の岡田光司さん、著者の無理難題を聞いていていただいた編集担当の佐藤敬さんにも感謝申し上げます。

また、お忙しい中、度重なる面談の時間を頂戴しました、でんかのヤマグチ代表取締役社長の山口勉さん、セールスフォース・ドットコム専務執行役員の宮田要さんと常務執行役員の宮下和良さん、そして、お名前を挙げることはかないませんが、調査でお世話になりました国内外の各社のすべての皆さまにも、心よりお礼申し上げます。

本書により「つながり」の重要性を示唆できたことで、経営学に新たな一ページを刻むことができたとしたら嬉しい限りですが、その判断は読者の皆さんに委ねたいと思います。

本書が、真新しい時代の、真新しいビジネスの議論を活性化するお役に立てることを願っています。

令和元年　初夏

川上昌直

索引

［ サ行 ］

［マ行］

［ヤ行］

［ラ行］

参考文献

Anderson, C.［2009］*Free: The Future of a Radical Price*. Hyperion（小林弘人監修／高橋則明訳『フリー――〈無料〉からお金を生み出す新戦略』NHK 出版，2009 年）.

Baxter, R. K.［2015］*The Membership Economy: Find Your Super Users, Master the Forever Transaction, and Build Recurring Revenue*. McGraw-Hill Education.

Benioff, M., and C. Adler［2009］*Behind the Cloud: The Untold Story of How Salesforce.com Went from Idea to Billion-Dollar Company-and Revolutionized an Industry*. Wiley-Blackwell（齊藤英孝訳『クラウド誕生――セールスフォース・ドットコム物語』ダイヤモンド社，2010 年）.

Carlzon, J.［1989］*Moments of Truth*. HarperBusiness（堤猶二訳『真実の瞬間――SAS（スカンジナビア航空）のサービス戦略はなぜ成功したか』ダイヤモンド社，1990 年）.

Christensen, C. M.［2000］*The Innovator's Dilemma: When New Technologies Cause Great Firms to Fail*. Harvard Business School Press（玉田俊平太監修／伊豆原弓訳『イノベーションのジレンマ――技術革新が巨大企業を滅ぼすとき　増補改訂版』翔泳社，2001 年）.

――――, and M. E. Raynor［2003］*The Innovator's Solution*. Harvard Business School Press（玉田俊平太監修／櫻井祐子訳『イノベーションへの解――利益ある成長に向けて』翔泳社，2003 年）.

――――, S. P. Kaufman, and W. C. Shih［2008］"Innovation Killers: How Financial Tools Destroy Your Capacity to Do New Things." *Harvard Business Review*. Jan: 98-105（曽根原美保訳「財務分析がイノベーションを殺す」『DIAMOND ハーバード・ビジネス・レビュー』2008 年 8 月号：14 - 25）.

――――, T. Hall, K. Dillon, and D. S. Duncan［2016］*Competing Against Luck: The Story of Innovation and Customer Choice*. HarperBusiness（依田光江訳『ジョブ理論――イノベーションを予測可能にする消費のメカニズム』ハーパーコリンズ・ジャパン，2017 年）.

DeVoe, M.［1956］*Effective Advertising Copy*. The Macmillan Company.

Gupta, S., and L. Barley［2015］"Reinventing Adobe." Harvard Business School case study.

Janzer, A.［2017］*Subscription Marketing: Strategies for Nurturing Customers in a World of Churn*. Cuesta Park Consulting（小巻靖子訳『サブスクリプション・マーケティング――モノが売れない時代の顧客との関わり方』

英治出版，2017 年）.
Kalbach, J.［2016］*Mapping Experiences: A Complete Guide to Creating Value through Journeys, Blueprints, and Diagrams.* O'Reilly Media（武舎広幸・武舎るみ訳『マッピングエクスペリエンス』オライリー・ジャパン，2018 年）.
Levitt, T.［1969］*The Marketing Mode: Pathways to Corporate Growth.* McGraw-Hill（土岐坤訳『マーケティング発想法』ダイヤモンド社，1971 年）.
————［1983］*The Marketing Imagination.* Free Press（土岐坤訳『マーケティングイマジネーション』ダイヤモンド社，1984 年）.
McGrath, R. G., and I. MacMillan［2000］*The Entrepreneurial Mindset: Strategies for Continuously Creating Opportunity in an Age of Uncertainty.* Harvard Business School Press（大江健監訳／社内起業研究会訳『アントレプレナーの戦略思考技術——不確実性をビジネスチャンスに変える』ダイヤモンド社，2002 年）.
Mehta, N., D. Steinman, and L. Murphy［2016］*Customer Success: How Innovative Companies Are Reducing Churn and Growing Recurring Revenue.* Wiley（バーチャレクス・コンサルティング訳『カスタマーサクセス——サブスクリプション時代に求められる「顧客の成功」10 の原則』英治出版，2018 年）.
Porter, M. E.［1980］*Competitive Strategy: Creating and Sustaining Superior Performance.* Free Press（土岐坤・中辻萬治・服部照夫訳『新訂　競争の戦略』ダイヤモンド社，1995 年）.
————［1985］*Competitive Advantage: Creating and Sustaining Superior Performance.* Free Press（土岐坤・服部照夫・中辻萬治訳『競争優位の戦略——いかに高業績を持続させるか』ダイヤモンド社，1985 年）.
Hall, S. R.［1924］*Retail Advertising and Selling.* McGraw-Hill.
Slywotzky, A. J.［2002］*The Art of Profitability.* Mercer Management Consulting（中川治子訳『ザ・プロフィット——利益はどのようにして生まれるのか』ダイヤモンド社，2002 年）.
————, and, D. J. Morrison［1997］*The Profit Zone: How Strategic Business Design Will Lead You to Tomorrow's Profits.* Times Books（恩蔵直人・石塚浩訳『プロフィット・ゾーン経営戦略——真の利益中心型ビジネスへの革新』ダイヤモンド社，1999 年）.
Strong, E. K.［1925］"Theories of Selling." *Journal of Applied Psychology.* 9: 75 - 86.

Temkin, B. D.［2010］*Mapping the Customer Journey*. Forrester.

Tzuo, T.［2018］*Subscribed: Why the Subscription Model Will Be Your Company's Future – and What to Do About It*. Portfolio（桑野順一郎監訳／御立英史訳『サブスクリプション――「顧客の成功」が収益を生む新時代のビジネスモデル』ダイヤモンド社，2018 年）.

大野剛義［1999］『「所有」から「利用」へ――日本経済新世紀』日本経済新聞社.

川上昌直 [2011]『ビジネスモデルのグランドデザイン――顧客価値と利益の共創』中央経済社.

――――［2013］『課金ポイントを変える 利益モデルの方程式』かんき出版.

――――［2014］『ビジネスモデル思考法――ストーリーで読む「儲ける仕組み」のつくり方』ダイヤモンド社.

――――［2017］『マネタイズ戦略――顧客価値提案にイノベーションを起こす新しい発想』ダイヤモンド社.

―――― [2018]「やさしい経済学　広がるサブスクリプションモデル（1）～（6）」『日本経済新聞』7 月 17 日～ 24 日.

西岡健一・南知恵子［2017］『「製造業のサービス化」戦略』中央経済社 .

注記

■第 1 章

1　Gupta and Barley [2015].

■第 2 章

1　Slywotzky［2002］；Slywotzky and Morrison［1997］.
2　Benioff and Adler［2009］に詳しい記述がある.
3　より詳しく知りたい方は，川上［2017］の第 5 章を参照.

■第 4 章

1　Willing to Pay（WTP）とも呼ばれる．詳しくは，川上［2011］を参照のこと.
2　もともとはローランド・ホール（Hall.S. R.）が 1924 年に著書 *Retail Advertising and Selling*［1924］で示した概念といわれているが，そこに AIDMA という記載はない．似た概念として AIBA，つまり，Belief が示されている（p.418）．その中身が後に, Desire と Memory に分解されたと解釈できる．AIDMA を言語化したのはメリル・デヴォー（DeVoe, M.）であり，1956 年に出版された *Effective Advertising Copy* に記載がある.
3　Temkin［2010］p.3.
4　詳しくは，Carlzon［1989］を参照.
5　Kalbach［2016］.

■第 5 章

1　Mehta, Steinman, and Murphy［2016］.

■第 6 章

1　ビジネスの意味合いでメンバーシップを捉えたロビー・ケルマン・バクスター（Baxter, R. T.）氏は，著書 *The Membership Economy*［2015］で次のように定義している．「組織や集団との正式な関係性（engaged）を継続的に持っている状態である」．しかしこの定義では，ユーザーの目的の観点が抜け落ちている．目的とは，アップデートやアップグレードを意味している．本書ではそれを補完し，改めて定義している.
2　以下の記述は，2018 年 12 月 21 日の山口社長へのインタビューに基づく.
3　同上.
4　2019 年 1 月 24 日のセールスフォース・ドットコムのカスタマーサクセス統括本部本部長，宮田要氏へのインタビューに基づく.
5　同上.
6　セールスフォース社では，このファミリーのことを「オハナ」（Ohana ＝ハワイ語で家族の意味）と呼んでいる.

【著者紹介】

川上昌直（かわかみ　まさなお）

兵庫県立大学国際商経学部教授、博士（経営学）。

1974年大阪府生まれ。福島大学経済学部准教授などを経て、2012年兵庫県立大学経営学部教授、学部再編により現職。「現場で使えるビジネスモデル」を体系づけ、実際の企業で「臨床」までを行う実践派の経営学者。専門はビジネスモデル、マネタイズ。

初の単独著書『ビジネスモデルのグランドデザイン』（中央経済社）は、経営コンサルティングの規範的研究であるとして、日本公認会計士協会・第41回学術賞（MCS賞）を受賞。ビジネスの全体像を俯瞰する「ナインセルメソッド」は、規模や業種を問わずさまざまな企業で新規事業立案に用いられ、自身もアドバイザーとして関与している。また、講演活動や各種メディアを通してビジネスの面白さを発信している。

他の著書に、『ビジネスモデル思考法』『マネタイズ戦略』（ダイヤモンド社）、『儲ける仕組みをつくるフレームワークの教科書』『課金ポイントを変える利益モデルの方程式』（かんき出版）などがある。

URL　http://masanaokawakami.com

「つながり」の創りかた
新時代の収益化戦略 リカーリングモデル

2019年6月20日発行

著　者――川上昌直
発行者――駒橋憲一
発行所――東洋経済新報社
〒103-8345　東京都中央区日本橋本石町 1-2-1
電話＝東洋経済コールセンター　03(5605)7021
https://toyokeizai.net/

装　丁………………竹内雄二
本文デザイン・DTP……高橋明香（おかっぱ製作所）
印　刷………………ベクトル印刷
製　本………………ナショナル製本
編集協力……………三浦たまみ
編集担当……………佐藤敬
　Printed in Japan　ISBN 978-4-492-53412-0